南开大学校史丛书
总主编 刘景泉

中国价值 世界贡献

——张彭春诞辰130周年纪念文辑

南开大学校史研究室 南开大学人权研究中心
南开大学国际合作与交流处 张伯苓研究会 编

天津社会科学院出版社

图书在版编目（CIP）数据

中国价值 世界贡献 ：张彭春诞辰130周年纪念文辑/南开大学校史研究室等编. -- 天津 ：天津社会科学院出版社，2022.12
（南开大学校史丛书 / 刘景泉总主编）
ISBN 978-7-5563-0859-0

Ⅰ. ①中… Ⅱ. ①南… Ⅲ. ①张彭春－纪念文集 Ⅳ. ①K825.46=71

中国版本图书馆CIP数据核字(2022)第190272号

中国价值 世界贡献 ：张彭春诞辰130周年纪念文辑
ZHOGNGUO JIAZHI SHIJIE GONGXIAN :
ZHANG PENGCHUN DANCHEN 130 ZHOUNIAN JINIAN WENJI
选题策划：韩 鹏
责任编辑：胡宇尘
责任校对：王 丽
装帧设计：高馨月
出版发行：天津社会科学院出版社
地 址：天津市南开区迎水道7号
邮 编：300191
电 话：(022) 23360165
印 刷：北京盛通印刷股份有限公司
开 本：787×1092 1/16
印 张：17.25
字 数：275千字
版 次：2022年12月第1版 2022年12月第1次印刷
定 价：130.00元

1905 年

张彭春（后右一）与兄张伯苓（后右二）、父亲张久庵（中坐者）及甥侄合影

早年张彭春（后排右一）、张伯苓（后排右二）与家人合影

1916 年

张彭春（后排左一）、张伯苓（后排右一）与家人合影

1916年8月6日

南开学校专门部主任张彭春

1918 年

南开学校第一届学生毕业 10 周年部分人员合影。前排左一金邦正、右一卞蓄昌、二排右一张彭春、三排右二梅贻琦、右三卞肇新

1918 年 12 月 13 日

张彭春（上二排左五）赴日迎严修、张伯苓（上三排左二、左一）等自美考察教育归国，前左三为周恩来

1921 年 5 月 24 日

张彭春与蔡秀珠在纽约举行婚礼

1923 年 8 月 19 日

中华教育改进社董事会合影，右三为张彭春

1923 年 8 月 22 日

张彭春（右一）与中华教育改进社中学组全体合影

1928 年春季

南开学校消费合作社第一届董事及监察人合影。左六为董事张彭春

1930 年

张彭春（前右一）、梅兰芳（前左一）、齐如山（后右一）赴美演出时与檀香山人士合影

1930 年

张彭春（后中）同梅兰芳（前右）与美国著名戏剧家贝拉斯科（前左）在纽约。后右为齐如山，后左为黄子美

1930 年 6 月 22 日

张彭春（左二）、梅兰芳（左三）等与美国友人合影

1930 年 6 月 22 日

张彭春（右）与梅兰芳自美归国船上

1935 年 1 月 10 日

张彭春赴英讲学，道经檀香山，驻火奴鲁鲁梅总领事登船迎接

1935 年

张彭春（右二）与梅兰芳剧团访苏期间同苏联导演合影

1935 年 3 月 12 日

张彭春（左四）、梅兰芳（左七）在维克坦郭夫剧院与演出巴尔扎克《悭吝人》的苏联演员合影

1935 年

张彭春（上右）陪梅兰芳（中）与苏联剧作家交谈

1935 年 12 月

张彭春（左一）导演《财狂》时的工作照，这是指导万家宝（曹禺）饰演韩伯康彩排戏的情景

1936 年 11 月初

张彭春（右一）与梅兰芳在天津回力球房

1937 年 7 月 30 日

南开被日军炸毁后，南开校友召开“建展南开大会”，三排左二为张彭春

1937 年 7 月 30 日

南开校友召开“建展南开大会”，中立者为张彭春

1945 年 10 月 1 日

张伯苓（左四）、梅贻琦（左二）与联大教师合影，左三为张彭春

1946 年

张彭春（右）与赴美治病的兄长张伯苓合影

1946 年 4 月

张伯苓七十寿诞晚宴

1946 年 4 月 13 日

张彭春（左二）一家与张伯苓（左四）合影

1946 年

张彭春与梅贻琦、严仁颖（左一、三、四）在美国合影

1946 年 10 月 17 日

张彭春（前排 1）在纽约华美协进社召开校庆纪念会

中国驻联合国经济及社会理事会代表张彭春博士（时间不详）

1947 年 1 月 27 日

张彭春在联合国人权委员会第一次会议上当选为唯一副主席

1947 年 6 月 5 日

张彭春（右一）与兄张伯苓在纽约交谈

1947 年 6 月

《世界人权宣言》起草小组一次会前，张彭春向罗斯福夫人致意

1947 年 11 月 5 日

张彭春在联合国广播司主持中国节目

1948 年 4 月 22 日

张彭春在日内瓦

1956年2月23日

张彭春和亲友们在纽约，右起：张彭春、柳无忌、高蔼鸿（柳夫人）、柳光南（柳女）、蔡秀珠（张彭春夫人，抱张元平）、张新月（次女，抱郑宗舜）、郑师拙（婿）、高玛吉（长媳，抱张元苓）、张远峰（次子）、张明珉（长女）、翟汉平（次媳）、张辰中（长男）

2008 年 12 月

联合国教科文组织总干事松浦晃一郎在《世界人权宣言》发表 60 周年纪念会上致辞

2017 年 6 月 8 日

张彭春雕像在南开大学津南校区周恩来政府管理学院中心花园揭幕

2017 年 6 月 8 日

张伯苓研究会顾问张元龙先生与南开大学时任校长龚克教授在南开大学津南校区周恩来政府管理学院中心花园共同为张彭春雕像揭幕

2017 年 6 月 8 日

“张彭春雕像”揭幕仪式合影留念

2022 年 4 月 22 日

“纪念张彭春先生诞辰 130 周年研讨会”以线上线下结合的方式举行。图为与会人员合影，前排左七为南开大学原党委书记薛进文，前排右七为张伯苓后人张元龙

《中国价值　世界贡献——张彭春诞辰 130 周年纪念文辑》

编　委　会

序一
读懂张彭春　研究张彭春

薛进文

在张彭春诞辰130周年之际,出版张彭春纪念文集,是件很有意义的事情。张彭春是历史文化名人,翻阅中国近现代教育史、戏剧文化史、外交史,其中都有张彭春的重要位置,都有关于张彭春浓墨重彩的篇章。近些年来,研究张彭春的文章和论著逐渐多了起来,使这位文化巨人的生平和业绩再次走进人们的视野。这也从一个侧面说明,张彭春这个历史人物,经受住了时代风雨的冲刷,也经受住了历史严苛的检验,对中国,对后人,都有着不可磨灭的光辉和价值。

作为戏剧艺术大师,张彭春曾为中国戏剧艺术发展做出过开创性贡献。他从小酷爱戏剧,且颇有造诣。在美国留学期间,他兼修了西方戏剧,开始用英文创作新剧。1916年张彭春回国后任南开新剧团副团长兼导演(团长为校长张伯苓),创作演出了一系列新剧,并陆续把一大批外国名剧搬上舞台,产生了很大的社会影响。他是中国第一位话剧导演,也是中国现代话剧艺术的先行者和开拓者,更是中国话剧现代化的引领者和国际化的推动者。作为总导演和总负责人,张彭春分别于1930年和1935年率梅兰芳剧团出访美国和苏联,向欧美观众解说并介绍中国京剧艺术,受到热烈欢迎,使中国京剧艺术成功走向了世界舞台,并带动了国内传统京剧的改革。张彭春在南开的戏剧活动,为中国戏剧艺术造就了一批优秀的专门人才,蜚声海内外的大剧作家曹禺(万家宝)就是杰出的代表。张彭春在文艺思想和戏剧理论方面也有突出的建树。他注重传统,强调艺术的民族化特色,倡导中外戏剧艺术交流互鉴,主张传统戏和现代戏相互促进,坚持对旧戏进行批判改造,对新剧进行中国化改编。他主张剧作家不仅写剧本,还要熟悉舞台,自己会演戏。他认为剧本为演出之本,以一字不能更换为最高境界。他强调写实主义,主张艺术要贴近社会,反映生活……张彭春的戏剧理论和文艺思想,体现在他一系列的中英文作品、文章和论著中,期待有更多的研究者去挖掘和探讨。

作为著名的教育家,张彭春是中国第一位教育学博士。他与胞兄张伯苓一样矢志于教育救国。他在美国哥伦比亚大学的博士学位论文是《从教育入手使中国现代化》。在国内期间他主要从事教育工作,曾担任南开学校专门部主任、代理校长,是张伯苓校长的得力助手。他推动和参与了南开各校一系列教育教学改革。作为学者,张彭春曾任南开大学、清华大学、美国芝加哥大学、夏威夷大学、哥伦比亚大学、英国剑桥大学教授。他是第一位提出筹办南开大学的人,并不遗余力地多次倡导呼吁,得到严修和张伯苓的重视和同意。他以南开大学筹备课主任的身份,拟定南开大学创建方案和发展规划,提出大学办学宗旨和办学目标,被张伯苓誉为"南开大学的计划人"。张彭春于1923年被聘为清华学校教务长,还担任新课程委员会委员长,当选为清华临时校务委员会副主席、旧制部主任兼大学普通部主任。他大力推动旧制改革,坚决主张成立清华大学部,创办清华国学研究院。他主持制定了《清华大学之工作及组织纲要》,提出了清华大学"要培养高级建设人才、中国领导人才"的办学目标,强调"清华大学之功课绝非为预备留美之阶梯",为清华大学的创办做出了重大贡献。

除学校工作外,张彭春还积极参加了当时中国最大的教育社会团体——中华教育改进社的工作,且是其中的骨干成员。他与陶行知、胡适等人一起,研究探索中国教育现代化道路,推动教育教学改革和学制改革,受到了广泛关注。

张彭春的教育思想是丰富多彩的。他主张学校教育要致力于推动社会进步和谋求人类福祉,主张中国教育要吸收西方发达国家的先进理念、做法和最新学术成果,同时要注意结合中国实际。他反对关门办学,主张学校与社会良性互动,提倡学生关心社会、接触生活、参与实践。他注重德育,要求学生有“爱公、爱国、爱校”之心,强调培养健全的人格操守。他反对学生闭门读死书,“要求能力”“不要被书蒙住”,提倡教师给学生更多的思考和自学时间。他非常重视体育,呼吁普及体育活动,认为体育除强健体魄外,还能激发人的上进心及爱公、爱国之心。他倡导美育,主张用优美的文艺作品和文艺活动陶冶学生情操。他提倡丰富多彩的课外文体活动,支持学生参加社团活动。他要求中国学生出国留学前要对中国国情和社会有确实的调查了解,要造就自己能身处乱世的人格。他认为在学校之外还应发展社会教育,把教育延长至成人阶段。他建议利用广播、报刊等手段实现教育功能。他还特别强调,在中学阶段要对学生进行“团体训练”“科学训练”“艺术训练”,三者并重……张彭春的这些主张和观点对中国教育的发展进步是弥足珍贵的。

作为杰出的外交家,张彭春在抗日战争期间被派往欧美宣传抗日、争取外援,后担任中国驻土耳其、驻智利全权公使。他在国际舞台上充分发挥自己的专长和优势,不辞劳苦,奔走呼号,向各国人民介绍中国人民反抗日本侵略者的正义斗争,揭露日本军国主义在中国犯下的残暴罪行,产生了广泛的国际影响。抗战胜利后,张彭春作为中国代表团的正式代表出席联合国成立大会,之后担任中国常驻联合国经济与社会理事会首席代表。他首倡并积极推动了联合国世界卫生大会的召开,是世界卫生组织的主要创建者之一。联合国人权委员会成立后,张彭春当选为人权委员会唯一的副主席(主席为时任美国总统罗斯福的夫人埃莉诺·罗斯福)和《世界人权宣言》起草委员会副主席,是《世界人权宣言》文本的主要起草人。在两年多的酝酿、起草、辩论、修改过程中,张彭春夜以继日,殚精竭虑,以他渊博的学识,深厚的中西文化功底,高尚的人格和出色的沟通协调能力,发挥了无与伦比的作用,做出了巨大的贡献。

关于《世界人权宣言》的指导思想,张彭春力主融合东西方思想文化,最大限度地涵盖西方以外的观点。他反对西方中心主义,主张包容、多样化人权观念。他坚持把儒家思想核心“仁”的内容写入“序言”和“第一条”,使人权理念在思想文化基础方面,第一次具有了世界意义。

关于人权的来源,张彭春主张人权的普遍性,反对把“上帝”“自然法”写入文本。《世界人权宣言》最终用“人人生而自由”这样的中性表达取代了西方国家代表以基督信仰和自然法理性哲学为根源的人权表达,把人权规定为不分地域、肤色、种族、性别和财产多寡,是全体人民的权利。这是一个划时代的进步。

关于人权的内容,张彭春主张把经济社会文化权利纳入人权范畴,写入《世界人权宣言》。这就突破了欧美国家一贯主张的人权就是政治公民权利的狭隘限定,把殖民地半殖民地国家人民的生存权、发展权摆到了突出位置,反映了发展中国家人民的愿望和呼声。

关于人权的保障和实现,张彭春强调国家和政府的责任,反对不受限制的绝对权力,主张权利和义务对等,人权行使要受公共秩序和道德的约束等。这些主张经过辩论最终被接受和采纳,使得中华优秀传统文化的有关内容在《世界人权宣言》中得到了较好的体现。

由于张彭春出色的工作,他事实上成为起草委员会灵魂式的人物。他既坚持原则,又灵活热情,深受同事们的欢迎和信赖。他与来自不同国家,有着不同意识形态背景的代表们沟通交流,协调分歧、化解矛盾、寻求共识,最终使《世界人权宣言》在联大全会以零反对票通过,为全球人权发展树起了一座不朽的里程碑。张彭春因此受到罗斯福夫人和有关专家的高度评价,被誉为《世界人权宣言》的“奠基之家长”和世界人权保护体系的主要设计师。

纵观张彭春的一生,其大部分时间都游走于中西文化特别是中美两国之间,在东西方文化的交流碰撞、磨合互鉴中充当着桥梁和使者。他精通欧美主流语言文化,更熟悉热爱并坚守自己民族的优秀文化。他擅长用外国人听得懂的语言和方式向国外介绍传播中国文化,也努力以国人听得懂的方式和语言引进传播西方文化的优秀成果,在戏剧、教育、外交方面都创下了不凡的业绩。“其实一切活动,都有一贯的中心兴趣,就是现代化,也就是中国怎么才能现代化”(张彭春语)。这,就是张彭春一生最大的愿景。

张彭春生活的年代距我们已经遥远。当我们阅读张彭春时,发现他的许多观点、主张至今仍有旺盛的生命力,这不禁使我们对这位前辈充满了敬意。经过半个多世纪的风云激荡,中国和世界都发生了翻天覆地的变化。我国的改革开放和社会主义现代化建设已取得历史性辉煌成就,中华民族正日益走近世界舞台的中央。今天,国际社会比任何时候都需要更多像张彭春这样善于跨文化交流合作的中国人才,我国现代化事业的各行各业也都渴求更多学贯中西、志存高远、热爱祖国、胸怀世界的学者和专家。后辈们自当以先贤为榜样发奋自强。为此,愿更多的人了解张彭春,读懂张彭春。期待有更多研究张彭春的文章、专著问世。

2022 年 3 月 28 日

作者简介:

薛进文 研究员,南开大学原党委书记,南开大学人权研究中心原主任,天津市社会科学界联合会主席。侧重于教育思想和理论、马克思主义人权理论等方面的研究。主持国家社科基金重大项目“中国特色人权发展道路研究”(首席专家)等多项国家和省部级重要研究课题,担任《南开马克思主义研究丛书》编委会主任、《中国人权事业发展报告》(蓝皮书)编委会副主任,主编了《周恩来与南开》等多部著作,在《求是》《人民日报》等重要报纸杂志发表文章数十篇。

序二
《世界人权宣言》起草过程是东西方价值观的第一次正式碰撞与交融

张元龙

习近平总书记在中共中央政治局就中国人权发展道路进行第三十七次集体学习时提出，要把握战略主动，着力讲好中国人权故事。我觉得，张彭春在起草《世界人权宣言》中的贡献，就是一个非常生动的中国人权故事。

2022年的4月22日，是张彭春先生诞辰130周年纪念日，南开大学校史研究室、人权研究中心、国际交流处、张伯苓研究会，联合哥伦比亚大学，共同举办了纪念大会。中外学者以线上线下的形式聚集一堂，介绍了各自在张彭春研究领域的新观点、新角度和新发现。专家们以大量的史料对张彭春在起草《世界人权宣言》中的突出贡献给予了高度评价，同时对其在中国话剧史上的创始地位以及在南开大学和清华大学创建中的重要作用进行了充分阐述。到会的领导，天津市社科联主席、党组书记薛进文高屋建瓴，以“读懂张彭春　研究张彭春”为题，指出了深入研究张彭春的重要现实意义和深远的历史意义，以及研究方向和具体方法。受此启发，与会专家根据自己的研究方向撰写出了具有较高学术价值和全新学术观点的优秀论文。在南开大学校史研究室和人权研究中心的资助下，张伯苓研究会主持编辑了《中国价值　世界贡献——张彭春诞辰130周年纪念文辑》，还特别收入了几位虽未参会，但是极具代表性的老专家的文章，并在附录中收入了1922年张彭春在哥伦比亚大学的博士毕业论文和他在1936

年于伦敦出版的《中国在十字路口》一书的节选,使文辑更具史料价值。这部文辑的出版,既是响应习近平总书记关于加强中国人权研究、讲好中国人权故事的号召,也必将成为中国人权研究史上的里程碑。

近年来,对张彭春、对中国智慧在《世界人权宣言》中贡献的研究,中外专家和学者以及有关部门已经做了很多工作。已故学者黄殿祺和现在身体非常健康的南开大学教授崔国良多年研究张彭春的生平事迹,范围广泛,成果丰厚。南开大学的常健教授和中国政法大学的孙平华教授在联合国挖掘了大量的第一手资料,出版了多部在业内具有广泛影响的力作。孙平华教授最新的研究成果《世界合作共赢的中国贡献——张彭春在联合国经济及理事会的发言》,翔实地记录了《世界人权宣言》起草委员会和经社理事会的会议内容,这些珍贵的第一手资料为讲好中国人权故事提供了有力的佐证,也为后学的研究提供了路径。

张彭春自幼深受中国传统文化特别是儒家文化的熏陶,少年时进入南开中学接受新式教育,青年时留学海外接受高等教育,师从哥伦比亚大学著名的教育哲学家杜威等攻读戏剧学、教育学和心理学。这样的教育经历,使他在丰富的中国文化底蕴的基础上又通晓西方文化并兼收并蓄,张彭春对文学与戏剧的热爱与钻研,又使他拥有深厚的文学功底和高超的语言驾驭能力。我们在《世界人权宣言》起草过程的史料里总是可以看到国外学者对张彭春这样评价:“他经常引用东方智慧和东方哲学,每次都成功地开阔了我们的视野,而且他借助其特殊的起草天才,能够愉快地调整我们的许多条款。”

1945 年张彭春参加旧金山联合国制宪会议,1946 年张彭春参加联合国第一届大会,其间被任命为联合国经济及社会理事会(以下简称经社理事会)常驻代表。在经社理事会中,张彭春提议建立世界卫生组织,并被联合国采纳。而后,经社理事会之下成立了联合国人权委员会,专门负责《国际人权法案》的起草。1947 年至 1948 年,张彭春担任人权委员会副主席和起草委员会副主席,参与起草《世界人权宣言》,成为《世界人权宣言》的主要起草人。在《世界人权宣言》的起草过程中,张彭春一直坚持其内容必须涵盖西方以外的观点，并积极展示、贡献了儒家思想中和中国传统文化中“仁”“德”“礼”“大同”“民为贵”等极具代表性的中国人权观。

与张彭春一起参与起草宣言的同事黎巴嫩代表、人权委员会报告员、经社理事会主席马利克（1947—1948）曾说：“研究发现张先生的许多立场来自中国古典文化，研究也表明在《世界人权宣言》的问题上，中国共产党的观点与张彭春的立场差距不大。因此，总体来说，即使中国共产党当时在联合国代表大会代表中国，也会和张彭春先生持相同的立场。”事实证明，马利克的判断是有道理的。中华人民共和国在联合国恢复合法席位后，分别于 1997 年、1998 年签署了以《世界人权宣言》为基础制定的《经济、社会及文化权利国际公约》《公民权利和政治权利国际公约》，并一直是联合国人权理事会成员。中华人民共和国成为捍卫世界人权事业的中坚力量。

当时，参与起草《世界人权宣言》的国家共有 58 个，涵盖了全世界五分之四的人口。其中有 22 个美洲国家、16 个欧洲国家、13 个亚洲国家、4 个非洲国家，还有 3 个大洋洲国家。起草过程长达两年，共进行了 210 场讨论、协商会议。最终，《世界人权宣言》以 48 票赞成、8 票弃权、无反对票获得通过。在强烈碰撞、高度融合中产生的《世界人权宣言》，包含了大量发展中国家的人权观，可以说是真正的人类共同价值。可见，贯穿中国几千年的人权理念与世界其他国家民族的人权理念，共同形成了人类的人权体系。人权的观念并不单独属于某一个国家和民族。这是张彭春作为《世界人权宣言》重要起草者的贡献，更是中国几千年文化传统中优秀人权观对人类的贡献。可以说，张彭春是中华文明的使者，也是世界文明的推动者。

《世界人权宣言》的起草过程，也是东方的儒家文化和价值观与西方的基督教文化和价值观的第一次正面碰撞。历史上，基督教曾通过传教士渗入中国，也在中国的学校里对中国文化产生了一定冲击，而世界眼中的中国是一个神秘、华丽又落后的国家。东西方文化从未有过像《世界人权宣言》起草过程那样，就一个全人类最关注的、最具体的话题，在联合国最正式的场合，以最严谨的文字，平等展示、充分对话、努力融合。中外学者对张彭春的贡献给予了高度评价：“中国代表张彭春在起草《世界人权宣言》的过程中，多次挽救委员会的工作，使之免于陷入僵局。张彭春以其对东西方文化的理解和贯通、对中外语言的精准把控，以及对人类的悲悯情怀，充分地表达了中国儒家文化中的经典名言，与世界最顶尖的学者共同完成了《世界人权宣言》的起草。东西方文化和价值观最终得到了融合、互补，为人类和平奠定了基础，达成了人类价值观的共识。”因此，中国智慧对《世界人权宣言》起草和通过中的贡献，必将浓墨重彩地载入人类史册并成为最辉煌的一章。

习近平总书记指出：“要加强人权智库和人权研究基地建设，着力培养一批理论扎实、学术精湛、熟悉国际规则、会讲中国人权故事的高端人权专家。”中国的几代人权工作者为人类人权事业贡献智慧、挖掘资料、教育民众、探索维护人权的中国道路、争取中国话语权的努力，正是在实现习近平总书记所指明的人权事业的方向和目标。总而言之，讲好中国生动的人权故事，组织起高质量的中国人权研究队伍，以中华民族优秀传统文化所蕴含的人权理念，推动世界人权事业的发展，是我们这一代人的历史责任。

2022 年 4 月 5 日

作者简介：

张元龙　张伯苓先生后人，严修和张伯苓研究会顾问及发起人，张伯苓及南开研究的引领者。哥伦比亚大学中国教育研究中心顾问。

第十二届全国政协常委，第十四届、十五届天津市人大常委会副主任，第十届全国工商联副主席，第十一届、十二届天津市工商联主席，中华红丝带基金理事长。

目 录

在纪念张彭春先生诞辰 130 周年研讨会上的致辞

Portia G. Williams(威廉姆斯)

张舒楠　译

各位来宾,早上好。我是哥伦比亚大学教育学院国际事务部主任,很荣幸能够与各位研讨张彭春的精神遗产。张彭春是非常重要的、有影响力的教育家,也是哥伦比亚大学教育学院的校友。我们教育学院与中国有紧密的关系,培养了很多现代中国教育家,如郭秉文、陶行知、胡适、张彭春、张伯苓和蒋梦麟等。这些中国先驱者对中国教育产生了深远影响,也深刻影响了我们学院。

张彭春在哥伦比亚大学教育学院取得了硕士和博士学位,在这里他师从美国卓越的教育家如约翰·杜威、保罗·孟禄、乔治·斯特雷尔(George Strayer)等。他不仅仅是一位教育家。罗斯福夫人召集联合国人权理事会第一次会议时,张彭春担任副主席。在《世界人权宣言》起草委员会中,张彭春是一位有重要影响力的亚洲代表、一位在谈判陷入僵局时的斡旋者,在 1948 年《世界人权宣言》的起草过程中发挥了至关重要的作用。张彭春有自己的深深扎根于孔子学说的哲学。在联合国经济与社会理事会(简称经社理事会)第一次会议中,他讲经社理事会的最高宗旨,应如孟子所言,“以德服人”。

张彭春是一个多才多艺的人。他是一位艺术家、音乐家、剧作家,中国传统文学和音乐的爱好者,并通晓西方和伊斯兰文化。张彭春很活跃,他在学生时期给百老汇写了很多剧。20 世纪 20 年代，他创作的英文剧《木兰》在纽约风靡一时。

张彭春是一位教育家，一位老师，也是一位戏剧变革者。他教导过现已被视为中国 20 世纪的剧作家的曹禺。曹禺的一些剧目已成为中国现代文学中的经典。张彭春致力于这些方面：为中国戏剧引入变革；编辑、鼓励新文学；参与中国有趣的启蒙改革（participating in interesting enlightenment reforms in China）。

张彭春之兄张伯苓（1876—1951），于天津建立了南开学校，现为南开大学（注：在南开学校基础上成立了大学部，现为南开大学）。南开大学是中国著名大学之一，也是中国第一所私立大学（注：中国第一所私立大学，有说法是复旦公学，另有说法是中华大学）。张彭春曾是南开大学的教务长（注：张彭春曾任南开大学筹备部主任、教授；清华学校教务长）。张伯苓以其对体育教育的重视而著称，当中国获得 2008 年奥运会的举办权时，张彭春的名字在媒体上随处可见。张伯苓被认为是将现代体育引进中国之人。

这些例子非常好地说明了今天那些旨在促进、维护中美关系，促进教育交流的活动的重要性。在这剧变难测的时代中，教育家们需致力于个人提高，包容多样性，整合多种观点，敢于想象和探索一切可能。这些前人的智慧将给予我们许多启迪。以史为鉴，铭记我们之间这段历史渊源的重要本质对后世之福祉的影响尤为重要。今天的活动对我们很有启发，希望我们未来继续合作。

作者简介：

Portia G. Williams（威廉姆斯）　哥伦比亚大学教育学院教授、国际事务部主任。

译者简介：

张舒楠　南开大学经济系 16 届本科毕业生，英国爱丁堡大学硕士在读。

在纪念张彭春先生诞辰130周年研讨会上的致辞

李月琳

尊敬的张元龙主任、薛进文主席，威廉姆斯教授（Portia G. Williams），各位同仁：

大家好！

今天是张彭春先生诞辰130周年纪念日，我很高兴受学校领导委托参加今天的座谈会，与各位领导、嘉宾以及同仁共同深切怀念这位在南开大学发展历史上发挥重要作用并在中西文化交流中做出开创性贡献的杰出学者，同时，也向一直以来关心、支持南开大学发展的海内外各界人士和朋友表示衷心的感谢！

张彭春先生是伟大的教育家。他1908年毕业于南开中学，后赴美留学，获哥伦比亚大学教育学博士学位。回国后，他曾先后在南开中学、清华学校和南开大学任教。1916年他首次提出创办南开大学的建议，被张伯苓称为"南开大学的计划人"。1919年他担任南开大学筹备委员会主任，主持起草了《南开大学计划书》，并多次赴美为南开大学筹款和聘请教授。

张彭春先生是伟大的剧作家。在南开大学任教期间，张彭春先生领导开展南开新剧运动，建立正规编导制度，不仅亲自编写剧本，还培养了一批成就非凡的中国剧作家，对中国现代戏剧的发展做出具有开创性的贡献。在赴美修读期间，他编导的《木兰》在纽约百老汇的克尔特剧院上演，场场爆满。他将梅兰芳剧团介绍到美国演出，并担任总导演和总顾问，使西方国家了解了中国的京剧，为中西文化交流做出了重要贡献。

张彭春先生是伟大的外交家。1937 年南开大学遭日军轰炸，张彭春任西南联合大学教授，并参加外交活动，赴瑞士、英国、美国宣传中国抗战，先后担任中国驻土耳其和智利特命全权公使。1946 年，张彭春先生参加联合国第一届会议，被任命为联合国经济及社会理事会（简称经社理事会）常任代表。在经社理事会工作期间，他发表了一系列重要的演说，倡议召开世界卫生大会，建议创立“世界卫生组织”，得到各国积极响应。他还担任亚洲和远东工作组主席，在促进建立亚洲和远东经济委员会方面起到了主导作用。他为促进欠发达地区发展、改善全世界人民的生存状况大声疾呼。

1947 年，在联合国人权委员会第一次会议上，张彭春先生当选人权委员会副主席和《世界人权宣言》起草委员会副主席，与人权委员会主席罗斯福夫人共同主持起草《世界人权宣言》。在起草这份受到后世持续关注和普遍盛赞的重要国际文件的过程中，他提出了一系列建设性的建议，并将中华文化中对人和人的尊严的理解融入宣言，还运用中国智慧化解了围绕宣言文本产生的各种矛盾和分歧，为这份被誉为“人权里程碑的不朽之作”的成功问世发挥了无可替代的作用，为世界人权事业发展做出了卓越的贡献。

张彭春先生不仅是伟大的教育家、剧作家和外交家，而且是伟大的爱国者。他对教育、文化和人权事业做出的杰出贡献，是中国的骄傲，也是南开大学的骄傲。他是我们南开人的榜样，是激发我们的动力，鼓舞我们在新时代为中国和世界的发展做出我们南开大学的新贡献。当今世界，纷繁动荡，迫切需要有像张彭春先生这样胸襟广阔、融贯中西、高瞻远瞩的有识之士砥柱中流、继往开来。让我们以张彭春先生为楷模，为促进世界的和平与发展，推动构建人类命运共同体，共同努力。

谢谢！

2022 年 4 月 22 日

作者简介：

李月琳　南开大学国际合作与交流处处长，南开大学商学院信息资源管理系主任、教授、博士生导师，同时担任信息科学与技术协会亚太分会主席、中国科技情报学会信息行为研究专委会主任等职务，曾担任 Information Processing & Management（IP&M）副主编。

长期致力于信息行为、交互信息检索、健康信息学、数字图书馆与信息系统评估等领域的研究，主持国家社科基金重大项目、重点项目等科研项目十余项，在 JASIS&T、IP&M、JDoc、《中国图书馆学报》《情报学报》等领域顶级或核心期刊发表学术论文近百篇，并入选教育部多项人才项目。

张彭春:思想文化的觉者、智者、勇者

沈卫星

张彭春生于19世纪末,成长于20世纪初。这个时代,是人类历史上一个极为重要的时期。由于资本主义工业革命极大地推动了世界整体化进程,特别是资本主义世界殖民体系的完成,让绝大多数国家和地区在政治、经济、社会和意识形态等方面打上了资本主义的底色,从此人们更加紧密地联系在一起。与此同时,东方国家重门深锁的大门,也被帝国主义用武力或经济的手段撞开,一场世界性的战争正在酝酿。在这样的时代背景下,由于较早接受思想的启蒙,目睹八国联军入侵天津,破败的家园,苦难的人民,张彭春内心深处的家国情怀、关心民族命运以及发愤图强的种子在萌芽、拔节、生长,以致后来在国内国外的生命历程中,他以自己的探索实践,成为当时中国思想文化的觉者、智者和勇者。

一、觉者

张彭春较早觉醒且在思想意识上脱颖而出,表现在多重方面,如果择其要者,主要有以下三点。

首先,现代道路。不现代,无以进。一个民族一个国家,只有不断进行现代化改造,才能实现社会的全面发展,才能推动民众的进步。张彭春的现代性,深深根植于对国家、国运、国民的深刻的理解,尤其可贵的是,他对中国如何走上现代化道路有着精深的思考,也具有异常可贵的国际视野,因而成就了他作为当时思想观念的先觉者。

我们可以从他早年的博士论文《论中国教育之现代化——鉴于国民生活的转变对课程中等教育结构标准的研究》中看出他的抱负。众所周知,他涉猎众多,兴趣广泛,但这只是表象,深藏于张彭春内心深处的,则是如何让国家走上现代化道路。1945 年他在重庆南开中学讲演时说:“个人有时致力于教育,有时从事外交,有时也研究戏剧。表面上看起来,似乎所务太广。其实一切活动,都有一贯的中心兴趣。个人 30 年来,时时萦绕在脑际的中心问题,就是现代化,也就是中国怎么才能够(实现)现代化。”由此可以看出,张彭春内心的现代化意识,贯穿他所涉猎的所有领域,成为其目标和宗旨。就拿戏剧来说,他的许多剧本的创作和演出,极为看重表现时局,警醒国人,因而对教育民众、改造社会发挥了重要作用并产生了积极影响。用戏剧进行文明的启蒙,让社会更多地知识化,这是当时现代性的重要标准,他就是从文化和教育入手,来探索中国现代化路径。

其次,忧患意识。对于一个对自己的国家和国民抱有极大悲悯之心的人来说,较长时间的就学和出使国外,通过沉浸于殊方的细心观察和亲身对比,首先想到的就是自己的故土。那种沉沦已久的落后、愚昧、羸弱等,就很容易被辨认出来。由此心中常常被刺痛,掀起的波涛,化为一个觉者心中浓浓的忧患意识。

在张彭春身上,忧国忧民是他的鲜明标签,为国家、民族寻找出路是他的使命任务。这些都可以从他多篇文章、讲演、出版和编著的教材中看出。比如,他为夏威夷中学生编写了解中国的《中国:何去,何从?》一书并在檀香山出版;被派往英国讲学时在伦敦、牛津、剑桥等 10 所大学就《中国文化的变迁》等做专题演讲;在伦敦出版了他的英文著作《中国在十字路口:中国形式透视》……其浓重的为国为民的忧患意识可见一斑。所有这些都表明了张彭春当时对国家前途命运的深深担忧和急切心情,也让他的外国朋友印象深刻,以致艾琳·鲍乐教授在为《中国在十字路口:中国形式透视》一书撰写的序言中倍加赞赏:一个普通人对中国正在发生的事感到难以理解……他需要一个引路人来带他通过这个迷宫……这个引路人非张彭春博士莫属了。

再次,文化自觉。只有对民族历史有着深刻的省悟,对优秀传统情怀有真切的情感,对精神价值有着充分的敬重,才能在文化上表现出高度的自觉。张彭春作为一个思想的先觉者,文化自觉和文化自信是其重要的方面。

在联合国人权组织中,张彭春的文化自觉和自信得到了充分的发挥,并取得了很多历史性贡献。中国儒学是中国传统文化的集大成者。张彭春非常善于将中国儒学运用于联合国人权组织、外交活动、文化交往和主导起草的《世界人权宣言》中,特别注重将儒学中的诸多核心要义,如"和平""仁义""道德""良心""宽容"等加以阐扬。如张彭春为梅兰芳接受博士学位起草的答谢词中倾注了这一观念:我们这次来访是想尽我们微薄的力量,以促进文明人类最恳切希望的和平……要维持世界的真正和平,人类需要相互了解,相互谅解和同情,相互扶助,而不是相互争斗。这非常符合马克思主义理论,人是"个体"与"类"的辩证统一,张彭春倡导并一贯秉持的这种观念,就体现了人从"个体"到"类"的思想跃升。又如,在《世界人权宣言》起草过程中,张彭春主张"和平",主张"伦理思考"在起草《世界人权宣言》中"应当引起更大的重视",提出要从"仁"的角度彰显更多的道德性……这些都为世界人权观赋予了更有高度、更加博大也更为普世的理念,也丰富了人权宣言中东方思想的含量。

总之,对于历史上那些脱胎于旧时代、葆有新思想,并付诸行动的先觉者,今天的人们需要对其格外珍惜,理当给以应有的地位和尊重。

二、智者

张彭春是一位多才多艺、视野开阔、学养深厚、贯通中西、沟通畅达的智者。

1. 用戏剧艺术启智。张彭春在戏剧创作上,享有众多的桂冠,如"第一位现代戏剧导演""卓有成就的戏剧教育家""话剧在北方奠基人之一",他曾被哈佛大学法学院的格林顿称为"多才多艺者"。

唐朝诗人白居易提出"文章合为时而著,歌诗合为事而作",这是倡导文艺创作要对社会现实给予密切的关注,也是历代文人富有使命感的一种体现,更是改造社会、促进社会进步的一职责使命。而这,在张彭春的戏剧创作中同样很突出。他凭借自己的艺术才华,创作演出了许多中英文戏剧,这些作品,是他手中的武器,切入时局,展现国情,反映立场。比如,寓意剧《灰衣人》表现反对"一战"的态度,三幕剧《闯入者》是对日本企图亡我的"二十一条"的揭露,悲剧《醒》反映了清廷黑暗腐败、激发了留学归国青年的救国热情,《新村正》意在呼唤"五四"反帝反封建……在张彭春的参与下,这些剧作大都为直面现实的应时应事而作,彰显了张彭春用戏剧的形象艺术启迪民智、开悟社会的良苦用心。

2. 做文化交流桥梁。习近平总书记强调,要"向世界阐释推介更多具有中国特色、体现中国精神、蕴藏中国智慧的优秀文化",提高"中华文化感召力、中国形象亲和力、中国话语说服力"。如果说今天我们注重向世界宣介中国优秀文化,那么,早在张彭春的人生舞台上,就已经绽放出中外文化交流之花了。

张彭春求学于美国哥伦比亚大学,在杜威的指导下获得博士学位。作为中国学者,他精通中国传统文化,多次到美、英、加、澳、苏联等国开展学术和文艺交流。在欧美世界和国际事务中,张彭春善于在其论著及演讲中灵活运用儒家哲学思想等中国优秀传统文化来阐述自己的主张和看法,并为联合国人权委员会和《世界人权宣言》所用,他所做的这些,让法国的戴尔玛斯-马蒂深感钦佩,称他是"中国文化的复兴者"。众多的史料表明,在戏剧领域,张彭春以一名文化使者的身份,让中国学习西方现代戏剧,同时把中国传统戏剧传播到西方,其中,他向美国推介了京剧这一国粹和京剧大师梅兰芳,并以他对美国人的了解精心编排戏单、亲自导演剧目,以追求更好的演出效果。1919 年,在他再次赴美进修博士学位期间,还与美国诗人兼评论家斯宾佳恩(J. E. Spingarn)合译了中国诗学著作《沧浪诗话》中的《诗辨》和《诗法》及其历史典故,并在美国发表。1921 年,他与洪深合作编导、根据中国六朝长诗改编的话剧《木兰》在纽约百老汇上演,场场爆满……在众多的中外文化交流活动中,他凭借深厚的文化修养和作为学者和文艺家所具有的高度名望,又加上对欧美文化的广泛掌握,了解西方和中国互相需要对方什么,有什么样的观念会妨碍互相理解,在哪些方面需要对双方进行沟通解释。正由于他对此都了解,才能举办如此丰富的中外文化交流活动,也正因为他发挥自己的才智且一步一个脚印地实践,才取得了深远的影响。

3. 成协调艺术大师。作为一名外交家、教育家、艺术家,他高超的协调能力和鲜明的行事风格令人印象深刻。

比如,他在《世界人权宣言》起草中享有的崇高威望和展现出的引导能力,在外交沟通中的游刃有余,在办学过程中的积极有为,等等,都离不开他以智慧克服障碍,打通环节,形成共识,使事情变得顺畅。如张彭春提出《世界人权宣言》必须涵盖西方以外的观点时,他的同事约瑟夫·许拉说,他“常面带笑容地提醒人权委员会诸君”;当代表们讨论人权来自何处时,各国代表争执不休,张彭春则运用中国儒家的中庸之道,走折中道路,提出了各方都能接受的“普遍原则”,以致调和的结果,让作为主席的罗斯福夫人深感折服,认为他简直是一位“协调艺术大师”,并说“他具有幽默感,从哲学的角度考虑问题,几乎在任何场合他都能够引述机智的中国谚语来应场”。作为同事的哲学家玛利克(Charles Malik)这样评价张彭春:在数百位有贡献的个人和机构的名字中,我不得不提张彭春博士,“他是人权委员会和起草委员会一位杰出的副主席。他经常引用东方智慧和东方哲学,每次都成功地开阔了我们的视野,而且他借助其特殊的起草天才,能够愉快地调整我们的许多条款”。联合国人权司首任司长汉弗莱也这样评价:“他是一个协调的艺术大师,拥有一整套儒家的经典名言,他经常能够提供规则以使得人权委员会能够摆脱僵局”。

张彭春之所以能取得多方面成就,开创了多个“第一”,是他卓越才能的体现,用今天的话说,是会办事、能办事、办成事的好干部,显示出中国式的智慧和机敏。

三、勇者

一个有行动能力的人,敢于直面困难,勇于应对挑战,善于与不同思想观念交锋。在张彭春那里，无论是强调《世界人权宣言》不应只反映西方的人权观念和标准，还是疾呼应尊重和吸收西方之外的其他文明的多样性；无论是在国难当头竭尽努力维护国家权益，还是参与创办清华大学、南开大学，都活跃着他忙碌的身影，都可以看到他坚实的脚步。他以政治的清醒敏锐和行动的勇毅果敢，实践自己的理想与主张，在很多重大议程、重要事件中表现出敢于发声、勇于改革、敏于行动的优秀品质。

1. 敢于发声。在国际舞台上，张彭春具有一种勇者的可贵气质，它源于其自信、自强、自尊的性格特征。尤其作为享誉世界的人权活动家，他所取得的成就至今仍令人叹为观止，至今无人能撼动其地位。从联合国人权委员会主席到其众多的同事，从所提出的许多观念主张到自己的躬身践行，这需要做多少说服、解释、辩论、交锋甚至争斗的工作，如果没有坚韧不拔的精神，没有一往无前的勇气，没有不达目的不罢休的执着，绝不能取得如此众多的成就。

张彭春在人权委员会的第一次辩论中，即向欧洲代表挑战。他强调，“十九世纪的欧洲人民走向狭隘之路并以自我为中心”才导致了第二次世界大战，并指出经过“二战”以后，人类应以博大的眼光来看世界性的大问题，并认为缺少道德约束是人与人争斗的根源。这方面的例子还可以举出很多。

2. 勇于改革。对于这一点，完全可以从他的教育实践中，看到他不允许平庸、秉持改革信念的坚决之心。自受聘为清华学校教务长后，他一改往日留美培训班的教学路线，使清华成为他所期望的“造就中国领袖人才之试验学校”。他主持起草《清华大学的总纲》，制订清华大学的过渡方案，用陶行知的话说，这些是“清华学校最切中时代需要的改革”。

试验和创新从来都与改革相辅相成。史料载，当年晓庄试验开始不久，张彭春在南开中学召开学校工作改革讨论会，提出“开辟的经验”的教育，后被会议认定是南开教育的一个新方向。张彭春也很关注教育的创新，早在20世纪30年代中期，他就提倡我国应通过广播和电影等新的教学手段实现远距离的电化教育。

在外交事务和戏剧创作等领域，张彭春同样以勇者的身姿，推动多种改革主张付诸实施，使局面为之一新。

3. 敏于行动。关心国事，尤其在国家需要时挺身而出，当仁不让，是张彭春身上鲜明的标识。

当八国联军入侵天津，他萌生了发愤图强的信念；在抗战爆发后，他被派往英美等国宣传抗日，揭露日军暴行，促使欧美国家同情中国，支持抗战，成功游说美国国会通过《对日经济制裁案》；天津的国民外交运动中，在如何使中国享受平等待遇等问题上，当接到天津各团体的“委托证”后，身在美国的他立即放下事务赶赴华盛顿，与在美华人代表携手开展维护国家权益的活动，当出现情况不利于中方时，便将华盛顿事务转托他人，集中精力四处演说或撰文宣传，表达中国人民力争国权的强烈意愿……当然，他也从一些行动的失利、愿望的落空中，深感弱国无外交，呼吁国人“从今觉悟，立即奋起，不再偷安，非无机会可以补助救”，显示了一位中国人为了国家命运而抗争的决心。对于这一点，可以从周恩来听了张彭春的一次讲演后所作的记述中看出，张彭春对救国救民负有强烈的责任感：“专门部主任张仲述先生……此次演说为全校同学聆教之第一次。演说意旨，在于以教育为救国之大本。”

一个时代总有一个时代的杰出代表，在纪念张彭春诞辰 130 周年之际，缅怀这位先驱，我们要从这一位思想文化的觉者、智者、勇者身上，进一步弘扬其精神和品格，吸取智慧和力量，以启来者。

2022 年 4 月 22 日

作者简介：

沈卫星　曾任光明日报副总编辑。现任中国政法大学光明新闻传播学院院长，教授、博士生导师。全国宣传文化系统文化名家暨“四个一批”人才。编著有《沈卫星文化评论集》《外国文物里的丝绸之路》《受众视野下的文化多样性研究》《邓小平文艺思想研究论集》《重读张伯苓》等。担任“五个一工程”奖、中国新闻奖、华表奖、飞天奖、星光奖、金鸡奖、鲁迅文学奖等评委。获中国新闻奖一等奖。享受国务院政府特殊津贴。

张彭春人权思想的当代启示

常　健

张彭春在参与起草《世界人权宣言》的过程中，提出了一系列有关人权的重要思想，有些被吸纳进《世界人权宣言》。从当代人权面临的处境和挑战来看，张彭春先生的思想具有特别的启发意义，值得我们深入发掘、体会和弘扬光大。

一、用中国文化精华滋养世界人权思想发展

张彭春先生在参与和领导制定《世界人权宣言》的过程中，展现出充分的文化自信。在联合国大会第三委员会第 91 次会议上，他指出，当欧洲在 18 世纪提出关于人权的进步思想时，中国的思想已经融入欧洲的人权思想。中国哲学家的译本已经为伏尔泰、魁奈和狄德罗等思想家所熟知，并启发了他们对封建观念的人文主义反抗。① 在第三委员会的演讲中，他引用了孟子的名言："民为贵，社稷次之，君为轻。"他指出，欧洲于 18 世纪首谈人权，而中国哲学家远于二千年前即具有此崇高理想。② 他建议人权委员会秘书处花几个月的时间研究一下儒家思想的基本原理。③

从中国文化出发，他建议应当从尊严的角度来理解生命的价值。在

---

① 1948 年 10 月 2 日第三委员会第 91 次会议记录，A/C. 3/SR. 916。

② 《中国对〈人权宣言（草案）〉之立场——在第三委员会（社会人道及文化委员会）的演讲》，《华北日报》1948 年 10 月 4 日。

③ Eleanor Roosevelt, *On My Own*. New York：Harper，1958，p. 77.

1947年6月11日人权委员会起草委员会第3次会议上，在对生命权的讨论中，张彭春建议对“生命”一词的定义多加思考——是要仅仅意味着物质存在，还是意味着更多的东西？他还认为草案应以某种方式强调生活本身的美好。[①] 在人权委员会起草委员会第12次会议上，他认为注意人的文化发展很重要，要涉及“生活本身的更好发展”，因为只有物质存在是不够的。[②] 在1947年1月31日人权委员会起草委员会第7次会议上，张彭春指出，有必要肯定和扩大人与动物之间的差别。应当建立一种标准，以突出人的尊严的概念，强调对人的尊重。[③] 在人权委员会起草委员会第8次会议上，他建议用“dignity（尊严）”这个词来代替“life（生命）”，即用“应当尊重人的尊严”的表述来替代“应当尊重人的生命”的表述。[④]

从中国文化出发，张彭春提出，应该用中国“仁”的概念来丰富西方“理性”的概念。在人权委员会起草委员会第8次会议的发言中，张彭春提出，应该用“仁”的理念来丰富“理性”的概念。“仁”字的中文是由“二”和“人”两部分构成，翻译成英文就是“二人意识”（two-man-mindedness），英语对应的词可能是“sympathy（同情）”或“consciousness of his fellow men（考虑到他的同胞）”。他觉得这个新理念应该作为人的基本属性。[⑤] 在人权委员会起草委员会第13次会议上，他赞同英国代表的意见，即应增加“良心”一词，但除“理性”外，还应增加一些表示道德意义的词。[⑥]

从人与人的关系出发，他认为在主张权利的同时，有必要说明个人应当承担的相应义务。在1948年6月9日人权理事会第51次会议上，张彭春提出的修正案内容为：“行使这些权利需要承认他人的权利和所有人的福利。”[⑦]在1948年6月10日人权委员会第67次会议上，张彭春表示，《世

---

① 1947年6月11日人权委员会起草委员会第3次会议记录，E/CN. 4/AC. 1/SR. 3。

② 人权委员会起草委员会第12次会议记录，E/CN. 4/AC. 1/SR. 12。

③ 1947年1月31日人权委员会起草委员会第7次会议记录，E/CN. 4/SR. 7.

④ 1947年6月11日人权委员会起草委员会第8次会议记录，E/CN. 4/AC. 1/SR. 8。

⑤ 1947年6月11日人权委员会起草委员会第8次会议记录，E/CN. 4/AC. 1/SR. 8。

⑥ 1947年6月20日人权委员会起草委员会第13次会议记录，E/CN. 4/AC. 1/SR. 13。

⑦ 1948年6月9日人权理事会第51次会议记录，E/CN. 4/SR. 51。

界人权宣言》应列入一项确定人人享有良好社会和国际秩序权利的一般性原则条款,并应该更进一步确定所有人都有责任为建立和维持这一秩序做出贡献。他强调,这一问题十分重要,即必须在国家的义务之外,肯定个人有义务对他所要求的良好社会秩序做出贡献。因此,他建议在“人人有权”后加上“且有责任协助实现”或“且有责任实现”。① 在1948年10月6日第三委员会第95次会议上,张彭春指出,联合国的目的不是确保个人的私利,而是努力提高人类的道德地位。有必要宣布个人的义务。因为只有意识到自己的义务,才能使人达到较高的道德标准。② 在1948年10月7日第三委员会第96次会议上,张彭春认为,宣言第一条应保持不变,构成该条的两句话不应分开。第一句对权利的宽泛表述和第二句对义务含义的表述,达成了良好的平衡。③

从中国文化出发,张彭春特别强调民生。在人权委员会第14次会议上,他提出应当在宣言序言和其他地方写上“免于匮乏的自由”。④ 在人权委员会起草委员会第4次会议上,他主张在第8条提及民生和工作。⑤ 1948年11月17日巴黎夏乐宫第三委员会第143次会议上,他将第22条第1段表述为:“人人有权享有足以满足其家庭和自身需要的生活,包括获得所需食物、衣物、住房、医疗和社会服务;人人有权在失业、生病、残疾、寡居、年老或因不可控情况而无法维持生计时获得保障。” ⑥

在涉及关于宗教信仰自由的分歧时,张彭春特别强调宗教宽容。在1948年11月9日第三委员会第127次会议上,张彭春强调:必须从真正的角度来研究宗教表达的问题。为了进一步阐明这个问题,他希望首先向起草委员会解释中国人是如何处理宗教问题的。他指出,中国哲学本质上是建立在对统一原因的坚定信仰之上的,但在人文层面上是以多元宽容的方

---

① 1948年6月10日人权委员会第67次会议记录,E/CN. 4/SR. 67。
② 1948年10月6日第三委员会第95次会议记录,A/C. 3/SR. 9522。
③ 1948年10月7日第三委员会第96次会议记录,A/C. 3/SR. 9624。
④ 1947年2月4日人权委员会第14次会议记录,E/CN. 4/SR. 14。
⑤ 1947年6月11日人权委员会起草委员会第4次会议记录,E/CN. 4/AC. 1/SR. 4。
⑥ 1948年11月17日第三委员会第143次会议记录,A/C. 3/SR. 143[114]。

式来表达。中国哲学认为,人的行动比形而上学更重要,生活的艺术高于对生命原因的认知。人要证明神的伟大,最好的办法,就是在这个世界上证明一种模范的态度。在中国哲学家的眼中,宽容是一种多元的宽容,体现在思想、良知和宗教的各个领域。如果人们想要把人与人的关系建立在仁义的基础上,就应该受到这种宽容精神的启发。①

他还特别向宣言起草委员会专家推介中国公职人员的考试制度。

在人权委员会起草委员会第 9 次会议上,张彭春倾向于将第 29 条的最后一句改为大会秘书处大纲草案(E/CN. 4/AC. 1/3 号文件)第 31 条第 2 部分:“公职人员的任命应通过竞争性考试。”他强调,随着公共职能越来越多且越来越重要,所有人都应有权通过担任公职来参与公共生活。他回顾了中国在这方面的经验,指出公职人员的竞争性考试在中国已经存在了几个世纪。他认为,“自由竞争考试”应被视为通往真正自由民主的途径之一。当被问及中国竞争性考试的复杂性和数量是否在一定程度上使普通人无法进入政府,因为他们无法获得通过这种考试所必需的教育时,张彭春解释说,在他看来,这不是对中国历史的正确解释。他认为在既定的社区生活中,竞争性考试是一种给予所有人进入政府平等机会的方式。他认为竞争性考试也是实现人权的一种方式,因此应当提及。②

从中国文化出发,张彭春强调教育作为一项基本人权的重要性。在 1948 年 6 月 10 日人权委员会第 67 次会议上,他提议通过以下草案:“1. 人人有受教育的权利,包括免费基础教育和根据成绩平等接受高等教育的权利。2. 教育的目的应是充分发展人的个性,加强对人权和基本自由的尊重。”③在 1948 年 6 月 10 日人权委员会第 68 次会议上,张彭春请求参会各方支持教科文组织代表所阐述的“基础”教育概念。他指出,在某些国家,成年人在进行强制性成年教育之前没有获得小学教育的机会,这种新型现代化观念特别适合这些国家。他赞同英国代表的意见,应删除“义务”

① 1948 年 11 月 9 日第三委员会第 127 次会议记录,A/C. 3/SR. 12792。

② 在人权委员会起草委员会第 9 次会议上的发言记录,E/CN. 4/AC. 1/SR. 9。

③ 1948 年 6 月 10 日人权委员会第 67 次会议记录,E/CN. 4/SR. 67。

(compulsory)一词。他认为,在这一短语中省略"基础"一词将是可悲的。他敦促委员会在"初级"之后插入"和基础",以考虑到成人文盲的受教育需求。[1] 在 1948 年 6 月 11 日人权委员会第 69 次会议上,张彭春提出以下内容:"教育的目的应是充分发展人的个性、加强对人权和基本自由的尊重、并促进国际善意。"[2]

从中国文化出发,张彭春认为实施人权宣言不是为了惩罚,而是为对人进行教育,促进人的发展。在 1947 年 6 月 19 日人权委员会起草委员会第 11 次会议上,张彭春引用了中国谚语:"徒善不足以为政,徒法不能以自行。"他认为,制定《世界人权宣言》的意图和目标"应该是培养更好的人,并不仅仅是为了惩罚那些侵犯人权者。权利必须由法律来保护。但法律也必须能够促进人的至善。他们应该强调通过教育和道德手段来促进人权的扩展和精细化。实施不能仅仅意味着惩罚,而且应该是人全面发展的手段"[3]。在 1948 年 6 月 9 日人权委员会第 51 次会议上,张彭春指出:"重点不应放在约束人们上,而应放在教育他们上。所有社会和政治教育的目的是自愿承认他人的权利。委员会的理想不应该是施加限制,而是所有人自愿承认他人的权利。这就是《宣言》应该表达的理想。"[4]在联合国大会第三委员会第 91 次会议上,他指出:"一个人必须不断地意识到他所生活的社会中的其他人,必须经历一个漫长的教育过程,男女才能够意识到《宣言》所赋予他们的权利的全部价值和对应的义务;只有在那一阶段实现之后,那些权利才能在实践中得以实现。所以,《宣言》应该尽快被作为人类教化的基础和项目而予以认可。"[5]

① 1948 年 6 月 10 日人权委员会第 67 次会议记录,E/CN. 4/SR. 67。

② 1948 年 6 月 11 日人权委员会第 69 次会议记录,E/CN. 4/SR. 69。

③ 1947 年 6 月 19 日人权委员会起草委员会第 11 次会议记录,E/CN. 4/AC. 1/SR. 11。

④ 1948 年 6 月 9 日人权委员会第 51 次会议记录,E/CN. 4/SR. 51。

⑤ 1948 年 10 月 2 日第三委员会第 91 次会议记录,A/C. 3/SR. 916。

二、在多元文化中求同存异，达成国际人权共识

在制定《世界人权宣言》的过程中，面临着不同文化和意识形态之间的分歧甚至冲突。但张彭春认为，只要坚持宽容和求同存异的原则，就有可能就人权宣言的内容达成国际共识。

在经济与社会理事会第69次会议上，张彭春指出："在世界三四十个《宪法》中，都包括了人权。这一事实表明，尽管哲学或意识形态存在差异，但仍有可能达成很大程度的协议。"[①]

为了消除宣言起草过程中关于人性善恶的争论，在1948年10月7日第三委员会第96次会议上，张彭春支持比利时代表的建议，删除"根据自然本性"(by nature)这一表述，这样就可以排除任何神学问题。他也同意黎巴嫩代表的建议，删除"生而"(born)一词，因为它会使人想起卢梭和性善论。[②] 在1948年10月9日第三委员会第98次会议上，张彭春先生敦促委员会不应再讨论人的本性问题，而应以18世纪哲学家的工作为基础。他认为委员会应同意以"all human beings are free……(所有人都是自由的……)"开头的案文，用"human beings"来指人的非动物部分——如黎巴嫩代表团所提议的，并应同意删除比利时代表团所提议的"根据自然本性"一词。如果删除"根据自然本性"这一表述，相信上帝的人仍然可以在此条强有力的开篇断言中发现上帝的观念；同时其他有不同观念的人也能够接受该文本。[③] 在1948年10月11日巴黎夏乐宫第三委员会第99次会议上，张彭春指出，如果删除"生而(born)"一词，就不会出现人权始于出生还是始于受孕的问题。但是，如果委员会大多数成员希望保留"出生"一词，他建议插入"并保持"一词并就其进行进一步表决。[④]

在1948年10月7日巴黎夏乐宫第三委员会第96次会议上，他指出，

---

① 1947年3月14日经济及社会理事会第69次会议记录，E/422。

② 1948年10月7日第三委员会第96次会议记录，A/C.3/SR.9624。

③ 1948年10月9日第三委员会第98次会议记录，A/C.3/SR.9828。

④ 1948年10月11日第三委员会第99次会议记录，A/C.3/SR.9930。

中国人口占世界人口的很大一部分,其理想和传统与信基督教的西方不同。这些理想包括良好的举止、端庄得体、礼仪规范和对他人的体谅。尽管中国文化将礼仪作为道德的重要组成部分,但中国代表不会提议在宣言中提及礼仪。他希望委员会的同事们能有同等的考虑,撤回那些可以产生形而上学问题的修正案。对西方文明来说,宗教不容忍的时代也已经结束。①

在 1948 年 12 月 6 日联合国大会第 182 次全体会议上,他指出:在关于《世界人权宣言》的漫长辩论中,只要代表们关心、维护人权,他们就会达成一致意见。分歧纯粹是由于对政治性质的关注。维护人权的首要条件是包容世界各地的不同观点和信仰。顽固的教条主义加剧了纷争,为纷争提供了思想基础,造成了很大的危害。在当今时代,特别是在第一次世界大战之后的几年里,出现了一种强加某一标准化的思维方式和单一的生活方式于他人的倾向。通过这种方法,要取得平衡,只能以背离真相或使用武力为代价。但是,无论使用何种暴力手段,以这种方式实现的平衡绝不会持久。如果要维持人类社会的和谐,拯救人类本身,每个人都必须本着真诚包容的精神,接受其同胞的不同观点和信仰。②

在人权委员会起草委员会第 12 次会议上,他希望保留第一条中的"All men are brothers(所有人皆为兄弟)"的表述。③ 在人权委员会起草委员会第 13 次会议上,他建议将第一条改为:"四海之内皆兄弟。作为大家庭之成员,人人均有理性与良心,人人均享有自由,拥有平等的尊严与权利。"将第二条修改为:"他人拥有平等的权利,彼此权利相互限制。人也负有对社会的责任,通过社会,他才能够在更大的自由中发展自身的精神、思想与体魄。"④在 1948 年 10 月 7 日第三委员会第 96 次会议上,他指出,第一条第二句呼吁人们以兄弟情谊的精神彼此相待,这种态度与中国人强

① 1948 年 10 月 7 日第三委员会第 96 次会议记录,A/C. 3/SR. 9624。

② 1948 年 12 月 6 日联合国大会第 182 次全体会议逐字记录,A/PV. 182[163]。

③ 人权委员会起草委员会第 12 次会议上的发言记录,E/CN. 4/AC. 1/SR. 12。

④ 1947 年 6 月 20 日人权委员会起草委员会第 13 次会议记录,E/CN. 4/AC. 1/SR. 13。

调礼貌和善待他人是完全一致的。只有当人类的社会行为上升到这一水平时，他才是真正的人类。[①] “四海之内皆兄弟”与当代提出的“构建人类命运共同体”的理念，存在着文化上的相通之处。

三、当代启示

张彭春在七十多年前提出的思想，对当今世界人权思想的发展仍然具有重要的启发意义，值得我们深入发掘和认真思考。

首先，具有普遍性意义的国际人权道德和法律规范，并不是由某一特殊文化单方面宣布的，而是在多元文化的相互激发、相互滋养的互构过程中形成的。在这一互构过程中，各种文化之间的关系是平等的。特别是在构建强调人人平等享有权利的人权规范的过程中，更应当强调各种不同文化的平等参与，保障处于弱势地位的文化的发声权利。在这方面，张彭春反复阐明《世界人权宣言》不能只反映基督教的文化观念，也应当包括中国儒家文化的理念，并通过历史事实指出了西方近代文化启蒙已经受到了中国文化的深刻影响。他所强调的这些原则，同样适合于当今世界人权规范的发展。如果人权规范连不同文化的平等参与权都不能保障，那就不是真正意义上的人权规范，而只会沦为霸权规范。

其次，在多元文化互构世界人权规范的过程中，肯定会出现不同文化之间的碰撞甚至冲突。在处理文化冲突的过程中，是在文化上恃强凌弱，还是求同存异，是《世界人权宣言》能否成功制定的关键所在。张彭春在参与和领导《世界人权宣言》制定的过程中，反复强调文化宽容，通过求同存异达成共识，排除那些可能引起不同文化间争议的表述，从而使这份国际人权文件为各种不同文化所接受。这为当今处理人权问题上的国际争论建立了值得效法的范式。建立人权规范是为了各国人民和睦相处，宽容可凝聚人心，固执己见则强化对立，最终只能通过武力解决争议，这违背了制定国际人权规范的初衷。

最后，处理人与人、国与国之间的关系，不仅要讲理性，而且要讲良心。

---

① 1948 年 10 月 7 日第三委员会第 96 次会议记录，A/C. 3/SR. 9624。

张彭春反对将人权的主体定义为自私自利的孤立个人，认为应该培养人们相互关心、互助互利的道德素养，在主张自身权利的同时，也承担相应的义务。他建议将“四海之内皆兄弟”写入宣言，强调制定宣言不是为了惩罚，而是为了教育。这对于当今世界将人权工具化、政治化的倾向，无疑是具有先见之明的衷告。

作者简介：

常　健　南开大学人权研究中心（国家人权教育与培训基地）主任，南开大学周恩来政府管理学院教授、博士生导师，中国人权研究会常务理事。

长期从事人权问题研究，出版《人权的理想·悖论·现实》等学术专著、教材多部。发表学术论文140余篇。担任《中国人权事业发展报告》（蓝皮书）副主编。多次作为中国人权研究会代表团成员参加联合国人权理事会会议和边会并作发言。

儒家传统与现代人权建设
——来自张彭春的启示

化国宇

制定《世界人权宣言》时，中国代表张彭春为世界人权事业做出了贡献，他对儒家思想的成功运用，推动了《世界人权宣言》的顺利起草和通过，并将儒家思想融入《世界人权宣言》，尤其是将“仁”写入《世界人权宣言》，使其成为“二战”后国际人权新理论的重要组成部分，丰富了现代“人权”的内涵。张彭春是一位学贯中西的大家，是美国哥伦比亚大学的哲学博士，正因为他了解西方，他才更能发现西方文化中的不足，更珍视中国传统中的积极因素。他善于在演讲和辩论中巧妙地化用儒家的言论和思想来阐述自己的主张和立场。在起草《世界人权宣言》的过程中，他经常运用儒家的经典名言、策略和方法，调解争端、缓和矛盾、解决问题，他是起草委员会中唯一的能代表亚洲价值的亚洲人。他将儒家思想贯穿整个起草过程，在实践上证明了儒家传统与现代人权的可协调性，也为发展人权理论提供了有益的智慧启迪。从这里出发，我们应当思考，究竟应当如何看待儒家传统与现代人权建设的关系问题？

一、在现代人权建设中背弃传统是徒劳的

在当代，历史法学派的代表人物萨维尼（Savigny）早就说过：法律就像语言、风俗、政制一样，具有“民族特性”，是“民族的共同意识”“世世代代不可分割的有机联系”，它“随着民族的成长而成长，随着民族的壮大而壮大，最后，随着民族对于其民族性（nationality）的丧失而消亡”。总之，“法

律首先产生于习俗和人民的信仰(popular faith)”,是“民族精神”的体现。[1] 萨维尼抱守的民族精神,实质上为一个民族的禀赋性情,是一种自发的创造力量。它伴随着民族与生俱来,不能也无法从其他民族的文化模式中学到,民族秉赋具体体现在民族文化、特性、气质等内容上。[2]

姑且抛开关于萨维尼“民族精神论”的争议[3],至少他提醒了人们注意历史,注意民族国家、民族精神与法的关系,正如萨维尼于1815年在其主办的《法律史杂志》中所说的,他之所以采取历史主义的方法,是因为他觉得历史主义的方法在当时德国完全是被忽略的,为了纠正一直占有重要地位、持取非历史态度的自然法学派的“法律可由立法者在任何既定时刻任意制定”的观念,因此他才“矫枉过正”给人们以提示而已。

对应到我国人权领域的理论和实践,人们都极少考虑甚至抵触儒家思想的因素。要么避而不谈,视而不见,要么全盘否定,大加斥责。仅有的一些努力或许是抱着敝帚自珍的心理,局囿在对传统体系自洽构建的自说自话,而不理会今日之法治人权状况;或揣着民族文化不自信的忐忑,通过简单、孤立的中西比较,在儒家传统因素中搜罗能够附会西式人权的蛛丝马迹。

“五四”以来,“挽中国社会于既倒”的救亡运动的惯性思维,导致人们以现代性启动时间的先后作为决定制度优劣的标准,以是否存在西式民主

---

① [德]弗里德尼希·卡尔·冯·萨维尼:《论立法与法学的当代使命》,中国法制出版社2001年版,第11页。

② 黎四奇:《对萨维尼“民族精神”的解读与评价》,《德国研究》2006年第2期,第61—65页。

③ 中外均有学者认为,萨维尼的“民族精神论”因反对法典化和靠人的理性立法,本身就是一种保守的表现,具有向后看的守旧性,如博登海默就认为:“萨维尼是一个憎恨法国大革命平等理性主义的保守贵族。一个反对法兰西世界主义理论的日耳曼民族主义者。”沈宗灵也认为,“萨维尼的那些观点不仅是唯心主义的,而且在19世纪欧洲的历史条件下,更代表了一种历史复古主义的反动思潮,是与维也纳会议和‘神圣同盟’的精神,即维护封建统治的精神相一致的”,“是反对当时在德同制定像《拿破仑法典》那样新的、资本主义性质的法律,而维护代表腐朽的封建统治者利益的习惯法”。参见[美]博登海默著,邓正来译《法理学:法律哲学与法律方法》,中国政法大学出版社1999年版,第90页;沈宗灵:《略论历史法学派》,《法学研究》1980年第3期,第62—64页。

和人权成为判断传统文化高低的天平，中国人在这种救亡式和赶超式的运动中一度无暇去反思和发展自己的文化和传统。这就造成了在人权研究中忽视甚至轻视中国传统的情况。

然而，西方的人权观并非放之四海而皆准的真理，中国基于自己的传统和特定道德无法认可所有的西方人权价值，当然也不能希冀通过全面学习和移植来实现中国人权事业的进步。中国的人权大厦完全脱离传统文化的基底，几乎是不可能的事情。

一方面，从文化的稳定性和传承性上看，儒家传统似乎并没有那么容易被主观地抛弃。文化是“从在社会中支配地位的思维和行为方式里剔除与生俱来的因素，因而具有很强继承性的思维和行为方式”①。这个概念表明文化的存在是客观的、一贯的，而且无法通过某种手段简单改变。尽管一国文化也会随着社会发展尤其是经济因素而变迁，甚至随着革命而在认知层面上有根本的变革，但具有深厚历史底蕴的主流文化或核心文化对该国民众的影响仍会在思维和行为方式层面上继续存在，而且无法撼动。更常见的情形是，既存文化中有生命力的部分会不断延续下去。因此，一国历史上形成的既有主体文化很难完全被人为替代或改变。

这在现实生活中表现得尤为明显，尽管我们民族文化外显的部分，比如服饰饮食、生活习惯、语言文字，甚至成文的制度，均焕然一新了②，与现代化的西方没有什么差别，但在东方社会生活习惯、思维方式和民族心理上却有着明显的差异，至少在可预见的历史时间之内无法改变。正如民俗学者主张的，现代社会使很多民俗场景鲜见了，但是，鲜见的是没有经受住现代工业冲撞的农耕文化风俗事项，鲜见的是人们对于原始神灵观念的笃信，然而传统社会养育了“中华民族的血脉骨骼，讲人伦，重血亲，对天地

① ［日］大沼保昭：《人权国家与文明》，王志安译，生活·读书·新知三联书店 2003 年版，第 17 页。

② 齐延平：《法制现代化：一个西方的幽灵》，《政法论坛》2007 年第 2 期，第 3—12 页。

的敬畏”①。中西方在文化上存在巨大差异,因此西方人无法理解黄皮肤的中国人在每岁寒尽春来之时,千里万里,跨越江河海洋,从国家的这一半奔赴那一半,重复着世界最大规模的人类迁移的意义。

正如约翰·杜威所说的:“有时,人们毫无预见地行为,不去检查他们所做的及后果;他们的行为不是经过深思熟虑,而是出于常规、本能、赤裸裸的欲望或者‘盲目’的直觉。”②而他所谓的这种“本能”“常规”和“直觉”,不能不说很大一部分是源于其所处的社会文化传统。因而,任何企图通过反思或批判达到改变“集体主义”与“道德主义”去全面附会西方“个人主义”与“非道德主义”的努力都可能是徒劳的。

另一方面,从价值认同的角度上分析,符合一个民族文化传统的人权理论和制度才更容易得到大众群体的接受,越是古老的民族越是如此。在中华人民共和国成立后的七十余年的时间跨度里,马克思主义与中国文化传统同时在中国发展,并行不悖。中国人对于马克思主义是秉承接受态度的。马克思主义东渡中国之后,为何会疾风暴雨般为中国知识分子进而为广大民众所接受和信仰?学者李泽厚指出,马克思主义符合中国救亡图存的现实需要,但“中国传统的民族性格、文化精神(亦即文化心理结构)和实用理性是否也起了某种作用呢?重行动而富于历史意识,无宗教信仰却有治平理想,有清醒理智又充满人际热情……这种传统精神和文化心理结构,是否在气质性格、思维习惯和行为模式上,使中国人比较容易接受马克思主义呢?”③民族文化的价值认同在其中起到了重要的作用,在这种意义上来说,马克思主义中国化是中国传统凭马克思主义“借壳上市”④,或者说马克思主义理论借用中国传统“充实自我”。而这一方面证明了传统不

① 施立学:《春节是中华儿女的加油站》,载于《人民日报(海外版)》2013 年 2 月 7 日,第 1 版。

② [美]约翰·杜威:《逻辑方法与法律》,孙新强译,《人大法律评论》2011 年第 1 期,第 268—276 页。

③ 李泽厚:《中国古代思想史论》,天津社会科学院出版社 2003 年版,第 299 页。

④ 在此使用“借壳上市”一词的启发源于齐延平教授的论文。参见齐延平《法制现代化:一个西方的幽灵》,《政法论坛》2007 年第 2 期,第 3—12 页。

可能被主观地人为革除，另一方面也说明了法治和人权的更好实现，应考虑如何取得传统文化的价值认同。因而，当一项人权理念或者制度更多的带有中国特色，更多的源于中国传统的时，人们则会更容易接受和遵守。

二、西方传统与现代人权的悖离与接续

第二个要讨论的问题是，现代人权完全是西方传统自然而然演化的结果吗？中国传统孕育不出人权吗？

亨廷顿认为，“现代性”是西方社会内在机理逻辑演进的一环与产物，现代性与西方传统是一以贯之的。他在《第三波：20 世纪后期的民主化浪潮》一书中认为：“现代民主是西方文明的产物，它扎根于社会多元主义、阶级制度、市民社会、对法治的信念、亲历代议制度的经验、精神权威与世俗权威的分离以及对个人主义的坚持，所有这些都是在一千多年以前的西欧出现的……这些要素也许可以在其他的文明中找到其中的一二个，但是作为总体，它们仅存在于西方之中。”[①]言下之意就是现代民主源于西方文明的传统。按照这个思路，同样也可以推出现代人权理念也源于西方文明的传统。这个论断的历史局限性是显而易见的。

从现实来看，在我们津津乐道西方的法治和人权精神的时候，我们可以想到德国遥远世纪的“波茨坦磨坊”，却忽略了近在咫尺的“奥斯维辛集中营”；可以想到法国彻底的大革命及其《人权宣言》，却回避了随后建立的“拿破仑帝国”和“宣言中的人仅指男人”的事实；祖父英王约翰签订了限制王权的《大宪章》，孙子“长腿”爱德华前脚予以确认，后脚就在苏格兰和威尔士显示了其残暴；美国自由女神左手抱着铭刻“人人生而平等”和“生命权、自由权和追求幸福的权利”的《独立宣言》，而右手的火炬照亮的是印第安人血淋淋的头盖骨。每一样所谓“人权传统”都能找出与之对应的“反人权传统”。因为西方先进入现代化，最先有了“人权”的话语，就使得西方的全部历史合理化了。这种“执果索因”的论证方法在自然科学中

---

① ［美］塞缪尔·亨廷顿：《第三波：20 世纪后期的民主化浪潮》，刘军宁译，上海三联书店 1998 年版，第 5 页。

可能奏效,在社会科学中却难以成立。带着上述偏见,研究者有意遮蔽西方传统中的非人权因素,而放大其中的人权因素。因此,追溯文明源头,理论家们总是可以找到现代人权与西方传统似是而非的连接因素,比如雅典城邦的公民权,又比如英国的《大宪章》,而闭口不提前者权利排除了女性和奴隶,而后者其实仅适用于贵族。这种狭隘的"特权",真的能够视为现代意义上人权的起源吗?如果照此理解,1947 年 6 月中国儒家学者罗忠恕给联合国教科文组织的回函中其观点也完全成立:"中国古代思想家很少讨论人权问题,至少是没有以西方学者的方式探讨这一问题。在西方人权观念引入之前,无论是私人还是政府机构,都没有发布过人权宣言。不过,中国很早就具有了人权观念,人民反抗残暴统治者的权利很早就得到了确立,伟大的思想家孟子就强烈地坚持政府应当为人民的意愿工作。他说:'民为贵,社稷次之,君为轻。'"①

这一事实很早就被梁漱溟先生洞察到了:在西方漫长的中世纪,占据主要地位的基督教文化也是义务本位的,"在基督教势力下,个人所负宗教的义务,是远超过(中国)家族的要求"②的。反而可以这样说,西方权利观的形成"是近代的产物",是中古世纪逼迫下的"个人觉醒",人权自由的产生是对中世纪基督教文化的反动。③

即便如此,西方世界一直在尝试接续现代与古典传统之间断裂的联系。"蔑视个人"的基督教文化不仅从未淡出西方人的精神信仰,而且为人权的觉醒提供了先验的逻辑起点。文艺复兴时期巨人们借着对神事的拟人化描绘唤起了人的主体性的苏醒,而启蒙思想家们虽然把理性高高悬

① Chung-Shu Lo(罗忠恕):"Human Rights in the Chinese Tradition", *Human Rights: Comments an Interpretations*, edited by UNESCO, New York: Columbia University Press, 1949, p. 186.

② 梁漱溟:《中国文化要义》,上海人民出版社 2005 年版,第 67 页。

③ 参见梁漱溟《中国文化要义》,上海人民出版社 2005 年版,第 82 页;李明辉:《儒家视野下的政治思想》,北京大学出版社 2005 年版,第 47 页。

起,但也“给信仰留出了地盘”①。在承载现代西方人权观念的几个代表性文本中,延续基督教传统的痕迹十分明显。1776 年的美国《独立宣言》开篇即写道:“按照自然法则和上帝的旨意,以独立平等的身份立于世界列国之林”,“我们认为下述真理是不言而喻的:人人生而平等,造物主赋予他们若干不可让与的权利,其中包括生存权、自由权和追求幸福的权利”。《独立宣言》在最后一句写道:“我们坚定地信赖神明上帝的保佑,同时以我们的生命、财产和神圣的名誉彼此宣誓来支持这一宣言。”法国 1789 年《人权和公民权利宣言》的序言阐明:“因此,国民议会在上帝面前并在他的庇护之下确认并宣布下述的人与公民的权利。”直至制定《世界人权宣言》之时,起草报告员黎巴嫩代表马利克,以及荷兰、比利时等欧洲国家代表,巴西等拉美国家代表仍然为在《宣言》中没有写进“上帝”和“造物主”以阐明人权的终极来源而深表遗憾。②

因此,人权并不是西方传统的必然产物,西方现代人权在悖离其传统的同时,又通过某种知识再造运动使两者得以接续。诚如新儒学的代表人物郝大维与安乐哲所说:“中国人不必为接近现代性而抛弃以往的一切……不必在现代西方的制度与言语中寻找文化适应的方式。中国能够更富有成效地转向其自己的传统过去,并最终转向诸如西方的实用主义这样的知识运动,以帮助自己解决伴随它进入现代世界而来的各种紧张关系、冲突和矛盾。”③

三、正确看待儒家传统在现代人权建设中的作用

在西方世界里,理性与上帝最终在一个平衡点上握手言和,黑暗中世纪的宗教传统成功接续上了现代理性和人权观念。如韦伯所说,经过“祛

---

① 这里借用康德的话“我要悬置知识,为信仰留出地盘”(Ich musste also das Wissen aufbeben, um zum Glauben Platz zu bekommen.),参见邓晓芒《康德哲学讲演录》,广西师范大学出版社 2005 年版,第 156 页。

② 孙平华:《〈世界人权宣言〉研究》,北京大学出版社 2012 年版,第 99—100 页。

③ [美]郝大维,安乐哲:《先贤的民主——杜威、孔子与中国民主之希望》,江苏人民出版社 2010 年第 2 版,第 27 页。

魅”的新教已不再是中世纪神权的卫道士，而观今日之儒家几经淘洗与变革，也亦非维护封建专制的帝王之术。西方至今也未做到人神相揖别，我们又如何能与孔夫子决裂？一个否定自我历史和自我传统的民族，若最终迷失“我者”与“他者”分际，又如何能“自立于世界民族之林”？

如上文所提及的，联合国教科文组织为配合《世界人权宣言》的起草，曾于1947年6月给各国的专家发送人权问题，收到了包括中国学者罗忠恕在内的大约七十份回复，包括中国和印度在内的亚洲国家、伊斯兰国家、美洲、欧洲等国家都在回函中认同“人权”的概念并阐述了自己国家的人权传统和人权观。正如一些学者所赞同的那样：“一切社会都有其自己的人权概念，一切社会都通过文化和历史展示出它们的人权意识，因为人权概念可以追溯到人类起源本身。”①

张彭春参与《世界人权宣言》这段历史，给儒家思想与人权观念的接榫提供了一个有力的例证，对当今的人权建设极具启发意义。儒家学说是一个经过千年延续与演进的丰富的思想文化体系，它包含着人文精神、政治理念、哲学思想、道德伦理和法制观念等重要内容，对中国人的精神塑造影响至深。尽管儒家学说从未提出“人权”这一名词和命题，但在其浩如烟海的立论和格言中，处处闪耀着人权思想理念的光辉。② 儒家的“仁爱”“忠恕”等思想对于思考中国人权和中国人的人权，仍具有重要的启迪意义。张彭春在联合国的人权实践也表明，各国在各自文化之内寻求对人权的共识并非不可能。张彭春的贡献在于运用自己的智慧和儒家哲学，一方面在多样化的文明观念中寻找普遍的人权共识，实现了一种基于不同文化概念和理解的普遍认同；另一方面，对于不同文化中冲突的人权观念，通过沟通、交流，在不违背基本的人权理念的情况下实现了最大限度的理解和包容，使各国之人权能在互相借鉴中发展。这在西方人权神话被打破、人

---

① J·Donnelly, *Universal Human Rights in Theory and Practice*, New York: Cornell University Press, 1989, p. 49；转引自李林《人权概念的历史文化解读》，载于王家福、刘海平、李林主编《人权与21世纪》，中国法制出版社2000年版，第22—42页。

② 周觉、杨正泉：《弘扬东方文化优良传统，促进人权事业全面发展》，载于中国人权研究会编《东方文化与人权发展》，东方出版社2004年版，第10页。

权理论体系作为一个面向全世界开放的系统的今天尤为重要。

最后,借用张彭春任土耳其全权公使期间在伊拉克巴格达发表的重要讲话(1942 年 3 月)总结儒家传统与人权建设的关系:“我们不能完全忽视我们的古老文化对现代贡献的可能性。我对拥有古老传统并正在使自己适应于现代世界的民族,有一句友好善意的话,那就是保持自身文化之精华,并汲取现代文化之精华。”“精华”这个词蕴含于文化变迁之中,是指能够满足你所处的环境的重要需求的事物。从你所处的环境出发,寻求能满足你需要的东西,这种能满足的东西就是精华。只为祖先的创造唱赞歌,是一种软弱、失败主义的表现。了解我们所处的环境,寻求此时此刻所需要的东西,才是真正的勇气和学问。因而,我们仍应当“运用自身文化遗产保持自身的生存并为人类做出应有贡献的任务中”。总之,“我们应当牢记这一点——所有的民族都应该以成为有民族特色的和富有创造力的现代人为目标”[①]。我们完全有理由相信,儒家传统在当代和未来仍将继续贡献于中国和世界人权事业。

作者简介:

化国宇　中国人民公安大学法学院副教授、博士生导师。研究领域为法学理论、人权法学、警察法学。兼任中国法学会立法学研究会理事、中国法学会警察法学研究会副秘书长、北京市法理学研究会副秘书长、《人大法律评论》编委等。

主持教育部、北京市社科基金等省部级项目多项,在《中国法学(英文版)》《政法论坛》等法学、公安学学术期刊上发表论文五十余篇。出版专著《国际人权事业的中国贡献:张彭春与〈世界人权宣言〉》,在中国台湾地区出版有繁体修订版本《张彭春与世界人权宣言》。

① 张彭春:《对巴格达大学学生的演讲》,载于《张彭春论教育与戏剧艺术》,南开大学出版社 2003 年版,第 319 页。

论张彭春对世界经济及社会合作的贡献[①]

孙平华

一、研究的缘由

2022年适逢张彭春先生诞辰130周年，由于对张彭春在人权领域贡献的研究，笔者于2021年10月有幸荣获张伯苓研究会颁发的“伯苓研究贡献奖”，而该研究会希望在张彭春先生诞辰130周年之际，举办系列纪念活动，包括举办学术研讨会等，尤其是重视张彭春在联合国的作用和贡献，为此研究会希望笔者能够收集和提供有关张彭春在联合国层面的发言内容并做些系统的整理工作。得知研究会的目标和需要后，笔者感到这是一项重要的任务，便欣然应允下来。

然而，通过查询国内外文献，笔者却没找到与张彭春在联合国经济及社会理事会（the United Nations Economic and Social Council, or the UN-ECOSOC，简称“经社理事会”，或在不产生歧义的情况下，简称“理事会”）工作有关的任何研究和论述，这为学界研究留下了一个重要的空白。究其原因，可能是多方面的，对于国际学者来说，他们的研究兴趣当然不在这里，他们也不愿花费大量时间来探讨当年中国在联合国经社理事会的作用

① 该文系笔者所主持的2020年度教育部哲学社会科学后期资助重大项目——“国际人权话语中的中国声音研究”（批准号：20JHQ010）的阶段性研究成果，系在笔者所撰写的《世界合作共赢的中国贡献》的前言及笔者于2022年4月22日在“纪念张彭春先生诞辰130周年研讨会”发言大纲的基础上，修改、扩充、加工而成。

和贡献;而对于国内学术界,虽然不乏对张彭春在人权方面、戏剧方面和教育方面所做贡献的研究,但张彭春当年在联合国所做的其他工作,尤其是在经济及社会理事会的工作,却完全是一项研究的空白。这也许是因为联合国档案内容繁多,多年来一直尘封在联合国图书馆和档案馆,只是到了近年来,随着联合国文献检索系统的建成和完善,那些原始的档案记录才能够被人们较为便捷地获取。即便如此,面对浩如烟海的档案资料,研究头绪很难在短时间内理清,没有浓厚的兴趣和持之以恒的研究精神,很容易半途而废。这也许是为什么至今尚未在国内外学术界发现任何相关研究成果的缘故。但是,张彭春在联合国经社理事会各届会议上的发言,对于我们全面了解和把握中国在联合国机构早期所做的贡献,又是十分重要而且是必不可少的,其研究意义和价值不容小觑。

幸运的是,由于先前多年的研究积累,以及对联合国档案文献的熟悉,加之2020年笔者申报获批了教育部哲学社会科学后期资助重大项目——“国际人权话语中的中国声音研究”(批准号:20JHQ010),笔者在研究的过程中,时常感到张彭春当年在联合国经社理事会各届会议上的发言,应该有着重要的研究价值。一方面,联合国经社理事会是联合国人权委员会的领导机构,不仅是各国间协商经济及社会问题的重要机制,也是联合国搭建的重要国际合作平台,而且在人权委员会的成立及机制建设方面发挥着领导作用;另一方面,张彭春作为中国驻联合国经济及社会理事会首席代表,在理事会有着重要的话语权,为理事会各项工作的顺利开展付出了极大的努力,并被永远载入联合国历史档案。

基于上述认识,系统整理和研究张彭春在联合国层面代表中国所发出的声音,包括他在联合国经济及社会理事会、联合国人权委员会、联大第三委员会等的发言,无疑具有重要的历史价值和重大的现实意义。为此,笔者倍感这项整理与研究工作是一项十分重要的任务,也是作为一位学者的神圣使命。正是这种使命感让笔者感到责无旁贷,也鞭策和支持笔者经过数月的艰辛努力,开启了对张彭春在联合国经社理事会所做贡献的研究。

二、研究的方法

本项研究不仅涉及重要的研究问题,也将是一个基于联合国档案资料的研究,因此将涉及大量的资料与信息。要处理好这些资料必须采取科学的研究方法,包括综合分析法和跨学科研究法。笔者在此基础上,对所有相关资料进行处理和分析,以期有所发现。

(一)研究的问题

纵观国内外学界,不乏对张彭春在教育、戏剧和人权方面所做贡献的研究,但缺乏对他在世界经济及社会合作方面所做贡献的研究。而在联合国创建初期,张彭春作为中国驻联合国经济及社会理事会首席代表,不仅有着重要的外交使命,也有着重要的话语权,他在理事会的发言无疑是中国国际话语的重要组成部分,这引起了笔者的研究兴趣。本文试图探讨和研究的问题是:张彭春在联合国经社理事会对世界经济及社会合作所做贡献是什么?笔者希望能够通过研究中国代表张彭春在理事会各届会议的发言,进一步探索张彭春对世界经济及社会合作的贡献。

(二)研究资料

这是一项基于联合国档案的系统文献研究,侧重于张彭春在联合国经济及社会理事会各届会议上的发言,共涉及十一届会议发言,即从经社理事会第一届会议至第十届会议和第十二届会议,这项研究共涉及 480 次会议记录(包括全文记录和会议纪要)的检索、整理、输入、翻译、分析和研究处理等。在这 480 次会议中,张彭春先生在 164 次会议上有长短不等、次数不同的发言。

(三)研究方法

本项研究主要采用了综合分析和跨学科研究的方法。首先,笔者结合所掌握的大量资料,将采用综合分析的方法。本文侧重研究的内容除了张彭春在联合国经社理事会的发言外,还适当联系了他在联合国人权委员会、《世界人权宣言》起草委员会、联大第三委员会及联大全会上的发言内容,通过综合分析比较,以便能够清楚地了解张彭春在理事会所做的杰出贡献。因此,综合分析的方法也是本项研究经常使用的研究方法。其次,本项研究还采用了跨学科研究方法,因为张彭春在联合国机构的发言涉及经济、社会、文化、人权等众多领域的问题,这就使得该项研究必然以跨学科视野来展开。

(四)数据处理

通过全面检索和通读联合国经济及社会理事会前十二届会议所有的会议记录,包括全文记录及会议纪要,将含有张彭春先生发言的164次会议的相关内容全部输入、翻译并整理出来,作为一个重要的语料库,这就是笔者所编著出版的《世界合作共赢的中国贡献》一书,该书已由天津社会科学院出版社出版。在此基础上,笔者对所收入的所有资料进行综合分析研究,并以寻求张彭春先生对世界经济及社会合作的贡献为核心目标。然而,收集和整理张彭春当年在联合国各种会议发言的档案资料毕竟是一项极为艰辛的工作,首先这些资料并不是现成的,需要在海量的联合国档案资料中广泛收集、筛选和甄别,真有一种"大海捞针"和"沙里淘金"的感觉,因为你并不知道"针"和"金"在哪里,要想避免遗漏,只能认认真真地整体过一遍"网"、过一遍"筛",接着还要进行复核、再验证以确保准确无误等。由于种种原因,通过筛选和收集到的各种相关资料也并不是很完备,特别是一些重要资料的缺失、缺损和归档失误等,为收集和整理带来了不少困难,也为全面系统研究留下不少遗憾。另外,如何呈现出来,在呈现的过程中如何做到全面完整且避免疏漏和错误都不是轻易能做到的事情。

三、结果分析与讨论

纵观张彭春在联合国经济及社会理事会各届会议上的发言可知,他参加了该理事会前十届会议和第十二届会议,这些相关资料涉及480次会议的内容。其中,他所参加的前五届会议既有会议全文记录也有会议纪要,而后六届会议只有会议纪要。根据目前所掌握的情况来看,他在其中的164次会议上发言,内容极为丰富,这是张彭春先生代表中国在联合国层面所发出的中国声音,是联合国创建初期世界经济及社会治理中的中国主张和中国方案的具体体现和重要组成部分。

(一)张彭春在联合国经社理事会发言概况

如前所述,张彭春作为中国常驻联合国经社理事会首席代表,出席了理事会十一届会议,为理事会历史使命的担当、工作机制的建构、国际组织的创建、各项工作的开展,付出了艰辛的努力,并做出了突出的贡献。即使是在不完全统计的情况下,张彭春先生至少在理事会所召开的164次会议上发言,代表中国就世界合作、经济发展、社会进步等阐述了一系列的观点和主张,并提出了一系列合理化建议案,被国际社会接受和采纳。值得说明的是,在研究过程中,笔者一直与联合国图书馆和档案馆联系,并将所发现的问题不断整理并发给联合国相关部门,虽然期间也有一些收获,如获得经社理事会第三届绝大部分会议全文记录的法语版资料等,但在寻找其他缺失资料方面却收获不大。这就导致原来的书稿中经社理事会第一届会议的资料只有第1次会议的内容,缺乏后面13次会议的内容,这无疑对一项全面系统的整理研究是一个重大损失,因为若要了解张彭春先生代表中国在经社理事会所做贡献的全貌,就不能不了解第一届会议的全部内容,哪怕是对会议纪要的全面把握也无疑将极大地拓展世人对张彭春所做贡献的认识。由于之前多次与联合国图书馆等联系而未得到令人满意的结果,笔者基本上对能够全面地收入张彭春在第一届会议的发言内容丧失了信心,同时也倍感遗憾。直到这部包含张彭春在经社理事会发言内容的书稿即将开印前的一两天,情况才有了新的转机。在刚刚结识、现任美国纽约大学兼职教授何勇先生[①]的支持下,特别是在联合国秘书长古特雷斯办公室大秘书的鼎力协助下,联合国图书馆找到了原来缺失的经社理事会

① 何勇先生1992年获哥伦比亚大学人类语言学博士学位,毕业后先在纽约新学院大学(New School University)任教,后任纽约中国学院(China Institute,亦称"华美协进社")教学部主任。2002年至2017年5月任联合国中文组组长,现任纽约大学兼职教授。社会工作包括华美人文学会共同主席和大纽约地区中文教师学会执行主任。担任南京大学、东南大学、南京理工大学、江苏师范大学和常州大学客座教授、南京师范大学特聘教授、北京语言大学高精尖语言资源创新中心特聘研究员。先后两次获颁"联合国21世纪奖"。

第一届会议的绝大部分会议纪要[①]，并将这部分资料扫描上传到联合国文件检索系统。尽管这些内容的获取、整理、翻译和整合对笔者来说，意味着牺牲了整个周末休息的时间，但所补充的这些内容，对世人全面认识张彭春当年代表中国对创立世界卫生组织所做的贡献，无疑提供了更加翔实的佐证史料。另外，这一整理、研究和探索新资料的过程，在某种意义上来说，客观上促进了联合国档案管理工作的查漏补缺，为完善联合国早期档案资料管理提供了契机。

但是，令人遗憾的是，现有发言内容并不是张彭春在联合国经济及社会理事会发言的全部内容。例如，从会议记录情况的整体来看，第二届、第四届和第五届会议既有全文记录，也有会议纪要，尤其是全文记录的内容真实可信，具有很高的研究价值，但这部分内容仍有部分文件缺乏全文记录，如第四届会议全文记录缺少第 55 次会议、第 68 次会议、第 69 次会议和第 84 次会议，第五届会议全文记录缺少第 113 次会议和第 117 次会议。另外，根据联合国有关文件记录，第三届会议也有全文记录，但联合国文件检索系统却没有提供。[②] 还有其他各届会议都只有会议纪要，有的会议纪要还因为缺页而无法看到全貌。笔者也将对上述缺失的档案不厌其烦地督促联合国有关部门进一步完善，这也许是本项研究的潜在价值之一。为了更加清楚明了地展现张彭春先生当年在联合国经济及社会理事会所做的努力以及所做出的杰出贡献，这里专门编制了表 1：

① 该部分文件虽然冠以全文记录之名，实际绝大部分都是会议纪要，而只有前三次会议为全文记录。能否最终找到全文记录，仍然不得而知。

② 后经与联合国图书馆多方频繁联络，目前掌握了第三届会议全文记录的法语版，但依然缺少其中的两次会议全文记录。来自纽约联合国总部的最新消息是，第三届会议的全文记录已经发现，据说有四五百页。但鉴于目前受新冠肺炎疫情影响，联合国资料管理人员上班时间受到限制，每周工作一到两天，这部分资料至今尚未扫描、上传到联合国文件系统。

表 1　张彭春在联合国经济及社会理事会发言概况

会议届数	会议次数:本届总次数(会次)	会议时间	会议地点	档案资料	张彭春会议发言情况
第一届	13(1—13)+1①	1946 年 1 月 23 日—1946 年 2 月 18 日	伦敦圣公会总部大楼	全文或纪要	在 8 次会议上发言
第二届	15(1—15)	1946 年 5 月 25 日—1946 年 6 月 21 日	纽约亨特学院	全文记录+纪要(全)	在 7 次会议上发言
第三届	22(1—21+1)	1946 年 9 月 11 日—1949 年 10 月 2 日	纽约成功湖+法拉盛草地公园	会议纪要+法语全文记录(缺两次)	在 15 次会议上发言
第四届	34(51—84)②	1947 年 2 月 28 日—1947 年 3 月 29 日	纽约成功湖	全文记录缺四次③,会议纪要全	在 12 次会议上发言
第五届	37(85—121)	1947 年 7 月 19 日—1947 年 8 月 16 日	纽约成功湖	全文记录缺两次④,纪要全	在 17 次会议上发言
第六届	53(122—174)	1948 年 2 月 2 日—1948 年 3 月 11 日	纽约成功湖	仅会议纪要	在 20 次会议上发言
第七届	51(175—225)	1948 年 7 月 19 日—1948 年 8 月 28 日	日内瓦万国宫	仅会议纪要	在 23 次会议上发言
第八届	57(226—282)	1949 年 2 月 7 日—1949 年 3 月 18 日	纽约成功湖	仅会议纪要	在 20 次会议上发言

① 经社理事会第一届第 14 次会议为闭门会议(Private meeting),因此一般认为,第一届会议共举行了 13 次会议。

② 前三届会议编号都是从第 1 次会议算起,前三届共举行了 50 次会议,这就造成了相应会议记录命名的混乱;而从第四届会议起,会议编号以总次数计算,也就是第四届的第 1 次会议,称为第四届第 51 次会议,依次类推,从而也避免了相关会议记录文件命名的混乱。

③ 缺第四届第 55 次会议、第 68 次会议、第 69 次会议和第 84 次会议全文记录。

④ 缺第五届第 113 次会议和第 117 次会议全文记录。

续表

会议届数	会议次数:本届总次数(会次)	会议时间	会议地点	档案资料	张彭春会议发言情况
第九届	61(283—343)	1949 年 7 月 5 日—1949 年 8 月 15 日	日内瓦万国宫	仅会议纪要	在 17 次会议上发言
第十届	31(344—374)	1950 年 2 月 7 日—1950 年 3 月 6 日	纽约成功湖	仅会议纪要	在 16 次会议上发言
第十一届	62(375—436)	1950 年 7 月 3 日—1950 年 8 月 16 日	日内瓦万国宫	仅会议纪要	于焌吉、查修、曹保颐等参会
第十二届	44(437—480)	1951 年 2 月 20 日—1950 年 3 月 21 日	智利圣地亚哥	仅会议纪要	在 9 次会议上发言
合计	480	大约 6 年	英、美、瑞士日内瓦、智利	纪要/全文	在 164 次会议上发言

通过表 1,我们不难看出,张彭春在 1946 年至 1951 年期间,共参加了联合国经社理事会十一届会议,奔波于伦敦、纽约、日内瓦和圣地亚哥之间,共计在其中的 164 次会议上发言,包括第一届的 8 次会议、第二届的 7 次会议、第三届的 15 次会议、第四届的 12 次会议、第五届的 17 次会议、第六届的 20 次会议、第七届的 23 次会议、第八届的 20 次会议、第九届的 17 次会议、第十届的 16 次会议及第十二届的 9 次会议。通过分析上述各次会议的发言内容,其主要发现将在下一部分讨论。

(二)主要的发现

通过对张彭春在联合国经济及社会理事会发言内容的全面整理、综合分析和跨学科视角的研究,我们不难发现,张彭春对世界经济和社会和的诸多重要贡献,主要包括如下五个方面。

一是张彭春积极倡议召开国际卫生会议,为世界卫生组织的创立立下了汗马功劳,堪称世界卫生组织的缔造者。

张彭春先生作为中国驻联合国经济及社会理事会首席代表，所做的第一件大事就是倡议召开国际卫生会议，促使由中国和巴西代表团在旧金山会议期间所提出建立世界卫生组织的议案，能够具体落实下来，为世界卫生组织的创建立下了汗马功劳。例如 1946 年 2 月 7 日，联合国经社理事会第一届第 5 次会议在英国伦敦召开，中国代表张彭春参加了本次会议并在会议上发言，提出了召开国际卫生会议的议案，被会议采纳。当时张彭春先生呼吁："主席先生，在提交这项召开国际卫生会议的议案时，我感到我实际上是在提交一份新的宣战书，一场消灭导致世界上的疾病和瘟疫的细菌的战争。这场战争不是针对人类自身，而是针对人类的共同敌人。总之，一场新的战争已经在这里提出，我们将宣战，并用血、汗、泪去进行战斗。"

1946 年 2 月 9 日《大公报》（重庆版）第三版以"建议召开国际卫生会议我代表提案获全体通过经济社会理事会张彭春致辞呼吁全人类向疾病细菌宣战"为题对这次会议进行了详细报道，该报道评论称"中国代表张彭春以精彩的词句生动的（地）介绍中国所提召开国际卫生会议的建议，而获全体一致支持通过，使中国成功一次辉煌的表现"[①]。1946 年 5 月 27 日上午 10 时 30 分，联合国经社理事会第二届第 2 次会议，在美国纽约亨特学院召开，张彭春参加了本次会议，并在会上再次提议召开国际卫生会议，为促进世界卫生组织的建立大声疾呼。[②]

对联合国经济及社会理事会会议记录的研究表明，该理事会第一届第 5 次会议（1946 年 2 月 7 日）、第 6 次会议（1946 年 2 月 8 日）和第 10 次会议（1946 年 2 月 15 日）等中心议题都是围绕中国代表张彭春的提案所展开的讨论。在第 6 次会议上，理事会决定原则上批准了关于召开国际卫生会议的决议原文。[③] 而在第二届第 2 次会议上，张彭春再次强调了必须在

① 萧乾，《建议召开国际卫生会议我代表提案获全体通过经济社会理事会张彭春致辞呼吁全人类向疾病细菌宣战》，《大公报》1946 年 2 月 9 日第三版。

② UN Document：E/PV. 2，pp. 31–32.（Verbatim record of the Second Meeting of the Second Session of the Economic and Social Council）

③ UN Document：E/1stsess. /PV. 1–14，p. 61.

防止微生物方面开展国际合作,并希望联合国立即采取具体行动。① 正是由于国际卫生会议的召开,世界卫生组织才最终得以建立,而该组织成为“经济及社会理事会主持下所建立的第一个专门机关”②。1946 年 7 月 15 日《益世报》(第三版)以“国际卫生会议定名‘世界卫生组织’用五国文字拟定宪章”为题进行了报道,称 1946 年 7 月 12 日的国际卫生会议上“正式决定全球型卫生团体,命名为‘世界卫生组织’”③。由此可以看出张彭春对创立世界卫生组织的远见、热情和重大贡献。他的演讲内容至今读来仍具有鼓舞人心的力量。张彭春先生的呼吁和演讲,对促进世界卫生组织的创立发挥了主要作用,成为世界卫生组织的“倡导者和创建人之一”④。

二是张彭春参与起草《世界人权宣言》及国际人权公约,为构建国际人权体系做出重大贡献,成为“世界人权体系的重要设计师”⑤。

在联合国经济及社会理事会的指导下,联合国人权委员会得以建立,张彭春在人权委员会第一届会议上当选为副主席,参与起草《世界人权宣言》和国际人权公约,为国际人权保障机制的构建倾注了大量心血,成为构建国际人权体系的重要设计师,他当年的努力和付出为全球人权治理打下了坚实的基础。通过对联合国历史档案的研究,笔者不仅归纳了张彭春对起草《世界人权宣言》的贡献,也系统归纳提炼出了“张彭春多元主义人权思想”,并详细地分析了其理论基础、社会基础、丰富内涵和当代价值。

现有参考文献见笔者的其他著作:《〈世界人权宣言〉研究》(北京大学出版社 2012 年版)、《张彭春:世界人权体系的重要设计师》(社会科学文献出版社 2017 年版)以及 *Historic Achievement of a Common Standard*: *Peng-*

---

① UN Document: E_2ndsess-SR-1-15-EN, p. 15.

② UN Document: A/PV. 39, p. 40. (顾维钧在联大第 39 次全体会议上的发言中不仅对经济及社会理事会的工作给予高度评价,还对世界卫生组织寄予厚望,并且进一步指出:“健康不良、愚昧与贫穷一日流行,就一日没有而且也不能有真的人权的保障。”)

③ 《益世报》1946 年 7 月 15 日第三版。

④ Ruth, H-C and S-C, Cheng. (Eds.). (1995). Peng Chun Chang 1892—1957: Biography & collected works. Privately printed. p. 179.

⑤ 孙平华:《张彭春:世界人权体系的重要设计师》,社会科学文献出版社 2017 年版。

chun Chang and the Universal Declaration of Human Rights(Springer 2018)和*Chinese Contributions to International Discourse of Human Rights*,(Springer 2022)等。至于张彭春在联合国人权委员会、起草委员会、联大第三委员会及联大全会上的发言,内容极为丰富,也极为重要,将收入笔者所编著的《全球人权治理的中国智慧:张彭春在联合国人权委员会及联大第三委员会等的发言》一书,这里不再赘述。

笔者仅想就研究张彭春对世界人权事业的贡献的意义再稍微展开一下,大概包括如下几点:第一,全面掌握张彭春在联合国人权委员会及联大第三委员会等的发言内容,不仅对全面研究国际人权领域的中国贡献有着极为重要的意义和价值,也能够进一步拓展我国人权研究的新领域。第二,现有的国际人权话语体系中蕴含着丰富的中国人权思想和主张,人权并不是西方国家的专利,中国的价值观与哲学理念对世界人权的历史贡献是巨大的。第三,张彭春坚持以人为本、关注人类命运,为我国在全球治理中大力倡导"人类命运共同体"理念,提供了历史依据。他既强调立法措施,也强调实施方案;既讲究求同存异化解矛盾,也坚持文化的包容互鉴等思想。第四,当下全球人权治理可以从中国对国际人权事业的历史贡献中借鉴经验,进一步调动和发挥中华民族的聪明才智,进一步提升中国在全球人权治理中的主人翁意识,建设一个更加合理公正的国际人权治理新秩序。第五,对联合国档案资料的全面研究,对丰富全球人权治理背景下的中国人权话语体系,有着极其重要的现实意义。

三是张彭春善于运用儒家经典名言,为达成国际共识、促进联合国创建初期的全球治理发挥了不可替代的作用。

张彭春善于运用儒家经典名言的风格,彰显了中国传统文化思想的光芒,为国际社会全球治理做出了卓越贡献。早在经社理事会第一届第1次会议上,张彭春便引用了孟子的"以善服人者,未有能服人者也;以善养人,然后能服天下"[①],为经社理事会成员间的精诚合作指明了方向。在经社理事会第二届第7次会议上,张彭春引用了包含儒家思想的经典篇

① 《孟子·离娄章句下》。

章——《礼记·礼运大同》篇。该经典“虽然只有107个字,却字字珠玑,句句破的,把以天下为己任,以仁德为核心,以孝悌为宗旨,以人伦为基准的中华民族传统文化的主题揭示得明晰深邃,字显意蕴,折射出了五千年文明的礼仪仁光”①。在经社理事会第四届第78次会议上,张彭春引用了孟子的“民为贵,社稷次之,君为轻”②和“尽信《书》,则不如无《书》”③。在经社理事会第五届第88次会议上,张彭春再次引用孟子的名言:“大人者,不失其赤子之心。”④而在经社理事会第十届第346次会议上,张彭春也间接引入了体现中华传统思想的“徒善不足以为政,徒法不能以自行”⑤。张彭春善于运用儒家经典的风格,不仅给理事会成员留下深刻的印象,也有力地促进了国际社会就相关问题达成共识,在联合国创建初期的全球治理中发挥了不可替代的作用。这也为当今中国找回文化自信提供了典型案例。

再一个著名的例子是张彭春将儒家思想(或仁学思想)融入《世界人权宣言》的问题,从张彭春在联合国经社理事会的发言中也找到了依据。笔者曾经在研究联合国“国际权利法案”起草委员会的会议记录时发现,张彭春在起草委员会第一届第8次会议(1947年6月17日)上首先提出“仁”的思想,并将之作为整个《世界人权宣言》所发布的人权和基本自由的哲学基础,“‘仁’的思想的提出使得《宣言》涵盖了西方以外的人权理念,增强了《宣言》的普遍性,使之具有普适价值”⑥。而且,张彭春在提出这一儒家思想时,创造了一个英语单词,即“two-man-mindedness”,据此笔者曾认为这是张彭春第一次创造了该英文单词。然而,通过研究联合国经

① 儒家文化的经典《礼记·礼运大同》篇,每天话资讯(公众号2019-01-21)。(2022年3月1日访问)。网址为:https://www.360kuai.com/pc/98a4cb45396fcf05a?cota=4&kuai_so=1&tj_url=so_rec&sign=360_e39369d1。

② 《孟子·离娄章句下》。

③ 《孟子·尽心章句下》。

④ 《孟子·离娄章句下》。

⑤ 《孟子·离娄章句上》。

⑥ 孙平华:《张彭春:世界人权体系的重要设计师》,社会科学文献出版社2017年版,第241—242页。

社理事会的档案记录，笔者发现张彭春早在 1946 年 5 月 31 日，即在联合国经社理事会第二届第 6 次会议上，就创造了这个英文单词，这可以说刷新了笔者对张彭春将儒家仁学思想融入《世界人权宣言》全过程的认识，而当时张彭春不仅强调了“人的自由”和“个人尊严”的重要性，还对“人的意义”进行了阐释，即能够“互相体贴”，并明确引入儒学中“仁”的概念。[①]由此看来，张彭春善于运用儒家思想的风格，不仅反映了他对中国传统文化思想的热爱，也为他在国际社会中为全人类共同标准的达成提供了具有普适价值的思想基础。这一案例，再次证明了张彭春在联合国创建初期的全球治理实践中发挥的重要作用。

四是张彭春担任亚洲和远东工作组主席，在积极促成和建立亚洲和远东经济委员会（即亚洲及太平洋经济委员会的前身）方面，起到了主导作用，成为名副其实的联合国经社理事会下属经济委员会组织的缔造者之一。

张彭春担任亚洲和远东工作组主席，在积极促成和建立亚洲和远东经济委员会（即亚洲及太平洋经济委员会的前身）方面，起到了主导作用，并做出了杰出贡献。早在 1946 年 6 月 4 日召开的联合国经济及社会理事会第二届第 7 次会议上，张彭春就促进欠发达地区发展发表了长篇演讲，为改善“全世界人民的生存状况”而大声疾呼：“全世界人民都渴望生活水平的提高，对其中一些人来说，生活水平的提高目前意味着他们摆脱饥饿。除非为实现这一目标而采取行动，否则世界的良心就无法得以安宁。”[②]他还进一步引用了《礼记·礼运大同》篇中的内容，为理事会的工作指明了努力的方向。

1947 年 3 月 18 日，联合国经济及社会理事会第四届第 72 次会议上，张彭春作为亚洲和远东工作组主席，在会议上做亚洲和远东工作组报告，以人道主义情怀，呼吁国际社会善待战争受害国，并给予积极的合作和援助，为达到此目的，他恳请理事会通过他所建议的设立亚洲和远东经济委

① UN Document: E/PV. 6, p. 25.

② UN Document:E/PV. 7, pp. 25-36.

员会的议案。[①] 1947 年 3 月 28 日,联合国经济及社会理事会通过决议,设立了亚洲和远东经济委员会,该委员会与欧洲经济委员会为同等重要之区域委员会。另外,张彭春还对拉丁美洲经济委员会的成立发挥了积极的促进作用。

五是张彭春为完善联合国工作机制和促进理事会各项工作的顺利开展做出了卓越贡献。

张彭春不仅为审议新闻自由小组委员会的报告、审议麻醉药品委员会的报告、审议理事会关于世界卫生组织的决议草案、审议和讨论国际难民组织决议草案及修正案、审议建立人口委员会议案、审议国际难民组织特别委员会财政报告、审议人权委员会的报告、审议经济委员会报告、审议理事会非政府组织报告、审议专门机构的报告、审议欧洲经济委员会的报告、审议国际劳工组织的报告、审议拉丁美洲经济委员会的报告等做出诸多重要贡献,还详细阐述了对世界经济形势的看法和主张,提出了许多建设性意见、为完善联合国工作机制和促进理事会各项工作的顺利开展做出了卓越的贡献。

总之,张彭春从借鉴第二次世界大战的教训为出发点,明确联合国是人类未来的希望所托。在经济和社会发展方面,他强调世界各国之间的合作与互惠,体现了重要的“合作共赢”的中国价值观;在世界人权保障机制的构建过程中,他以其博大精深的中国智慧,积极建言献策、赢得各国同事的赞赏,为联合国人权机制建设贡献了中国人的聪明才智,也为全球人权治理打下了坚实的基础;在东西文化差异方面,他大力提倡和弘扬中国传统文化,以文化多元的世界观,既肯定了各文化之间存在的差异,也强调了多元文化间可以互相学习借鉴,而且这种“文化互鉴”理念也为各国代表就一系列问题达成共识做出了贡献。虽然这是发生在七十多年前的事情,但是“合作共赢”的价值观、国际人权保障制度建设及全球人权治理的中国智慧以及各国“文化互鉴”的思想,真正契合了当今中国所大力倡导的

---

① UN Document:E/PV. 72, pp. 57-62.

"人类命运共同体"理念。

四、结论

张彭春作为联合国创建初期中国驻联合国经社理事会的首席代表,为世界经济及社会合作做出了杰出贡献。这些贡献包括:第一,提议召开国际卫生会议,为世界卫生组织的创立立下了汗马功劳,成为国际组织的缔造者之一;第二,参与起草《世界人权宣言》并融入儒家思想,在其后的国际人权公约的起草和修改过程中做出了卓越的贡献,成为世界人权体系的重要设计师;第三,借助于博大精深的中华传统文化思想,在多元世界不同意见的纷争中化解矛盾、促进共识的达成;第四,成为国际经社组织的缔造者,为亚洲和远东经济委员会的成立发挥了主导作用;第五,对联合国工作机制的完善和经社理事会各项工作的顺利开展贡献良多。

根据上述研究,并结合参加 2022 年 4 月 22 日在天津举行的"纪念张彭春先生诞辰 130 周年研讨会"的经历,笔者感受到的新的启示是:作为中国人权话语和中国人权故事的研究者、讲述者,笔者愿为构筑中国话语体系尤其是中国人权话语体系尽一份绵薄之力,做出自己应有的贡献。同时,为探讨世界合作共赢的中国贡献,为弘扬全球人权治理中的中国智慧,为研究国际文化互鉴的中国话语,为传播"人类命运共同体"的中国理念,为深入学习 2022 年 2 月 25 日习近平在中共中央政治局第三十七次集体学习时所阐述的人权主张,为积极参与全球人权治理推进"人类命运共同体"的构建,笔者将努力续写新的篇章。

作者简介:

孙平华　人权法学博士、英国埃克塞特大学法学院访问学者。现任中国政法大学教授、研究生导师,兼任国家社科基金通讯评审专家、留学基金委评审专家、教育部学位中心评审专家等。独立主持完成多项国家社科基金项目成果,出版西方经典译著十余部,在国内外期刊发表中英文学术论文及译文百余篇,其中 8 篇被中国人民大学书报资料全文转载。代表性成果有《〈世界人权宣言〉研究》(2014年荣获"北京市第十三届哲学社会科学优秀成果奖"二等奖)、《张彭春:世界人权体系的重要设计师》(入选2016年度"国家哲学社会科学成果文库";2022年荣获第八届"钱端升法学研究成果奖"三等奖)、两部国家社科基金中华学术外译成果,包括*Human Rights Protection System in China*(Springer 2014)与*Historic Achievement of a Common Standard: Pengchun Chang and the Universal Declaration of Human Rights*(Springer 2018);英文专著*Chinese Contributions to International Discourse of Human Rights*(Springer 2022)得到国家社科基金重大项目"中国特色大国外交的话语构建、翻译与传播研究"(编号:17ZDA318)的重点资助。曾应邀在欧美及国内数十所著名高校开展学术交流活动。

儒家仁学:张彭春人权概念的哲学基础
——兼论张彭春是否把儒家仁学理念引入《世界人权宣言》

赵建文

2020年7月,北京《文化纵横》杂志发表了题为《刘禾:蓬佩奥可能没想到,彻底改写"人权"历史的正是一位中国人》的"采访稿"。该文在"导读"的末尾注明:"文章转自'哥大全球中心',仅代表作者观点,特此编发,供诸君思考。"在"导读"之后给出的这篇采访稿的题目是《普世论阴影下的人权问题——专访哥大教授刘禾》(以下简称《普世论问题》)。在简单叙述了张彭春尝试将"仁"字写入《世界人权宣言》第1条的历史经过后,《普世论问题》明确指出:"我们很难由此得出结论说,张彭春把儒家思想引入了《世界人权宣言》。即使他有这种意图,只能说他没有完全成功,因为'仁'字并没有被采纳。或者说,只有中译版是成功的,因为孟子对'仁'字的诠释也使用了'良心'二字。英文和其他外文版中出现的conscience倒是更接近基督教神学,而远离'仁'字的哲学含义,所以没有必要特意强调儒家思想对《世界人权宣言》的影响。在我看来,'仁'字所负载的思想不仅来自于传统的儒家概念,更重要的是,它还包含着20世纪中国学者对儒家思想的诠释和改造。"在直接或间接地否定张彭春将儒家思想引入《世界人权宣言》(简称《宣言》)后,《普世论问题》指出:"他在主持联合国人权理事会的时候,和第三世界成员国一起,成功地将人权概念从欧美经典文明等级的桎梏中解放出来,赋予其普世价值,这件事对人类的思想成长,意义尤其重大。"

本文认为,《普世论问题》的上述观点是不成立的。

一、在起草《世界人权宣言》之前张彭春人权概念的儒家仁学基础的展示

《普世论问题》对张彭春有无将儒家思想引入《世界人权宣言》(以下简称《宣言》)的意图持存疑态度。国内外研究张彭春将儒家理念引入《宣言》的历史经过的文章大都是从他 1947 年 6 月 17 日主张将儒家的“仁爱”理念写入该宣言第 1 条时谈起。这有可能使人感到他的此项主张的提出是偶然的。这里以 1946 年上半年张彭春在经社理事会发言中引用儒家经典名言或理念论证有关人权问题的实例来说明他在参与起草《宣言》之前已经展示出其人权概念的儒家仁学基础。

(一)张彭春所引儒家经典名言及相关事项

1. “以善养人,然后能服天下”

1946 年 1 月 23 日,在联合国经济及社会理事会成立后的第一届第 1 次会议上,张彭春在有关经社理事会的职能所作发言中讲道:“通过经社理事会的活动,愿联合国,人本主义的希望,得以成长、繁荣和持久。”他认为,就经社理事会活动的意义而言,中国思想家孟子有句话是很合适的。孟子说:“以善服人者,未有能服人者也;以善养人,然后能服天下。”(《孟子·离娄章句下》)根据张彭春的解释可知,“以善服人”,虽难以服人,但与以武力征服人相比,已经是一种进步,而“以善养人”,久而久之,可以赢得天下。张彭春明确指出:“‘以善养人’——这是本理事会的职能。”①

张彭春在联合国经社理事会讲坛上的第一次发言就将儒家“以善养人”“服天下”的思想与联合国经济及社会理事会的全球治理职能联系起来,向全世界展示了儒家思想的全球治理价值。这比将儒家理念引入《宣言》的主张要宏伟得多。

---

① 孙平化编著:《世界合作共赢的中国贡献——张彭春在联合国经济及社会理事会的发言》,天津社会科学院出版社 2022 年版,第 8 页。本文以下所引张彭春在联合国经社理事会的发言均依据该书,不再一一注明。

2. “民为重，社稷次之，君为轻”

1946年5月31日，张彭春在联合国经济及社会理事会第二届第6次会议上发言谈到人权委员会以及经社理事会下设的其他机构的重要性时，引用了孟子的“民为重，社稷次之，君为轻”（《孟子·离娄章句下》）。张彭春在人权议题下提及中国古代思想家孟子的该论断，是因为孟子的“民重君轻”思想蕴含着朴素的民本或民权、人本或人权理念。他还谈到近代欧洲150年间关于人，特别是个人重要性的“人本主义”思想的演变，其中包括18世纪中国的思想体系传到了欧洲，在欧洲文化界产生了很大影响的历史事实。在谈及“世界历史现阶段”全世界的人权保护的趋势问题时他表示，“我们期待着新人文主义的到来”。他认为人权委员会及经社理事会下设的其他机构的职能对于实现人权都是必不可少的。

3. “仁者爱人”

1946年5月31日，张彭春在联合国经济及社会理事会第二届第6次会议的发言中还谈到儒家“仁者爱人”的理念。他说：“人权委员会以及经济及社会理事会下设的所有其他机构的活动的动力是什么？正如我们一再指出的那样，其动力是人的自由或尊重人的尊严，特别是人的个人尊严。现在我们没有时间作详细讨论。请允许我用一句话简单地评论一下，说到底自尊必然来自相互尊重。换句话说，这是一个考虑人的意义的问题。人的意义实际上来源于我们通常认为的相互体认，或者，如果你愿意的话——如果允许我引入一个中文词，‘仁爱’（two-man-mindedness）——这是一种感觉，不仅考虑到一方，而且考虑到另一方对每种情况的感受。”

在这次英文发言中，张彭春使用了一个他自己创造的英文短语——“two-man-mindedness”作为中文词“仁爱”的对应表述，在联合国论坛上用英文向国际社会准确地展示了儒家仁学的核心理念。

《古代汉语字典》对“仁”的“字源”的说明是：“会意字，由‘亻’和‘二’两部分左右组合而成，表示爱自己和他人，即同时爱‘二人’；一说‘二人’表示不同的人彼此相爱。”“two-man-mindedness”从字源的意义上准确地表达了“仁”字的含义。

根据《论语》记载，孔子从多方面解释了“仁”的概念。颜渊问仁，孔子答曰“克己复礼为仁”；仲弓问仁，孔子答曰“己所不欲，勿施于人”；樊迟问仁，孔子答曰“爱人”。“two-man-mindedness”与儒家仁学的“仁爱”理念最为接近。

张彭春的这次发言智慧隽永，立意高远。他不仅指出了人权委员会等机构活动的动力是人的自由或尊严，而且指出人的自由或尊严的哲学基础是儒家的“仁爱”理论。他后来参与起草《宣言》时主张将“仁爱”（“two-man-mindedness”）理念写进第1条作为人权的哲学基础是有一定的必然性的。

4.“大道之行也，天下为公”

1946年6月4日，张彭春在经社理事会第二届第7次会议上发言。他讲了欠发达国家对工业化的渴望、贸易互惠、工业化国家与欠发达国家间的合作以及国际文化变革与合作四个方面的问题。实际上他讲的是国际社会的发展以及国际经济新秩序的建立问题。

在这次发言的最后，他说：“作为对世界经济和社会调整理念的概括，请允许我引用大约2500年前孔子的一段话。”他认为这段话“表达了甚至当今全人类的梦想”，“看上去是那样的富有现代含义”。这段话是《礼记·礼运》篇关于天下大同的描述：“大道之行也，天下为公。选贤与能，讲信修睦。故人不独亲其亲，不独子其子，使老有所终，壮有所用，幼有所长，矜寡孤独废疾者皆有所养，男有分，女有归。货恶其弃于地也，不必藏于己；力恶其不出于身也，不必为己。是故谋闭而不兴，盗窃乱贼而不作，故外户而不闭。是谓大同。”这是儒家对社会发展远景目标的经典描述，其中所展现的“人权”发展的理想图景是全人类的长远奋斗目标。

（二）作为张彭春人权概念哲学基础的儒家仁学的基本内容

从张彭春对儒家经典名言的引述来看，儒家仁学是他的人权概念的哲学基础。作为人权概念的哲学基础，儒家仁学至少涉及四个方面的问题。

1. 对人的主体性的理解

张彭春说，人不仅有理性，而且有道德情操。这就说明了人的主体性及其基本特征。儒家认为,“人者,天地之心也”,表明人是不同于天地的能动者。张彭春引用孟子的“以善养人”的主张,是说统治者以善言善行滋养熏陶天下之人,使他们心悦诚服,才能赢得天下。这显然是把天下之人作为主体来对待。从《礼记·礼运》中“人”的含义来看,儒家仁学意义上的主体具有普遍性,人人都应当以“仁”的标准对待他人,同时也应当得到他人“仁”的待遇。这正是“two-man-mindedness”的内涵。儒家的“仁”与“天下观”紧密联系,“四海之内皆兄弟”,不排除任何人。

2. 对人与人之关系的规范

西方学者对“仁”有多种解释或翻译,如“共同的人性”“善”“为人之心”“爱”“博爱”,等等。[①] 这都是从人际关系的角度来阐述。张彭春将“仁”译为“two-man-mindedness”,表达的就是人际关系。儒家的“仁爱”理念被译为“良心”,表达的仍然是人际关系。“良心”要求与人为善的人际关系。从“良心”出发进行判断,从消极的角度说是仁,而不应为——“己所不欲,勿施于人”;从积极的角度讲是仁,而应为——“己欲立而立人,己欲达而达人”。张彭春至少在经社理事会的发言中讲到毒品管制问题和促进欠发达国家的发展时使用了“良心”概念或标准。

3. 对人与政府之关系的定位

人权概念所涉的人的权利,实质上是政府的义务或责任。孔子讲的“为政以德”(德政),孟子讲的“以德行仁者王”(“仁政”),是儒家对于治国者或者政府的总体要求。张彭春谈经社理事会下设的人权委员会及其他委员会在人权保护领域的重要性或责任时,引用孟子的“民为重,社稷次之,君为轻”,就是为了说明人民与政府的关系。在儒家看来,苛政必然走向覆亡,仁政才是人间正道。

4. 对目标及路径的界定

张彭春认为《礼记·礼运》描述的天下大同的景象是人类的梦想,国际治理的路径应当是孟子讲的“以善养人”。

---

① [美]杜维明:《儒家思想新论——创造性转换的自我》,曹幼华、单丁译,江苏人民出版社1996年版,第84、87—88页。

从张彭春人权概念的儒家仁学基础,可以感受到他的中华文化自觉。

二、张彭春将儒家仁学的核心理念直接引入《世界人权宣言》

在《宣言》开始起草的时候,托马斯·阿奎那的神学自然法思想借助天主教会的影响,大有成为该《宣言》的指导思想之势。有美国学者指出:"张彭春是人权委员会的两名副主席之一。他是亚洲国家的一个有力的声音。亚洲国家不希望人权宣言反映的人权观念过于狭窄。张彭春说:'宣言应该既反映托马斯·阿奎那的思想也应反映孔子的思想。'此外,张彭春还帮助解决了谈判过程中无数次的僵持局面。"[①]张彭春这里所说的孔子的思想,主要是孔子的仁学思想。

(一)张彭春力主将儒家"仁"的理念直接引入《宣言》

《宣言》第1条规定:"人人生而自由,在尊严和权利上一律平等。他们赋有理性和良心,并应以兄弟关系的精神相对待。"然而,当初摆到起草委员会各位委员面前的草案第1条只写入了"理性",而没有"良心"一词。

1947年6月17日,在起草委员会第一届第8次会议上,针对上述草案,张彭春提出:除"理性"以外,人类还具备另一项共同的特质,这个特质可以用中国儒家的概念"仁"("two-man-mindedness")来概括。张彭春向其他代表解释说,"仁"这个汉字的字面意思是"人与人的互相体认",与英语中的"怜悯"(sympathy)或者"同类意识"(consciousness of one's fellow men)的含义相近。"仁"要求一个人(在自己有需求时)能够感受到他人与自己具有同样的需求,而在享有权利时,能够考虑到他人也拥有同样的权利。[②] 这是他在联合国相关活动中第二次阐述儒家仁学理念:"two-man-mindedness"。

张彭春在《宣言》起草过程中不止一次强调"人对人的残酷无情",他

① 大卫·皮茨(David Pitts):《高尚的使命——纪念〈世界人权宣言〉诞生经过》,《美国参考》背景资料2001年3月,美国国务院网站 https://usinfo.org/usia/usinfo.state.gov/regional/ea/mgck/0328unhrtxt.htm.

② See UN Document: E/CN.4/AC.1/SR.8, p.2.

认为缺少道德约束是人与人争斗的根源。他主张“伦理思考”在《宣言》的讨论中“应当引起更大的重视”。[①] 他试图通过在《宣言》中增加道德的因素，将人权与人的道德性联系起来，以弥补“理性”作为人权来源或基础的不足。法国代表卡森深受启发，认为“仁”实际上将人和动物区别开来，并同时赋予人较于地球上的其他存在更多的庄严和义务。[②]

张彭春为何如此重视“道德约束”问题？这需要从多方面加以解释。例如，这与张彭春目睹丧尽天良的侵略者给中华民族造成的深重灾难有关。1937 年 10 月，在英国阿尔伯特皇家大厅，由英国《新闻大事纪》组织举行了全国抗议集会，张彭春会上发表了题为“日本对于平民的战争”（Japan's War on Civilians）的演讲，表达了对日本侵略罪行的“切肤之痛”。[③] 1948 年 2 月 13 日，张彭春在联合国经社理事会第六届第 140 次会议上就防止及惩治灭绝种族罪行公约草案问题作了发言。此次会议的纪要记载：“张先生（中国）回顾了中国人民在日本帝国主义统治下长期遭受压迫的悲惨历史，并指出最后的胜利并没有伴随中国人实施的任何报复。他提请注意以下事实：除大规模屠杀——典型的种族灭绝事件——之外，日本政府还利用毒品消灭中国人民。因此，他认为，公约草案应明确提到毒品是种族灭绝的一种手段。”[④]

（二）儒家仁学的“良心”概念成功引入《宣言》

“two-man-mindedness”这一英文短语准确表达了儒家“仁”的理念，但把这一短语与理性（reason）并列起来写入《宣言》，在行文方面是不押韵的。由于文化差异，英语中很难找到与“仁”含义对应的词汇，起草委员会不得不采取变通办法，将“仁”译为“conscience”（良心）写入《宣言》。有北欧学者认为：“增加‘良心’被公认是对儒家伦理观中最重要思想所作的很

① UN Document: GAOR, Third Session, Proceedings of the Third Committee (A/C. 3), p. 87.

② UN Document: E/CN. 4/AC. 1/SR. 13, p. 4.

③ 参见孙平化《张彭春——享誉全世界的人权活动家》，载《人权》2011 年第 6 期。

④ UN Document: E/SR 140, p. 145.

西化的翻译,这是由委员会中的中国委员张彭春提议加进去的。”[①]尽管“良心”一词不能完全表达儒家“仁”的概念,但它至少表达了人类的同情、关爱的道德情感。[②]

中文“良心”一词,《现代汉语词典》的解释是:“本指人天生的善良的心地,后多指内心对善恶、是非的正确认识,特别是跟自己的行为有关的:有良心/说良心话/良心发现。”这里所说的“本指天生的善良的心地”,可以根据《三字经》开篇所说的“人之初,性本善;性相近,习相远”的论说加以理解。

《牛津英语词典》对“conscience”(良心)一词有三点解释:①[可数名词,不可数名词]良心;良知:“the part of your mind that tells you whether your actions are right or wrong”(你意识的一部分告诉你的行为是正确还是错误)。②[不可数名词,可数名词]内疚;愧疚:“a guilty feeling about something you have done or failed to do”(对你做过或没有做过的事情的负疚感)。③[不可数名词]凭良心:“the fact of behaving in a way that you feel is right even though this may cause problem”(以你认为正确的方式行事即使这可能会导致问题)。《新牛津英语词典》中只有 conscience 的概括解释:良心;良知:An inner feeling or voice viewed as acting as a guide to the rightness or wrongness of one's behaviour(用以判断某人行为的正确性或错误性的内在的感觉或声音)。这两部词典对社会良心(social conscience)、良心自由(freedom of conscience)、良心犯(prisoner of conscience)等短语的解释有助于进一步了解英文“conscience”的含义。

经比较可知,中文的“良心”与英文“conscience”的含义是没有实质性差别的。《普世论问题》认为《宣言》中文本的“良心”用语是对英文“conscience”一词的误译的观点是站不住脚的。

---

① [瑞]格德门德尔·阿尔弗雷德松、[挪]阿斯布佐恩·艾德编:《〈世界人权宣言〉:努力实现的共同标准》,中国人权研究会组织翻译,四川人民出版社 1999 年,第 44 页。

② 黄建武:《儒家传统与现代人权建设——以张彭春对〈世界人权宣言〉形成的贡献为视角》,《中山大学学报》(社会科学版)2012 年第 6 期。

“良心”概念是儒家仁学思想的基本概念。“良心”的作用在于对人的行为做出道德上是否正当的判断。孟子说:“恻隐之心,人皆有之。恻隐之心,仁之端也。”恻隐之心,也就是同情心,属于“良心”的范畴。从恻隐之心是仁的开端可以引申出“良心”是仁的开端的结论。人的行为,是主观的选择,“良心”作为仁的开端,虽然不等于仁,却是实现仁的主观的保证。“良心”写入《宣言》第1条,也就是儒家仁学的核心理念融入了《宣言》。《普世论问题》认为,“良心”一词远离“仁”字的哲学含义。本文的观点是,“良心”是人的符合“仁”的标准的言论或行为的开端,“良心”与“仁”有不可分割的联系。

《普世论问题》写道:“在我看来,‘仁’字所负载的思想不仅来自传统的儒家概念,更重要的是,它还包含着20世纪中国学者对儒家思想的诠释和改造”;“张彭春身后站着的是整个反法西斯主义的民国知识界”。历史事实是:张彭春在联合国有关活动中引用的是儒家的经典名言,没有发现他引用“20世纪中国学者对儒家思想的诠释和改造”的言论。张彭春建议写入《宣言》的“two-man-mindedness”,是仁的“字源”意义,不是民国学者对“仁”的引申意义。“张彭春身后站着的是整个反法西斯主义的民国知识界”,与张彭春人权概念的哲学基础是儒家仁学思想并不冲突。

张彭春在经社理事会的发言几乎都是使用英语进行的。他至少有两次使用了conscience(良心)的概念。1946年6月4日,在经社理事会第二届第7次会议上,张彭春指出:“全世界人民都渴望生活水平的提高,对其中一些人来说生活水平的提高目前意味着他们摆脱饥饿。除非为实现这一目标而采取行动否则世界的良心(conscience)就无法得以安宁。”再者,1948年8月3日,张彭春在讨论麻醉品(毒品)公约及其议定书问题的经社理事会第七届第189次会议上作了发言。会议纪要显示:张彭春谈到尽快适用议定书的道德必要性,“就真正有效控制毒品而言,最有效的工具是人类的良心(conscience),经社理事会应为此目的而激发它”[①]。这两个

① UN Document:E/SR 175-225,p. 216.

实例都发生在《宣言》通过之前,都可以用来解释该宣言中的“良心”概念。

张彭春将“良心”概念引入《宣言》具有深远的历史意义。一些西方国家的许多侵犯人权的行为,都是经过他们“理性”判断的,都是有利害关系方面的精心算计的。一些西方国家在其“理性”判断的基础上曾经系统地推行过侵犯他国人权的帝国主义殖民主义、种族主义政策。在他们国内,也时常发生“理性”的但缺乏“良心”的种族主义行为。例如,西方殖民主义者强制原住民儿童上寄宿制学校,在学校中以隐蔽手法将他们认为将来威胁其殖民统治的原住民儿童迫害致死。他们认为以这样的隐蔽方式实现灭绝原住民的目标是很理性的,既符合其长远利益又不易被外界发现。历史昭示未来。“‘仁’(良心)在《宣言》中的写入为人权普遍性提供了有力的论证,也赋予了人权造就更好的人性的职责。”①

(三)“良心”概念(conscience)是否更接近基督教神学的概念

在《宣言》起草过程中,荷兰和加拿大代表在经社理事会第七届会议上曾主张将上帝(God)或者造物主(Creator)这样的基督教神学概念写入《宣言》第1条,以表明人权的宗教和哲学来源。张彭春极力反对将神学自然法或基督教神学概念认定为人权的来源,以避免把《宣言》引入哲学和宗教的纷争,影响其普遍适用性。他说,作为占世界人口很大一部分的中国,遵从着一套不同于基督教西方传统的伦理道德,而中国代表并没有要求将这些传统信念写入《宣言》。他希望其他代表也能表现出平等的态度,撤回其主张宗教神学概念写入《宣言》的提案。联合国人权司司长汉弗莱在日记中记叙道:“今早在第三委员会的辩论热烈有趣。张彭春以他号召的‘仁’(two-man-mindedness)为题作了一场非常智慧的演说。他提请那些试图在宣言中强加诸如神学自然法等特殊哲学概念的国家注意,宣言针对的是全世界的所有人。”②最终,联合国大会第三委员会决定将任何

① 化国宇:《人权普遍性的仁学基础:从〈世界人权宣言〉第一条出发》,《西南政法大学学报》2019年第2期。

② A. J. Hobbins, On the Edge of Greatness Vol 1 1948-1949: Diaries of John Humphrey, First Director of the UN Division of Human Rights, Montreal: McGill-Queen's University Press, 1999, pp. 55-56.

宣称或暗示神学自然法和基督教的词汇都从文本中删除。[1] 如果《宣言》不是世俗性质的，是很难得到世界各国普遍接受的。

然而，对《宣言》中“理性”和“良心”等概念的理解，是允许不同国家从这些概念中寻找到符合其自身文化的解释的。张彭春认为：“那些信仰上帝的人仍然可以在这一开放条款中寻得上帝的理念，并且同时其他不同理念的人也将能够接受这一文本。”[2]人权委员会主席罗斯福夫人显然也接受了这一观点，她在向美国公众解释为何《宣言》没有提及造物主时复述了张彭春的理由。[3] 该宣言英文和其他外文版中出现的 conscience 一词被解释为“更接近基督教神学”并不出乎《宣言》起草者们的预料。但是，如果声称《宣言》“英文和其他外文版中出现的 conscience”是来自“基督教神学”则是违背起草者的原意的。

四、张彭春对《世界人权宣言》的其他贡献

张彭春对儒家仁学理念融入《宣言》还有其他贡献。例如，经过张彭春的努力，儒家仁学的“仁爱”理念在《宣言》中得以保留。

由法国代表卡森起草或整理的《宣言》早期第 1 条草案中有人人“应当视同兄弟”的表述，在被联合国妇女地位委员会及女性代表批评为有“性别歧视”的嫌疑后，修改为“以兄弟关系的精神相对待”。在联合国大会第三委员会辩论期间，南非代表以条文啰嗦为由主张删除，但张彭春提议保留。他说：“‘以兄弟关系的精神相对待’的表述与中国对‘礼’以及注重善待他人的态度是一致的，这一表述暗含着责任与义务，与前面关于自由、平等的权利声明形成了很好的平衡。否则各式各样的权利规定会让

---

① UN Document: Meeting Records of General Assembly, 3rd session, Third Committee, 96th Meeting (A/C. 3/SR. 96), p. 98.

② UN Document: Meeting Records of General Assembly, 3rd session, Third Committee, 98th Meeting (A/C. 3/SR. 98), p. 114.

③ See Mary Ann Glendon, A World Made New: Eleanor Roosevelt and the Universal Declaration of Human Rights, New York: Random House Trade Paperbacks, 2002, p. 147.

《宣言》显得像一份自私自利的文本。”[1]于是,这一表述保留在最后通过的《宣言》文本中。相当于中文“兄弟关系”的英文词汇是“brotherhood”,这个词在《宣言》法文本中对应的词是“博爱”(fraternité)。

五、关于张彭春在维护人权普遍性方面的贡献问题

在《宣言》起草过程中,张彭春反对把“上帝”“造物主”这样有特定宗教背景的概念写进去,就是为了保证这项重要人权文书的普遍性不受影响。《宣言》序言称:“大会宣告这一世界人权宣言,作为所有人民和所有国家努力实现的共同标准,以期每一个人和社会机构经常铭念本宣言,努力通过教诲和教育,促进对权利和自由的尊重,并通过国家的和国际的渐进措施,使这些权利和自由在各会员国本身人民及在其管辖下领土的人民中,得到普遍和有效的承认和遵行。”《宣言》宣告它是“所有人民和所有国家努力实现的共同标准”,就是宣告了人权的普遍性。

1948 年联合国大会通过《宣言》之后,有些国家在人权普遍性问题上“开倒车”。《普世论问题》写道:“联合国大会 1950 年在纽约的成功湖畔举行的一场惊心动魄的辩论,辩论的核心议题是,殖民地人民是否能享有联合国《宣言》所规定的人权?殖民宗主国的成员——比利时、英国、法国和美国——在 1950 年提出了修正案,称殖民地的属民文明低下,尚不具备享受人权的资格,而与之针锋相对的亚非拉成员国家则坚持说,人权有普世性,无论先进落后,殖民地的属民也要享有人权。”《普世论问题》并没有指出 1950 年这场“惊心动魄”的辩论与张彭春有任何直接联系。

《普世论问题》否认张彭春在起草《宣言》方面的贡献,而认为“他在主持联合国人权理事会的时候,和第三世界成员国一起,成功地将人权概念从欧美经典文明等级的桎梏中解放出来,赋予其普世价值,这件事对人类的思想成长,意义尤其重大”。

其实,如前所述,《宣言》已经宣告了人权概念的“普世价值”,不是张

---

① UN Document: Meeting Records of General Assembly, 3rd session, Third Committee, 96th Meeting (A/C. 3/SR. 96), pp. 98-99.

彭春"在主持联合国人权理事会的时候,和第三世界成员国一起,成功地将人权概念从欧美经典文明等级的桎梏中解放出来"的。张彭春一贯维护人权概念的"普世价值",但在这方面的所作所为不可能有"赋予"人权概念"普世价值"的作用。再说,第三世界国家的几位外交代表在一次会议上的发言无论有多么重要,也不大可能"成功地将人权概念从欧美经典文明等级的桎梏中解放出来"。张彭春 1952 年离开联合国的工作岗位时,这种"桎梏"还处于非常坚固的状态。就国际社会的现实情况而论,一些国家的文明等级的"桎梏"直到今天还时隐时现地存在着。

张彭春在人权普遍性方面的贡献在于他在第三世界国家的集体努力中发挥了积极作用。几乎所有第三世界国家的外交人员在联合国相关活动中都反对西方国家的文明等级论。相比之下,张彭春将儒家仁学的核心理念引入《宣言》,"这件事对人类的思想成长,意义尤其重大"。

1948 年 12 月 9 日,在联合国大会通过《宣言》前夕,时任联合国大会第三委员会主席,黎巴嫩外交家、哲学家马利克指出:"即使是说出那些为我们最初工作做出直接或间接贡献的数百位个人和数百个机构的名字都是不可能的。尽管如此,我必须提及张彭春博士,他是人权委员会和起草委员会一位杰出的副主席。他经常引用东方智慧和东方哲学,每次都是成功地开阔我们的视野,而且他借助其特殊的起草天才,能够愉快地调整我们的许多条款。"[①]中国学者孙平华认为:张彭春是名副其实的世界人权体系的重要设计师,他作为《宣言》的主要起草人,"将东西方的人权理念融为一体,铸就了全人类的一本人权经典"。[②]

综上所述,历史事实表明,张彭春成功地推动了起草委员会在《宣言》第 1 条写入"良心"这一儒家仁学的核心理念。这是他对国际人权事业独特又最重要的贡献。关于张彭春是否具有将儒家理念引入《宣言》的意图

---

① See Mary Ann Glendon ,A world Made New: Eleanor Roosevelt and the Universal Declaration of Human Rights, Randan House, 2002, p. 165. 。

② 孙平华:《张彭春:世界人权体系的重要设计师》,社会科学文献出版社 2017 年版,第 397 页。

尚存疑问的观点，以及即使他有这种意图实际上也未能取得成功的观点，都与历史事实不符。关于“conscience”概念“远离‘仁’字的哲学含义”的观点，可能没有全面把握儒家仁学思想的丰富内涵。关于《宣言》“英文和其他外文版中出现的 conscience（良心）倒是更接近基督教神学”的观点，与《宣言》起草者所奉行的指导原则相违背。儒家思想的全球影响是日益增强的，张彭春在起草《宣言》方面的贡献是彪炳史册的。

作者简介：

赵建文 中国社会科学院国际法研究所研究员，法学博士，国际人权法研究室前主任；国务院政府特殊津贴获得者，中国国际法学会常务理事；主持国家社科基金项目、中国社科院重点项目等省部级以上项目十余项；出版个人专著译著、主编教材 6 部；参与大百科全书词条撰写、“马工程教材”编写、南海仲裁案裁决翻译；在权威期刊、核心期刊集刊发表论文三十余篇；近期在《人权》杂志发表的有关《世界人权宣言》的几篇论文中阐述了张彭春的人权思想。

张彭春:中国在联合国和世界上的一座丰碑

侯　杰　曲敏君

张彭春集传统与现代于一体,拥有世界眼光,为人类发展做出了卓越贡献。第二次世界大战后,张彭春不仅参与《世界人权宣言》的起草,而且多次在联合国经社理事会上为欠发达国家发声,谴责日本侵华的罪行。张彭春主张将世界视为一个整体,倡导不同文化间的交流和互鉴,强调国际间的合作与共赢。他将中国传统文化与西方现代化国际话语体系相融合,为全球治理提供中国方案,为维护世界和平稳定开辟了新道路,也让中华文化的光辉闪耀世界。这充分彰显了中国的"文化自信"。他所追求的"大同"社会与当今推崇的"人类命运共同体"有效契合,为中国在联合国和世界上树立起一座令人仰视的历史丰碑。

一、具有世界意义的中国丰碑

张彭春是百年来极具特色的拥有世界眼光的中国人,既深受中国传统文化的熏陶又深谙西方文化。在近代,他游走于东西方之间,成为中外文化、教育交流的桥梁和纽带,树起了一座具有世界意义的丰碑。

在中国接受传统文化和新式教育后,张彭春来到美国,在著名的高等学府接受系统的专业训练,形成了国际视野。在获得教育学硕士和哲学博士学位后,他又回到中国发展教育事业,参与了南开大学、清华大学的创建和发展。张彭春对中国教育改革和南开新剧的发展,尤其是中国京剧的国际传播做出了重要贡献,成为中国历史上将传统与现代紧密结合,综合创造与发展的标志性人物。当他代表中国登上外交舞台，出任联合国经社理事会常任代表和人权委员会副主席后，不断地发出中国声音，提供中国方案，传播中国文化。

然张彭春先生生前的事迹一度被人遗忘，鲜少有人进行研究。直到改革开放，有关张彭春的研究才渐有起色，并主要集中在两个方面：一是其在中国传统戏曲和现代戏剧方面的成就，二是其在外交和联合国人权方面的贡献。

众所周知，张彭春积极投身西方现代话剧的引进工作，对中国传统戏剧的改革和现代戏剧的发展做出了重要贡献，被誉为中国现代话剧奠基人。黄殿祺编写的《话剧在北方奠基人之一——张彭春》[①]，是较早研究张彭春在中国话剧领域取得重要贡献的著作。《张彭春论教育与戏剧艺术》[②]收录了张彭春自 1915 年至 1957 年有关阐述教育及戏剧艺术方面的论文、讲演、书信和剧本 136 篇(部)，并附录关于后人的回忆录和年谱等。侯杰和秦方先后在《百年家族——张伯苓 张彭春 张锡禄》[③]和《张伯苓家族》[④]中围绕张伯苓、张彭春等历史人物，从教育、戏剧和抗战等方面展现天津张伯苓家族的百年历史风貌。2009 年，为纪念南开话剧活动 100 周年，张伯苓教育思想研究会主持编纂了《中国话剧先行者张伯苓张彭春》[⑤]一书，将专家学者的纪念文章和研究成果汇为一编，将周恩来总理“写话剧史不能‘重南轻北’，要还原张彭春与‘南开新剧团’等天津话剧的发展史”的愿景变成现实。张彭春与梅兰芳的合作，将梅派京剧艺术带到美国、苏联，对中国戏曲乃至文化走向世界产生了非常重要的影响。龙飞、孔延庚著《张伯苓与张彭春》[⑥]记述了张彭春先生陪同梅兰芳访美演出以及

① 黄殿祺编：《话剧在北方奠基人之一——张彭春》，中国戏剧出版社 1995 年版。

② 张彭春著，崔国良、崔红编，董秀桦英文编译：《张彭春论教育与戏剧艺术》，南开大学出版社 2003 年版。

③ 侯杰、秦方：《百年家族——张伯苓 张彭春 张锡禄》，河北教育出版社 2004 年版。

④ 侯杰、秦方：《张伯苓家族》，新星出版社 2017 年版。

⑤ 张伯苓教育思想研究会主编：《中国话剧先行者张伯苓张彭春》，人民出版社 2009 年版。

⑥ 龙飞、孔延庚：《张伯苓与张彭春》，百花文艺出版社 1997 年版。

推动新剧运动走向巅峰之事。戏曲理论家齐如山也曾口述《梅兰芳游美记》[①]等。随着《梅兰芳全集》[②]第四卷和第七卷以及《梅兰芳游美日记》[③]等的出版,中外人士对张彭春在中国戏曲走出国门、走向世界过程中的贡献有了更深入的了解。

张彭春在外交方面的贡献很大,目前研究主要集中在其参与联合国《世界人权宣言》的草拟过程中提出的人权主张等方面。其中,孙平华在《〈世界人权宣言〉研究》[④]和《张彭春:世界人权体系的重要设计师》[⑤]中,系统研究联合国相关档案记录,对张彭春参与的210次会议做了详尽研究,归纳、提炼出多元主义人权思想。在《论张彭春与国际人权体系的建构》[⑥]一文中,孙平华通过文献和案例研究的形式,以相互对证的方式阐释了张彭春在国际人权体系建构过程中所发挥的重要作用。化国宇在《人权需要统一根基吗——〈世界人权宣言〉起草过程中的宗教和哲学论争》[⑦]一文中探讨了《宣言》的起草者们将自身文化传统融入其中,企图最大限度地寻求和延展国际人权理念中的价值公约数的历史过程。在《论全球治理中的中国人权话语体系》[⑧]中,孙平华不仅探讨了儒家文化中的人权思想,而且突出其在全球治理中争取中国人权话语权的重要作用。其近期完成的《世界合作共赢的中国贡献——张彭春在联合国经济及社会理事会的发言》[⑨]洋洋七十余万言,以中英文对照的方式,呈现了张彭春在联合

---

① 齐如山:《梅兰芳游美记》,岳麓书社1985版。

② 梅兰芳著、傅谨主编:《梅兰芳全集》(全八卷),中国戏剧出版社2016年版。

③ 李斐叔:《梅兰芳游美日记》,国家图书馆出版社2015年版。

④ 孙平华:《〈世界人权宣言〉研究》,北京大学出版社2012年版。

⑤ 孙平华:《张彭春:世界人权体系的重要设计师》,社会科学文献出版社2017版。

⑥ 孙平华:《论张彭春与国际人权体系的建构》,《浙江工商大学学报》2017年第4期,第30—40页。

⑦ 化国宇:《人权需要统一根基吗——〈世界人权宣言〉起草过程中的宗教和哲学论争》,《政法论坛》2020年第5期,第3—12页。

⑧ 孙平华:《论全球治理中的中国人权话语体系》,《中国政法大学学报》2019年第3期,第125—141页。

⑨ 孙平华:《世界合作共赢的中国贡献——张彭春在联合国经济及社会理事会的发言》,天津社会科学院出版社2022年版。

国经社理事会会议上的发言,突出其将中国传统价值观融入西方现代化外交话语体系之中,为推动世界合作共赢提供中国方案等历史贡献。此外,化国宇在《国际人权事业的中国贡献 张彭春与〈世界人权宣言〉》[①]一书中,亦对张彭春如何将儒家传统观念植入现代人权的解释系统有所分解。上述研究资料和学术研究成果,对于笔者进一步走近张彭春,展开新的学术探讨提供了极大的便利,更使我们感到此道不孤。

1945 年成立的联合国,寄托了饱经第二次世界大战荼毒的世界各国人民对未来的希望,其使命和宗旨在于维护国际和平与安全,促进各国平等互利和尊重自由与人权。联合国经济及社会理事会是联合国人权委员会的领导机构,不仅是各国间协商经济及社会问题的重要机制,也是联合国搭建的重要的国际合作平台。张彭春作为中国常驻联合国经社理事会的首席代表,拥有重要的话语权。作为日本侵华战争的亲历者,张彭春目睹祖国和人民饱尝战争之苦后,不禁对处于国际政治局势中弱势国家的人权问题产生了进一步的思考。因此,他多次在经社理事会的会议上就国际人权、卫生和工业发展等方面发言,为包括中国在内的欠发达国家或地区争取权益。这充分体现出张彭春的国际人道主义精神。

在经济和社会发展方面,张彭春强调国际间的合作与互惠,彰显了博大精深的中国智慧,传播了"合作共赢"的中国价值观。在联合国大会的发言中,他数次引用中国传统经典,运用儒家传统思想文化为全球治理提供中国方案。在难以逾越的东西方文化差异面前,张彭春凭借其文化多元的世界观念,在肯定文化差异的同时强调"文化互鉴",成功跨越了不同国家、民族、文化、宗教尤其是意识形态间的思想鸿沟,为各国解决争端以达成共识提供中国思路,为迅速医治战争给人类带来的苦痛、建立战后国际秩序发出中国声音,体现出中国智慧。值得充分肯定的是,不论是对处于边缘的欠发达国家或地区经济社会发展的关注,还是"求同存异"的"文化互鉴"思想,张彭春的思想和实践都非常契合中国当今大力提倡的"人类

---

① 化国宇:《国际人权事业的中国贡献 张彭春与〈世界人权宣言〉》,中国政法大学出版社 2015 版。

命运共同体”的理念,呈现了张彭春超越时代的多元主义思想,以东方智慧构筑人类的道德基石、文化理念和世界秩序。

二、弘扬中国“大同”思想中的多元主义人权观

张彭春对《世界人权宣言》的贡献,学界已有研究,笔者在此强调的是其在联合国经社组织中不厌其详地阐释不同于西方思想的中国人权观念,传扬中国智慧。他不是空论中国思想、哲学对西方人权思想的影响,而是详细归纳和总结了中国哲学思想对欧洲18世纪思想启蒙运动的深刻影响。在《世界人权宣言》的起草过程中,张彭春将中国儒家思想的“仁”“礼”“中庸”等核心价值观融入其中,赋予世界人权理念以中国意涵,铸就一部为全人类造福的人权典籍,使得“人权”一词有了更多的内涵。

首先,用中国传统思想解决世界大战后的人权困境。

中国传统儒家文化讲求“仁爱”与“大同”。所谓“仁爱”,张彭春指出,人权保护的首先是人本身。所谓“仁者爱人”,不仅强调人与人之间的尊重和平等,还关注强者对弱者的恻隐同情之心和“博爱”之心,以求通过“善政”[①]等有利的政治手段促进“天下大同”。张彭春强调指出:第一,中国哲学强调“宽容”,和衷共济、和合共生的人类命运共同体,对于不同观点和信仰采取包容与尊重的态度,批判不肯折中的教条主义,而这也正是捍卫人权的首要条件。张彭春指出在第一次世界大战之后,国际社会出现了将一种标准思维和生活方式强加于人的趋势,而维护这种“一致”的标准则是背离真理和使用暴力。因此,若要实现人类社会和谐,避免战争的发生,拯救人类自己,就必须以真诚、包容的态度接受不同的观点和信仰。这才是对人权真正的捍卫。而儒家的中庸之道,为协调各方,化解矛盾,解决争端提供了灵活多样的策略。第二,张彭春主张将“礼之用,和为贵”[②]作为国际交往原则。第二次世界大战后,战争的惨况逐渐被人民忘记,国

---

① 《孟子·离娄章句下》:“以善服人者,未有能服人者也;以善养人,然后能服天下。”

② 《论语·学而》。

际关系逐渐被“强权政治”拖入冷战的漩涡之中。作为具有广阔国际视野的外交家,张彭春反对某些强国在国际政治舞台上打着人权的幌子干涉他国内政,不惜武力侵犯,以便将自己的价值观和意识形态强加于世界。张彭春认为,保持人类社会的和谐,应以中国儒家思想所提倡的以礼待人、以和为贵为基本道德准则,尊重和包容他者,承认各自的差异,以多元主义的人权观念来实现人类的和平与幸福。

其次,以东西方文化互鉴代替“一元文化”标准。

难得的是,张彭春在充分尊重东西方文化差异的同时,提倡树立包容多元文化的世界观,认定西方意识形态不是处理国际事务的唯一准绳,大力弘扬具有现代性、未来性的中国传统思想文化,彰显中国的文化自信。他在国际舞台上的重要演讲中,多次引用儒家经典,强调人类命运共同体中的东西方文化互鉴,以“文化互鉴”[①]的多元世界观来替代一元式标准,摒弃西方中心主义,倡导文化间相互尊重、借鉴和“合作共赢”,为国际人权保障制度建设及全球人权治理提供中国智慧,有力地促进了国际社会就相关问题达成共识,在联合国创建初期的全球治理中发挥了不可替代的作用。

张彭春在联合国经社理事会的发言中多次提到了“同情和理解”[②]。他以秦始皇和蒙古侵略者为例,证明“暴政”只能留下反抗和仇恨。因此,张彭春强调在全球治理中不能忽视“中心与外围”的关系及“中心”对“外围”的“同情和理解”。孟子讲求“仁政”“善政”,经历了两次世界大战以及冷战后两极格局的世界人民,更加期盼一个稳定的国际环境,应以更加包容、求同存异的心态解决国际争端,这正是儒家所追求的“克、伐、怨、欲不行焉,可以为仁矣”[③]的仁义社会。对于不同宗教、习俗和意识形态的多

---

① 孙平华:《世界合作共赢的中国贡献——张彭春在联合国经济及社会理事会的发言》,天津社会科学院出版社 2022 年版,第 9 页。

② UN Document: E/SR. 437-480, pp. 156-159. 引自孙平华《世界合作共赢的中国贡献——张彭春在联合国经济及社会理事会的发言》,天津社会科学院出版社 2022 年版,第 750 页。

③ 《论语·宪问》。

元文化应相互借鉴而非排他同一，张彭春用了一个中国符号，加以说明。他以北斗七星环绕北极星为例[①]，阐明在联合国的倡导下，各国“为政以德”，通过尊重文化多元、扶助贫弱，最终便可“譬如北辰，居其所而众星拱之”[②]，使世界实现稳定和发展。

再次，以中国式人权观实现“世界大同”。

张彭春先生多次在经社理事会和联合国大会发言中引用《礼记·礼运大同》篇，倡导以天下为己任，以仁德为核心，以孝悌为宗旨，以人伦为基准的中华传统核心价值观。[③] 他用《孟子》中“民为贵，社稷次之，君为轻”[④]的民本思想阐释人权的内涵；用“己所不欲，勿施于人”[⑤]概括国际交往中，国与国、人与人之间应彼此拥有的道德共识，用“仁”来强化人们对团结、友爱、平等、尊重等现代观念的认识和理解。因“仁”发诸良知，与宗教信仰和意识形态无关，而是人本身的道德选择，应以同情理解，最终实现“己欲立而立人，己欲达而达人”[⑥]的结果。至于“老吾老以及人之老，幼吾幼以及人之幼”[⑦]，则成为张彭春诠释中国式人权观念的利器，即注重对于弱者的同情之心、恻隐之心，对欠发达国家或地区的经济社会援助，以达到全球发展的平衡，使走大同之道有了更强而有力的支撑。“大学之道在明明德，在亲民，在止于至善”[⑧]等中国传统思想文化中的精华，帮助张彭春

---

① UN Document：E/PV. 121，p. 16，pp. 16-25，p. 26，pp. 32-35，p. 46，pp. 48-51，p. 61，p. 151. 引自孙平华《世界合作共赢的中国贡献——张彭春在联合国经济及社会理事会的发言》，天津社会科学院出版社 2022 年版，第 343 页。

② 《论语·为政》。

③ 儒家文化的经典《礼记·礼运大同》篇，每天话资讯（公众号 2019-01-21）。（2022 年 3 月 1 日访问）。网址为：https://www. 360kuai. com/pc/98a4cb45396fcf05a? cota=4&kuai_so=1&tj_url=so_rec&sign=360_e39369d1 引自孙平华《世界合作共赢的中国贡献——张彭春在联合国经济及社会理事会的发言》，天津社会科学院出版社 2022 年版，第 11 页。

④ 《孟子·离娄章句下》。

⑤ 《论语·颜渊》。

⑥ 《论语·雍也》。

⑦ 《孟子·梁惠王章句上》。

⑧ 《大学》开篇第一句。

及其代表的中国式人权观在国际秩序的设计和建设中拥有了重要的话语权。

三、为欠发达国家或地区人民发声

与联合国安理会着重解决战争或政治等方面的冲突不同,经济和社会理事会的成立是为了消除这些冲突的根源——世界经济发展的不平衡。[①]张彭春主张将世界视为一个整体,致力于改善世界各国人民的生存状况,为欠发达国家或地区的人民发声。他的多元主义人权观源自世界各国人们对人类和平、自由和幸福的共同追求,突出的是对弱势者即现代国际社会中边缘地区人民之同情和帮助,在卫生、健康、温饱等基础性经济社会问题得到解决之后,再更好地谈论“天赋人权”等政治议题。这主要表现在以下三个方面。

首先,为欠发达国家或地区人民谋求生存权。

在维护欠发达国家或地区人民的人权及国际合法权益时,张彭春坚决反对强权政治,特别尊重人的生命权。他认为生命权是人基本的人权,而消除饥饿、改善医疗卫生状况、抗击传染病是改善欠发达国家或地区人们的生存条件、维护基本人权的第一步。他清楚地知道各国人民都渴望生活水平的不断提高和生存状况的逐渐改善,千方百计地摆脱饥饿。[②] 为消除世界各区域间过大的贫富差距和工业化发展造成的鸿沟,他呼吁世上所有具备基本道德良知者皆应为此付出努力,做出自己的贡献。张彭春引用中国先哲的名言:“故人不独亲其亲,不独子其子,使老有所终,壮有所用,幼有所长。矜、寡、孤、独、废、疾者皆有所养”[③],向世界展示了中国人心目中

① 见网址:https://www.un.org/ecosoc/zh/events/2021/ecosoc-75-taking-action-more-sustainable-world(访问时间 2022 年 1 月 28 日),引自孙平华《世界合作共赢的中国贡献——张彭春在联合国经济及社会理事会的发言》,天津社会科学院出版社 2022 年版,第 3 页。

② UN Document:E/PV.7, pp. 25-36. 引自孙平华《世界合作共赢的中国贡献——张彭春在联合国经济及社会理事会的发言》,天津社会科学院出版社 2022 年版,第 12 页。

③ 《礼记·礼运》。

的大同社会。[1] 实现“世界大同”的关键在于对弱者的怜悯扶持，在于追求区域间经济发展的平衡，由此一步步地接近理想目标——“天下为公”[2]。这既是中国传统社会的理想，也是现代世界求之而不及的遥远目标。身处弱肉强食的丛林之中，张彭春借助中国思想文化宝库，为世界指明方向。

其次，呼吁重视欠工业化地区的经济社会发展问题。

在第二次世界大战时期，张彭春曾前往多国考察。他敏锐地发现国际社会只关注各地的战事和政治局势，忽视了世界经济“低压”地带即欠发达国家或地区的工业化和社会发展问题。张彭春不仅主张将世界视为一个整体，而且重视经济欠发达国家或地区对世界经济的深远影响。他深刻地认识到欠发达国家或地区不仅拥有为数繁多的人口和潜在的巨大资源，能够为工业发达国家的产品提供原材料和市场，还往往会沦为工业化国家冲突与争斗的场所，即我们所看到实际的和潜在的国际间的争斗正是处于该地区。[3] 为此，他大声疾呼：解决这些边缘地带欠发达国家的经济和社会发展问题才能从根源上消除国际冲突，维护世界和谐稳定，并主要从以下两个方面在国际上发声。

第一个方面，在工业发展领域，张彭春认为应当注重工业化国家和欠工业化国家或地区的相互合作，而不是单方面地将自然资源丰富的欠发达国家视为工业原材料出口国。他曾在经社理事会第二届第 7 次会议中援引智利一家报刊上的话，称一个没有工业的国家或地区注定会沦为比其工业化程度更高的国家的殖民地。制造业和工业是一个地区发达进步的基石，若一个国家不能掌握充分利用自然资源的工业技术，那么无论其拥有

---

① UN Document：E/PV. 59, pp. 61-63. 引自孙平华《世界合作共赢的中国贡献——张彭春在联合国经济及社会理事会的发言》，天津社会科学院出版社 2022 年版，第 61 页、第 144 页。

② 《礼记·礼运》。

③ UN Document：E/PV. 7, pp. 25-36.（Verbatim record of the Seventh Meeting of the Second Session of the Economic and Social Council）. 引自孙平华《世界合作共赢的中国贡献——张彭春在联合国经济及社会理事会的发言》，天津社会科学院出版社 2022 年版，第 58 页。

农业资源还是矿产资源都毫无意义。只有物质财富而忽略了利用财富的人民，那么这将不再是一种优势而是变成一重危机，会引得他国的垂涎和内乱的发生。[①] 而这些欠工业化地区也表现出与"二战"前一时期不同的对于工业化的渴望。毛泽东曾在中华人民共和国成立之初言道："现在我们能造什么？能造桌子椅子，能造茶碗茶壶，能种粮食，还能磨成面粉，还能造纸；但是，一辆汽车、一架飞机、一辆坦克、一辆拖拉机都不能造。"[②]而张彭春亦曾在经社理事会的会议中提到，一个不能生产自己的机器、汽车、工具和武器的民族，无权自称独立。持此论调的报刊在远东等欠发达地区均能看到。[③] 不仅如此，他还深刻地揭露出一个残酷的现实：这些欠发达国家或地区的各种农业、矿产、牧业和森林资源长期为满足工业国家的需求而受到盘剥。随着该地区国民经济对原材料出口的依赖度不断提高，该地区经济对世界市场供需情况和世界价格的变化极为敏感，故繁荣和萧条很难自控。在经济全球化的浪潮中，国与国之间的经济联系越来越紧密，常常是牵一发而动全身。回溯七十多年以前，张彭春提出联合国经社理事会必须帮助欠发达国家或地区实现工业化发展，才能维护某些地区乃至国际上的经济稳定，可谓是未雨绸缪的典范。

在张彭春看来，工业发达国家对所有正在努力实现工业现代化的欠发达国家或地区的帮扶应集中体现在这两个方面：一是贸易互惠[④]，二是技

---

① UN Document: E/PV. 105, pp. 41-45, pp. 77-85, p. 92. 引自孙平华《世界合作共赢的中国贡献——张彭春在联合国经济及社会理事会的发言》，天津社会科学院出版社 2022 年版，第 303 页。

② 《毛泽东文集》第六卷，《关于中华人民共和国宪法草案》（1954 年 6 月 14 日），人民出版社 1999 年版，第 329 页。

③ UN Document: E/PV. 105, pp. 41-45, pp. 77-85, p. 92. 引自孙平华《世界合作共赢的中国贡献——张彭春在联合国经济及社会理事会的发言》，天津社会科学院出版社 2022 年版，第 303 页。

④ UN Document: E/PV. 7, pp. 25-36. (Verbatim record of the Seventh Meeting of the Second Session of the Economic and Social Council). 引自孙平华《世界合作共赢的中国贡献——张彭春在联合国经济及社会理事会的发言》，天津社会科学院出版社 2022 年版，第 59 页。

术援助[①]。

所谓贸易互惠，主要是指发达国家的对外投资。一方面，对外投资不同于其他关涉经济涨落的手段，可以长久性解决所谓成熟经济中经济停滞或衰退等问题。完成工业化的国家将部分低端工业转移至工业欠发达国家或地区，可以完成产业升级并制造更多就业机会。另一方面，欠发达国家或地区得到投资后，工业化水平提高，生产效率提升，有利于原材料价格的稳定，并促进世界贸易的总体受益。因此，将欠发达国家或地区置于世界工业化版图中，并随着工业化水平的不断提高，世界贸易格局也将发生巨大的变化。在经济全球化的浪潮中，各国互关互联，一个地区的发展必将促进整体经济的进步，如此实现互利共赢。故工业化的雨露不仅会滋润濒临干涸的欠工业化地区，也将滋养整个世界的工业化“气候”。

然而，过去几百年来发达国家对于欠发达地区的工业投资，难以摆脱殖民地思维，因而常常引发当地对帝国主义行径的抗议和抵触。张彭春主张在地区间的合作时应注重方式和方法，以利益为驱动的投资者很难摆脱追求利益最大化的趋向，故在投资中仅以自身权益为导向，遂应订立一份国际投资守则，维护借贷双方的权利，制造有利的投资环境。[②]

所谓技术援助，即关于来自发达国家的教育支援，促进欠发达国家或地区经济转化中新型人才的培养。[③] 新的制度理念的产生往往会跨越国界，在经济、政治和社会等各方面产生影响。因此，通过文化交流与合作，培养推动工业转型的新式人才，促进欠发达地区的文化变革也至关重要。

---

① UN Document: E/SR. 463, p. 220. 引自孙平华《世界合作共赢的中国贡献——张彭春在联合国经济及社会理事会的发言》，天津社会科学院出版社 2022 年版，第 761 页。

② UN Document: E/PV. 7, pp. 25-36. (Verbatim record of the Seventh Meeting of the Second Session of the Economic and Social Council). 引自孙平华《世界合作共赢的中国贡献——张彭春在联合国经济及社会理事会的发言》，天津社会科学院出版社 2022 年版，第 60 页。

③ UN Document: E/PV. 7, pp. 25-36. (Verbatim record of the Seventh Meeting of the Second Session of the Economic and Social Council). 引自孙平华《世界合作共赢的中国贡献——张彭春在联合国经济及社会理事会的发言》，天津社会科学院出版社 2022 年版，第 60 页。

但在最初阶段,最需要的技术援助是科学知识和技术技能。[①] 通过获得现代科学技术,欠工业化国家的人民可以改善生活条件,增强其独立和尊严感,摆脱自卑情结。同时,张彭春强调欠发达国家的现代化发展中需要必要的设备,有了设备作为客观物质基础才能促进更好地发展。

第二个方面,为了进一步促进区域间经贸往来,张彭春呼吁并建立了诸多国际经贸组织,如主导建立亚洲和远东经济委员会[②](即亚洲及太平洋经济委员会的前身),促进拉丁美洲经济委员会的成立[③]等。张彭春认为经社理事会经济和就业委员会的职能在两方面,即经济稳定和经济发展与进步。为了集中关注“低压”地区的经济发展问题,张彭春主张建立一个经济发展小组委员会,特别注意经济欠发达地区,就提高生产力水平和消费水平的方法向经济和就业委员会提供咨询意见。[④] 张彭春是亚洲和远东工作组主席,多次在会议上呼吁国际社会从人道主义情怀出发,善待包括中国在内的战争受害国,并在战后重建中给予战争受害国与欧洲国家差别无二的积极合作和援助。亚洲和远东经济委员会正是为达此目的而设立的。他从人类命运共同体的角度出发,认为全世界人民都渴望生活水平的提高,所谓“大同”是全世界人类的梦想。[⑤] 何为“大同”?“货恶其弃于地也,不必藏于己;力恶其不出于身也,不必为己。是故谋闭而不兴,盗

---

① UN Document:E/SR. 463,p. 220. 引自孙平华《世界合作共赢的中国贡献——张彭春在联合国经济及社会理事会的发言》,天津社会科学院出版社 2022 年版,第 761 页。

② UN Document:E/PV. 72, pp. 57-62. 引自孙平华《世界合作共赢的中国贡献——张彭春在联合国经济及社会理事会的发言》,天津社会科学院出版社 2022 年版,第 12 页。

③ UN Document:E/PV. 105, pp. 41-55, pp. 77-85,p 92. 引自孙平华《世界合作共赢的中国贡献——张彭春在联合国经济及社会理事会的发言》,天津社会科学院出版社 2022 年版,第 305 页。

④ UN Document:E/PV. 7, pp. 25-36.(Verbatim record of the Seventh Meeting of the Second Session of the Economic and Social Council)引自孙平华《世界合作共赢的中国贡献——张彭春在联合国经济及社会理事会的发言》,天津社会科学院出版社 2022 年版,第 60 页。

⑤ UN Document:E/PV. 7, pp. 25-36.(Verbatim record of the Seventh Meeting of the Second Session of the Economic and Social Council)引自孙平华《世界合作共赢的中国贡献——张彭春在联合国经济及社会理事会的发言》,天津社会科学院出版社 2022 年版,第 61 页。

窃乱贼而不作,故外户而不闭。是谓大同。”[①]在经济全球化的现今社会,没有哪个国家可以独立实现“大同”的目标。

再次,打破东西方界限,推动成立世界卫生大会。

联合国会议中尽管沿用了“远东”这一概念,实际上,张彭春并不以为然。他非常明确地指出:“主席先生,我本人并不特别赞成“远东”一词……我现在提出这一点是为了强调过分强调东西方的划分是危险的。”[②]从历史上看,东西方的界限在过去和现在都只是虚构的,一条任意划定的线。他主张应避免人为地将东西方分隔开来。张彭春以相对辩证的思维告诉世人:尽管以欧洲为中心的全球观看来,中国处于“远东”地区;但从美国西海岸旧金山金门大桥远眺,越过浩瀚无垠的太平洋,中国则变成了西部。[③] 他还就中国的国名进行了阐释,提出按照中国人的认知,自己生活在“中间国家”。人们是以天下中心的世界观命名国家的,所以,东西方从未有过既定的界标。而在全球化的进程中,各国在经济等各方面相互依赖;东西方的分裂只能模糊我们的思想,而忘了全球一体的本质,因而重建“远东”地区实乃全世界共同的责任。因之,张彭春不卑不亢地表达了不认同“远东”等欧洲中心观派生出来的思想主张,向西方乃至世界宣告了中国人的世界观,及中国在世界中的重要位置。这对于国际战后重建、对中国刷新认知等均产生了重要而深远的影响。

为医治战争创伤,重建世界秩序,张彭春做出的贡献彪炳史册。他在联合国经社委员会所做的第一件大事就是倡议召开世界卫生大会,并为世

① 《礼记·礼运》。

② UN Document: E/PV.72, pp.2-15, pp.56-57, pp.57-62.引自孙平华《世界合作共赢的中国贡献——张彭春在联合国经济及社会理事会的发言》,天津社会科学院出版社2022年版,第169页。

③ UN Document: E/PV.72, pp.2-15, pp.56-57, pp.57-62.引自孙平华《世界合作共赢的中国贡献——张彭春在联合国经济及社会理事会的发言》,天津社会科学院出版社2022年版,第169页。

界卫生组织的创建立下汗马功劳。[①] 他贯彻“人类命运共同体”的思想，号召国际社会摒弃偏见和傲慢，大力发扬国际合作精神，发动一场消灭导致世界上的疾病和瘟疫流行的细菌战争，凝聚人类的智慧和力量抗击共同的敌人。细菌没有人为设定的东西方概念，也没有种族、宗教或国家的偏见，它们往来不受海关、签证的限制，因而改变欠发达国家或地区的医疗欠佳状况成了全世界的责任。[②] 这种以天下为己任、将人类命运视作整体的世界观，具有跨越时空的永恒价值。

在新冠肺炎疫情全球爆发的当下，抚今追昔，令人感慨良多。张彭春通过向细菌宣战的方式号召国际合作，以平等、尊重、求同存异的心态，跨越国家等各种的界限，呼吁齐心协力战胜细菌这个“敌人”。毕竟人权首先保护的是人的生存权。正如顾维钧在联大会议中所言：“健康不良、愚昧与贫穷一日流行，就一日没有而且也不能有真的人权的保障。”[③]顾维钧的声音与张彭春如出一辙，而张彭春的主张也和中国的一贯立场一脉相承，世界人权事业中的中国价值观由此可见一斑。

四、结语

作为具有国际人道主义情怀的外交家，张彭春一直十分关切对少数族群的种族歧视和种族灭绝事件，并且对于日本在中国的暴行进行了严厉谴

① UN Document: E/PV. 2, pp. 31-32. (Verbatim record of the Second Meeting of the Second Session of the Economic and Social Council) 引自孙平华《世界合作共赢的中国贡献——张彭春在联合国经济及社会理事会的发言》，天津社会科学院出版社 2022 年版，第 9 页。

② 节选自崔国良、崔红主编，董秀桦英文编译：《张彭春论教育与戏剧艺术》，南开大学出版社 2004 年版，第 600 页。“我感到我实际上是在提交一份新的宣战书，一场消灭导致世界上的疾病和瘟疫的细菌的战争。这场战争不是针对人类自身，而是针对人类的共同敌人。总之，一场新的战争已经在这里提出，我们将宣战，并用血、汗、泪去进行战斗。”

③ UN Document: A/PV. 39, p. 40. (顾维钧在联大第 39 次全体会议上的发言中指出：“健康不良、愚昧与贫穷一日流行，就一日没有而且也不能有真的人权的保障。”)引自孙平华《世界合作共赢的中国贡献——张彭春在联合国经济及社会理事会的发言》，天津社会科学院出版社 2022 年版，第 10 页。

责，表达了不赞成在西方主导下的殖民制度的永久延续[1]的态度。对于给中华民族造成极大伤害的日本，张彭春向世界申诉了中国人民在日本侵略者长期压迫下的悲惨遭遇，以及日本企图利用麻醉品对中国人民实行种族灭绝的阴谋。为防止其再次从事对邻国人口的有害活动，他指出应禁止日本成为毒品制造和分销中心，并强调对麻醉药品进行管制。[2] 面对日本残忍的暴行，中国人民在第二次世界大战后致力于和平与发展，并没有对之实行报复。这正是中国千百年来优秀传统文化洗涤下对“和平”的追求和中国人民“以德报怨”的品质[3]。

然而，不论是谁对善良的中国人民施以暴行，都将在中国人民的觉醒中得到应有的回击。在中国人的意识中，有一种被称之为“坚韧的人道主义”的强大力量，就像竹子一般，它可能会被暴风雨压弯，但永远不会折断；并在暴风雨消逝后，继续茁壮成长。[4] 张彭春为战后饱受战争之苦的中国发声，不仅展现了源自中国传统文化带给中国人民的自信和韧性，而且有效地教训了日本和其他侵华、仇华势力，为包含中国在内的被侵略民族在反法西斯斗争中获得了国际声援，促进了世界和平的维护和世界人权的保障。

总而言之，张彭春为完善联合国工作机制和促进理事会各项工作顺利开展提出了许多建设性意见，做出了卓越贡献。因亲身经受战争的洗礼，张彭春对欠发达国家或地区的发展格外关注，对西方霸权主义下以欧美为

① UN Document：E/SR. 175－225，p. 215，p. 216，p. 220，p. 223，pp. 223－224，p. 224. 引自孙平华《世界合作共赢的中国贡献——张彭春在联合国经济及社会理事会的发言》，天津社会科学院出版社 2022 年版，第 438 页。

② UN Document：E/SR. 140，p. 145. 引自孙平华《世界合作共赢的中国贡献——张彭春在联合国经济及社会理事会的发言》，天津社会科学院出版社 2022 年版，第 377 页。

③ UN Document：E/SR. 437－480，pp. 156－159. 引自孙平华《世界合作共赢的中国贡献——张彭春在联合国经济及社会理事会的发言》，天津社会科学院出版社 2022 年版，第 453 页。

④ UN Document：E/SR. 437－480，pp. 156－159. 引自孙平华《世界合作共赢的中国贡献——张彭春在联合国经济及社会理事会的发言》，天津社会科学院出版社 2022 年版，第 755 页。

中心的一元文化论和殖民主义思想进行了严厉斥责,这突出表现在他对“远东”一词的警惕上。除此之外,张彭春在联合国经社理事会会议上多次就种族灭绝、麻醉药品的管制、新闻自由、男女同工同酬等问题提出议案。他所发出的中国声音,永远铭记在联合国会议纪要或全文记录中,成为珍贵的历史记忆、中国记忆和人类共同记忆,也成为我们系统挖掘和深入研究的宝藏。张彭春从小饱受中华传统文化的滋养,后又吸取了新式教育的精华。这些基于中西方文化熏陶形成、发展而来的多元主义文化观和人权观,不仅标志着中国智慧达到的世界高度,而且为维护世界和平稳定发展、战后国际秩序的建立提供了新的思路、新的可能,以及永远追求的目标。

张彭春将中国传统思想文化与西方现代国际话语体系相融合,在国际舞台上能够跨越不同文明间人为设置的鸿沟,将世界视为一个彼此相互关联的整体,赋予中华文化现实意涵。在今天,张彭春的多元主义人权观和“人类命运共同体”的主张交相辉映,展现了世界合作共赢的中国价值观。

作者简介:

侯　杰　南开大学历史学院暨中国社会史研究中心教授、博士生导师,兼天津市政府办公厅决策咨询专家组成员、文化组组长,严修研究会创会理事长,张伯苓研究会副理事长,天津统战理论研究会副会长等。出版《张伯苓家族》《巍巍我南开精神》等著作,发表相关论文百余篇。主编《民国中国文化史要籍汇刊》《基督教与近代中国社会文化》(第一、二辑),协助天津青年会主编《天津中华基督教青年会书系》。受到中共中央宣传部、统战部、民革中央,天津市委和市政府、南开大学的表彰及学术奖励。

曲敏君　南开大学中国史硕士,导师为侯杰教授。张伯苓研究会会员,现为山东工商学院马克思主义学院助教,从事“中国近现代史纲要”等课程教学,为学院胶东红色文化研究中心成员。一直致力于张伯苓与烟台基督教青年会、张伯苓与胶东地区“废止内战大同盟”等有关张伯苓的研究工作。与侯杰教授合撰《张彭春:中国在联合国和世界上的一座丰碑》等论文。另有多篇论文发表。

南开与中国世界话语权
——以张彭春与周恩来为例

崔国良

一个国家在国际上取得话语权,并且在世界上得到认可,作为国际遵循的文书或原则,这是国家强盛的标志。

自从1840年鸦片战争以来,中国沦为战败国,沦为半殖民地,任各列强国家欺凌和宰割;更谈不上在世界上有任何当今所谓的“话语权”。只有在第二次世界大战中,国共两党合作在世界东方共同抗击日本法西斯对中国的侵略,到了1945年取得世界反法西斯战争的胜利。中国作为世界五强之一,在联合国首次取得世界话语权。特别是在中华人民共和国成立后,“中国人民从此站起来了”！中国再一次争得了世界话语权。

继之,在改革开放以来,在国际外交活动中,我国有了更为广泛的话语权;当今习近平同志提出的“人类命运共同体”的倡议,被写入联合国文书中,成为世界人民共同奋斗的目标。这是中华民族祖先所企盼的“大同世界”的理想,在当今的现代表述。笔者认为这是我国在世界文书中第三次被认可的世界话语权。

本文重点要谈的是前两次普世性的中国世界话语权。这最早可以追溯到1946年到1948年,在联合国文件《世界人权宣言》的创制中,中国代表张彭春发挥了无可替代的作用,并将中国的暨东方的人权理念写入《世界人权宣言》中。这可以被认为是中国首次取得世界话语权。到了1954年的日内瓦会议和1955年的万隆会议期间由周恩来提出的、立即被认可、后来被世界普遍适用的处理国际相互关系的“和平共处五项原则”,这可以被认为是中国第二次取得了世界话语权。

这两项世界话语权都出自早期南开的学子:一位是南开中学首期学生,南开大学建立的创议兼“计划人”和清华大学建校总纲的制订人——张彭春;一位是南开中学第十届毕业生、南开大学首期学生——周恩来。他们为救国继而强国做出了自己对世界的贡献。南开学校的创建人严修和张伯苓办学的初衷,由他们初步实现。

一、师生情谊

张彭春与周恩来,他们早年在南开学校时,有师生关系,师生情谊颇深。

张彭春(1892—1957),南开学校校长张伯苓的胞弟,两次游美获博士学位,先后在美欧多校讲学。

1910年至1916年,张彭春在美国留学时,先后在克拉克大学就读,获学士和双硕士学位。他1916年秋回国,在南开学校开学典礼大会上讲演时就提出创意——开办南开大学。周恩来聆听了张彭春的此次演讲,并且作了详细报道。①

张彭春回国后就在南开文科乙组(周恩来所在班级)开设了许多有关西方的课程,如“莎氏乐府”“英国文学”等。周恩来聆听了张彭春的这些课程。②

在我国早期话剧开创期,张彭春和周恩来都是南开新剧团的骨干,他们对我国早期话剧做出了各自不同的具有开创性的贡献。

张彭春回国时就带回来他在美国创作的独幕二景悲剧《醒》等现代剧本(至少有三个剧本,其中,一为三幕剧《入侵者》,一译《闯入者》,胡适初译为《外侮》,已在1915年2月英文《南开人》杂志发表;另一为反映第一次世界大战的独幕剧《灰衣人》),并且在南开新剧团里任副团长兼导演③,

---

① 飞:《校闻·始业志盛》,《校风》第36期,1916年9月4日。

② 《天津南开学校第二组第十次毕业同学录·班史》,1917年。

③ 《校闻·剧团开会》,《校风》第36期,1916年9月4日。

同时他还介绍了西方戏剧知识和理论;1918 年主稿创编并导演了著名的五幕剧《新村正》;之后他又指导曹禺改译或演出了中国和世界名剧《压迫》《获虎之夜》《娜拉》《争强》《财狂》等,使曹禺具备了创作《雷雨》等剧作的能力。因此,张彭春成了"中国戏剧现代化的引领者和国际化的推介者"①。

彼时周恩来正好在南开学习。张彭春不但给周恩来所在班级开课,还在南开新剧团里与周恩来联袂演出了他在美国创作的现代悲剧《醒》。该剧展示了两位留美学生回国后的遭遇。先期回国的冯君是一位主持正义的律师,在他主办的"铁路贪污案"主犯即将被判处死刑的前一天,冯君之妹所预感的"凶兆"真的发生了:冯君遭到了暗杀。刚刚回国、来他家访问的陆君是一位"理想主义者",他所目睹的这一幕血的事实,才使他懂得冯君所说的:"深知(中国)进步是缓慢的,因为真正的问题还隐藏在深处。我们需要一次全面的改革,改变人们的思想,创造你的'新种族'。"陆君说:"这件事触动了我的灵魂深处。我似乎从一场漫长的梦幻中苏醒了过来……我将从教育婴幼儿做起,抚育他们成长,使他们成为具有新体质、新思想、新灵魂,不辜负我们伟大祖国的光荣历史的男男女女;为他们,我将奉献出一切。"

《醒》剧与南开新剧团(主稿者为团长时趾周)新编的五幕剧《一念差》(初名《叶中诚》),都是首次于 1916 年 10 月 9 日试演的中文剧目,均由张彭春导演,周恩来为副布景,并且《醒》剧由张彭春和周恩来联袂参加演出。张彭春出演陆君,周恩来扮演冯君之妹(另尹劭询饰冯君、邓毓坤饰冯宅之仆、黄春谷饰林君)②。《醒》剧演出后,周恩来写出报道:"本剧盖今日西方现行之写真戏也。嗣以情旨较高,理想稍深,虽写实述景历历目前,可以改弊维新,发人深省,无如事涉遐高,则稍失之枯寂,似与今日心

① 参阅崔国良《中国戏剧现代化的引领者和国际化的推介者》,《戏剧艺术》2015 年第 3 期。

② 《校闻·内容披露》,《校风》第 41 期,1916 年 10 月 9 日。

理不合，故议定停演此剧。”[①]该剧不为观众所接受。据笔者所知，该剧是我国首次按照现代西方悲剧范式演出的话剧并首次实行了导演制，开我国话剧现代化和戏剧导演制的先河。

张彭春与周恩来还共同参与了《一念差》的增编工作和正式首演。他们在《一念差》的演出中只担任了剧务和管幕的工作（一说周恩来在正式公演《一念差》时，还担任了角色，有待佐证）。在试演后，由于《醒》剧的停演，决定《一念差》由五幕增编为六幕。他们都参与了增编工作。[②] 张彭春主持增编，周恩来除参与增编的工作，还将六幕《一念差》赶制整理编撰出《〈一念差〉内容详记》，以“飞飞”笔名，发表在《敬业》第 5 期上。[③]《一念差》脚本，演出后经过修订改为五幕，最终以悲剧结局，于 1919 年初发表在戏剧杂志《春柳》上。[④]《一念差》剧本的编制、演出与正式发表给中国话剧的现代化，实行剧本制和导演制开了先河。

在此期间，《醒》剧的英文版剧目，也在当年的 12 月 23 日由毕业班四年一组同学在第九次毕业式上演出。周恩来在报道时评论道：“是日排演，颇多引人入胜之点。盖同学耳聆英语之机甚鲜。获此良辰，聆斯妙剧，佳音佳景，两极其妙矣。”[⑤]在周恩来看来，《醒》剧是一出“佳音佳景”“引人入胜”的现代“妙剧”。

值得特别提出的是，周恩来在张彭春回到南开后给南开人传播的西方现代戏剧知识，以及带回南开、带给中国的，他按照西方戏剧范式创作的中国题材的现代话剧剧作，给周恩来以巨大的鼓舞。

一是使得周恩来惊呼：“文明新戏时期”的“新剧之派别，归入淘汰。欧美现代所时行之写实剧 Realism 将传布于吾校”[⑥]。

---

① 《校闻·〈醒〉停演·新剧加幕》，《校风》第 42 期，1916 年 10 月 16 日。

② 《校闻·剧本详记》，《校风》第 43 期，1916 年 10 月 25 日。

③ 《敬业》第 5 期，1916 年 10 月。

④ 《春柳》，第 2、3、4 期，1919 年 1 月 1 日、2 月 1 日、3 月 1 日连载。

⑤ 周恩来：《民国五年冬季第九次毕业式》，《校风（特别增刊）·特别纪事》，1917 年 1 月 15 日。

⑥ 《校闻·新剧筹备》，《校风》第 38 期，1916 年 9 月 18 日。

这预示着,新剧成了主导中国现代戏剧创作思想的主流。这一惊呼,宣示了:中国早期新剧开始脱离“文明新戏时期”,而进入一个“欧美现代所时行之写实剧(Realism)”[①]时代,即中国现代戏剧时代;首次在我国提出“写实剧(Realism)”,即“现实主义”戏剧理论的概念。

二是促使周恩来对他多年来参加南开戏剧活动的思考趋于成熟,甚至可以说使得他的思考升华到了世界戏剧的前沿,乃至写出了著名的现代戏剧理论文章《吾校新剧观》。在中国话剧史上,这篇《吾校新剧观》,最早对话剧的本质特征、功效、流派给出了简洁明白的界定,[②]对南开和当时我国早期话剧发展的现状进行了总结,指出了社会上新剧的不良倾向,提出了我国现实主义的创作方法和自择的发展道路的设想。[③]

周恩来还在《吾校新剧观》一文中,联系新剧发展的重要意义,阐述了他早期的文化观。他对传统文化,特别是语言文字对于人类文化的传承关系进行了阐述。他说:“语言文字者,国魂之所凭,国粹之所寄也。世无有无语言文字而能立国者,亦无有国虽亡,而其语言文字犹流传后世,人人家诵户习之者。语言文字既亡,国之不国也久矣。欲整重山河,复兴祖国,盖亦戛戛其难。”

接着他说:“吾国立国盖四千余年,语言文字,以人种之未变,遂流传至今,蔚为文化所系,国魂所凭,国粹所寄……然细以察之,则所谓文字,统全国之民,识者不及十之一二……而施以文字之普及,语言之统一,宜乎格不相入。……是知今日之中国,欲收语言文字统一、普及之效,是非藉通俗教育为之先不为功。而通俗教育最要之主旨,又在舍极高之理论,施以有效之事实。若是者,其惟新剧乎!”

周恩来把提倡和发展话剧这种形式,提到保存和发展文化的高度。

---

① “Realism”,今译“现实主义”。

② 请参阅崔国良《周恩来对我国早期话剧的贡献》,《天津师大学报(社会科学版)》1989年第3期。

③ 请参阅崔国良著《周恩来和他的〈吾校新剧观〉(一)(二)》,载于《南开话剧史话》,南开大学出版社2017年版。

二、张彭春

1945 年世界反法西斯战争的胜利,使得中国成为五大战胜国之一。从此,中国取得了世界话语权。而中国在世界上的话语权被世界文书或世界组织正式公布或采纳而影响世界发展方向的,第一次是《世界人权宣言》及其后续的两个世界人权公约的发表。

张彭春不仅是我国早期的教育家、戏剧艺术家,还是现代著名的外交家。20 世纪三四十年代,他先后任中国驻土耳其、智利特命全权公使,中国出席联合国成立大会四名正式代表之一、中国首届联合国常驻代表之一。在早期联合国中,他任经社理事会首任中国代表,在其下属的人权理事会中,他又被推举为人权理事会唯一的副主席(主席为美国总统罗斯福夫人伊莲娜)。

他在人权理事会中发挥了无可替代的作用,被称为“妥协艺术大师”,是“一位巨人”。联合国人权司司长汉弗莱在日记中写道:“在理事会所有代表中,我感到他是我在精神上和学识上交流最多的一位,他也是我最喜欢的一位……他是一位学者,并且在某种程度上,他又是一位艺术大师。尽管他有这些出众的天赋,他的外交职责也行使得也很好。与那些随波逐流者相比,他堪称一位巨人。”①他使得无尽无休的争辩得以终止。曾任人权委员会书记、时任联大第三委员会主席的马利克在 1948 年 12 月 9 日联大第 180 次全体会议讨论通过《世界人权宣言》的会议上,高度评价了张彭春在《世界人权宣言》起草和讨论过程中的贡献:“我必须提及张彭春博士,他是人权委员会和起草委员会一位杰出的副主席。他经常引用东方智慧和东方哲学,每次都成功地开阔了我们的视野,而且他借助其特殊的起草天才,能够愉快地调整我们的许多条款。”②他使得《世界人权宣言》在没

---

① 引自格伦登著:《创造一个新世界 · 罗斯福与〈世界人权宣言〉》,纽约,拉姆登出版社 2001 年版。

② 查理士 · 马利克:《查理士 · 马利克与〈世界人权宣言〉 · 人权挑战》,牛津:黎巴嫩研究中心,2000。

有反对票的情况下，最终得以通过。

张彭春在联合国人权委员会制定《世界人权宣言》的过程中，至少发挥了以下作用。

第一，提出《世界人权宣言》的整体结构框架。他提出《世界人权宣言》要有一个“序言”，作为整个《世界人权宣言》的指导思想。

第二，《世界人权宣言》要有普遍性。《世界人权宣言》不能只反映西方人权理念，也必须反映东方的人权思想。他提出将中国暨东方儒家学说的人权理念纳入《世界人权宣言》中。他提出要在《世界人权宣言》的“序言”中，加入东方的人权思想中“仁”的理念——“良心”与西方的“理”并列，作为人权的总体指导思想。

第三，张彭春发挥了一位人称“妥协艺术大师”的作用。如前所述，在会议发生矛盾问题不能解决的时候，他运用中国智慧，使得不同意见达成一致；并且在联合国通过《世界人权宣言》的大会上发言，说服了大会代表，在没有反对票的情况下，使《世界人权宣言》获得通过。

第四，他提出贯彻《世界人权宣言》的配套的国际法律文书。联合国还要制定具有法律效力的世界公约，使世界人权形成完整的体系。美国国务院曾评价道：“张彭春于 1957 年去世。他没能亲眼看到随后国际人权两个公约的通过。这两个公约使得《世界人权宣言》有了约束力，而这两个公约是他提出的、在全世界执行人权解决方案的一部分。”[①]我们不难发现其预设就是在全球执行人权的解决方案是由张彭春提出的。张彭春不仅对《世界人权宣言》做出了突出贡献，还提出了将根据人权核心公约作为实施人权解决方案的一部分。他也因此成为构筑世界人权体系的主要设计师。这一历史事实表明，中国代表在整个国际人权体系构建过程中发挥了无与伦比的作用。这一点将永载国际人权发展的史册，成为全体中国人在国际人权领域引以为豪的历史功绩。[②]

---

① U. S. Department of State. 2008. the Universal declaration of Human Rights. ejoumal USA 13/11(http://www.america.gov/publications/ejournals.html)。

② 孙平华：《张彭春：世界人权体系的重要设计师》，中国社会科学出版社 2017 年版。

三、周恩来

周恩来,1913 年至 1917 年在南开中学就读,为第十届毕业生;1919 年在南开大学就读,为首届学生。在中学期间,他不但热衷于中国古典文化,特别是对诸子百家著作的学习,同时,也关注现代文化和新思潮,而且是社会活动的骨干力量。他先后担任南开中学国文学会及其特科的干事、校演说会副会长,参与创办学生组织敬业乐群会、师生联合的话剧组织南开学校新剧团和《校风》报的创办等。在敬业乐群会中,他先后任稽古部长、智育部长、副会长、会长,主编《敬业》学报;在新剧团中,他担任布景部副部长,参加编创和演出活动;他还在《校风》报任文苑部长、总经理、纪事部总主任等,成为南开学校学生活动中最活跃的骨干分子。1919 年在南开大学就读期间,他参加了五四运动,且是领导者之一;他还主编《天津学生联合会报》,参加"觉悟社"和创编《觉悟》等活动。在被捕期间,他曾写有《警厅拘留记》和《检厅日录》等。以上这些都为他成为出色的外交家打下了牢固的基础。尤其是在 1954 年、1955 年参加日内瓦会议和万隆会议期间,他提出了著名的处理国际事务的"和平共处五项原则",蜚声世界。

在 1954 年参加日内瓦会议之初周恩来就指明:"美国利用一切力量破坏有利于和平事业协议的达成,我们应尽一切努力务期达成某些协议……以利于打开经过大国协商解决国际争端的道路。"①在 4 月 28 日日内瓦讨论朝鲜问题的会议上,周恩来首次提出"在不同的社会制度下的世界各国是可以和平共处的"观点。在 5 月 12 日讨论恢复印度支那和平问题第三次会议上,他首次明确提出了"亚洲国家应该互相尊重各国的独立和主权,而不互相干涉内政;应该以和平协商方法解决各国的争端,而不使用武力和威胁;应该在平等互利的基础上建立和发展各国之间的正常的经济和文化关系,而不容许歧视和限制。只有这样,才能使亚洲国家避免新的殖

① 中共中央文献研究室编:《周恩来年谱(一九四九——一九七六)》上卷,中央文献出版社 1997 年版。

民主义者利用亚洲人打亚洲人的空前灾难而获得和平和安全”①。

6月24日至26日,周恩来应约访问印度,在与印度总理尼赫鲁会谈时明确而完整地提出了处理国际事务的“和平共处五项原则”。会谈中,周恩来说:“同意尼赫鲁总理所说的应该建立互信……因此,在互相尊重领土主权、互不干涉内政、互不侵犯、平等互利、和平共处五项原则的基础上,中印两国不但自己可以建立信心,而且可以互相建立信心……我们应该以我们的共信原则,给世界建立一个范例,证明各国是可以和平共处的。为此,在中印联合声明中,我们可以提一下五项原则,因为这是我们所强调的,常常提及有好处,可以说明这些原则不仅在亚洲而且在全世界都适用。”尼赫鲁总理表示同意,并在由他起草的《中印联合声明》中,正式首次收入了“和平共处五项原则”作为处理国与国之间的基本原则。②

这一原则的确立,博得了世界多国的赞誉。马里《发展报》说:“1954年日内瓦会议使他(指周恩来)在世界上出了名。古老的亚洲挺身而起,反对帝国主义了。第三世界的代表在历史上第一次占据了国际上的一个席位。从那时起,周恩来这颗明星不停地闪烁在外交天空里。”

日内瓦会议主席之一的英国外交大臣艾登曾与周总理会谈多次。他说:“我一生搞外交工作,还没有遇到过一个像周总理这样杰出的外交家。”

日本《北海道新闻》说:“五项原则的威望逐年增高,已经成为今天国际关系的共同信念。这不恰恰表明了周总理洞察力之深吗?”③

1946年在南京与周恩来谈判过的美国国务卿马歇尔说:周恩来是他“从未遇到过的外交对手”;在他的经历中,“曾与各种人物打过交道,包括伦敦的一些非常狡猾的英国人,但是没有一位比周恩来更聪明”④。

---

① 中共中央文献研究室编:《周恩来年谱(一九四九——一九七六)》上卷,中央文献出版社1997年版。

② 中共中央文献研究室编:《周恩来年谱(一九四九——一九七六)》上卷,中央文献出版社1997年版。

③ 陈浩:《学习周恩来》,北京工业大学出版社2007年版。

④ 陈浩:《学习周恩来》,北京工业大学出版社2007年版。

1955年4月18日至24日，在缅甸、锡兰（今称斯里兰卡）、印度、印度尼西亚和巴基斯坦的倡导下，在印度尼西亚的万隆召开了包括中国在内的亚洲和非洲29个国家参加的亚非会议。

会议前和会议开始时就出现了不同的，甚至反华的声音。4月19日，周恩来抛开了准备好的发言稿，即兴发言，说：中国代表团“是来求团结而不是来吵架的”，“是来求同而不是立异的”，“我们的会议应该求同存异”，“会议应将这些共同愿望和要求肯定下来，这是我们中间的主要问题”。他解释道：“在亚非国家是存在有不同的思想意识和社会制度的，但这并不妨碍我们求同和团结”，“五项原则完全可以成为在我们中间建立友好合作和亲善睦邻关系的基础”。

在23日各国代表团团长会议上发言时，周恩来说：现在赞成和平共处五项原则的国家一天天多起来，“当然，在座的所有国家的代表不会都同意五项原则的措辞和数目……五项原则的写法可以加以修改，数目也可以增减，因为我们寻求的是把我们的共同愿望肯定下来，以利于保障集体和平”。接着他提出了中国代表团的议案：（一）“互相尊重主权和领土完整”；（二）“互不采取侵略行动和威胁”；（三）“互不干涉和干预内政”；（四）“承认种族的平等”；（五）“承认一切国家不分大小一律平等”；（六）“尊重一切国家的人民有自由选择他们的生活方式和政治、经济制度的权利”；（七）“互不损害”。[①]

会议经过讨论和协商，一致通过了《亚非会议联合公报》，规定了万隆会议的十项原则：（一）尊重基本人权，尊重联合国宪章的宗旨和原则；（二）尊重一切国家的主权和领土完整；（三）承认一切种族的平等，承认一切大小国家的平等；（四）不干预和干涉他国内政；（五）尊重每一国家按照联合国宪章单独地或集体地进行自卫的权利；（六）不使用集体防御的安排来为任何一个大国的特殊利益服务；（七）不以侵略行为或侵略威胁或使用武力来侵犯任何国家的领土完整或政治独立；（八）按照联合国宪章，

① 中共中央文献研究室编：《周恩来年谱（一九四九——一九七六）》上卷，中央文献出版社1997年版。

通过如谈判、调停、仲裁或司法解决等和平方法以及有关方面自己选择的任何其他和平方法来解决一切国际争端;(九)促进相互的利益和合作;(十)尊重正义和国际义务。①

这十条原则与和平共处五项原则是完全一致的。“和平共处五项原则”不但被亚非国家接受,而且在世界上产生了重大影响,成为处理国际事务的准则。

曾任宋庆龄秘书的美国人士谭宁邦说:“周是中国的好代表,他不仅对中国人民有吸引力,对世界各地的人也有吸引力。人们相信他的话,他使中国更易于为世界上所接受。”

英国作家兼广播评论家大卫·劳森说:“1954 年日内瓦会议和 1955 年万隆会议上,周(恩来)以一个国际政治家的姿态蜚声政坛,让人们看到新中国的形象,既是革命的,又愿意和邻国和平共处,并且成为国际社会的一员。”②

澳大利亚记者贝却迪说:“周恩来可以坚如钢铁,但在情况需要时又柔如丝绒。”③

美国前总统尼克松在谈到“外交上的突破”时说:“这体现于 1972 年的《上海公报》。首功应该归于一个人,就是周恩来。”他还赞扬说:“谈判桌上的机动灵活的本领,对国际政治基本原则了如指掌,以及由热忱、思想、信仰而产生的道义上的正确感,再加上对世界各国有深刻了解,对历史有长远的洞察能力,以及个人拥有丰富的经验——这些合并起来,使周恩来成为我们当代最有才干的外交家之一。”④

美国耶鲁大学教授赵浩生说:“中华人民共和国成立后的 26 年,周恩来这面红旗不但照耀着新生进步的中国,而且辉映到全世界。26 年来周恩来是八亿人民口中最亲切的名字。‘周恩来’三个字,不论以任何语言

---

① 中共中央文献研究室编:《周恩来年谱(一九四九—一九七六)》上卷,中央文献出版社 1997 年版。

② 陈浩:《学习周恩来》,北京工业大学出版社 2007 版。

③ 陈浩:《学习周恩来》,北京工业大学出版社 2007 版。

④ 陈浩:《学习周恩来》,北京工业大学出版社 2007 版。

出现，都代表着尊敬、荣誉，因而他的逝世受到中外一致的哀悼。”①

作者简介：

崔国良　南开大学出版社编审，南开大学校史研究顾问，张伯苓研究会顾问。数十年潜心研究南开话剧、南开出版历史等，成果斐然。编著有《南开话剧运动史料》及其续编、三卷本丛编、史话、图志，《曹禺早期改译剧本及创作》《张伯苓教育论著选》《南开新闻出版史料》《张伯苓全集》（两集主编）《张彭春论教育与戏剧艺术》《吴大任教育与科学文集》及其《文选》等著作十余部；参编有《周恩来早期文集》等。

发表《张伯苓与东马路青年会》《戏剧大师曹禺何以出自南开》《张彭春与陈省身的亲情同南开大学的创建和发展》等学术论文近百篇。

① 陈浩：《学习周恩来》，北京工业大学出版社2007版。

张彭春的南开元素

梁吉生

张彭春(1892 年 4 月 22 日—1957 年 7 月 19 日),字仲述,生于天津,教育文化学者、外交家、杰出艺术家、中外文化交流使者,私立南开时期具有年代标志的重要代表性学者。

张彭春从小生活在一个南开文化氤氲的氛围中,蕴积着浓郁的南开基因。他与南开有着很深厚的渊源。他是从南开走向国际舞台的。在中华学子踏上追赶世界水平的行列中,他是较早的一员。他聪明、好学、热情、有竞争意识,坚持己见,且有教养,展现了思想和生命的厚度。南开应该为他历史定位。

张伯苓是他的胞兄,也是他的启蒙老师,时受其兄帡幪。他于 1904 年入严修、张伯苓创办的私立中学堂(南开中学前身)开始接受新式教育。他在晚年撰写的《南开是怎样创建的》一文中写道:"进入了这所新型学校,我被分配在第一班。一班的学生年龄十分悬殊,许多人比我受过更长期的旧教育,他们在古典文学方面确有研究,但是当时他们也不得不置身于这个新型体系中来学习其他的必修课程。"满满的自豪感和归属感跃然纸上。1908 年,他和梅贻琦、喻传鉴、金邦正等人完成中学学业。他对严修、张伯苓一直怀有敬佩和感恩,直到 16 年之后他还在日记上写下见到他们的情景。

1924 年 8 月 17 日,他在日记上写道:"昨晚去看严老先生。弱甚,不久于世! 先生是南开的发源,人格修养的功夫一时罕有其匹,可惜我没得多受他指教。一般‘半新’的人,不能与老年存(修)养的人以相当的敬羡。将来南开人才如果小有成绩,都不应忘严老先生在精神上的恩赐。”同一天,他对他的哥哥的印象是:“B.(即张伯苓)待人严,待己也严,做事有眼光,有决断,御人有方,自信坚强,不服人,虽有时自喜其功绩,然心中很明白成功里都有天赐和偶然在。”(《清华日程草案》,南京)张伯苓是他内心力量的一个重要源泉。

张彭春的根在中国。他的成长离不开他的故土故园。成年之后,南开似乎成为他的人生驿站和心灵家园,张彭春弥足珍恋南开的生活,始终保持着热爱南开的定力。每次留学之后,张彭春总是回到南开续接地气,这里有他大部分的社会关系和一种心理内涵。虽有家世遗泽,但他仍然去打捞被忽视或遗忘的人文情怀,南开多少能找到他情感的逻辑线索,人伦、亲情、故土、亡灵,等等,都是值得珍视和珍藏的。他大致有三段较长时间羁留于南开,分别是:1916 年 8 月至 1919 年 6 月;1926 年 2 月至 1929 年 12 月;1935 年 1 月至 1937 年。前后累计有近十年的光景,这是南开办学从初创走向稳定升平时期,也是张彭春的少壮青葱年华,展现着向上的意识和能力。

感情是一种信仰。在南开中学的院墙里,隐藏了张彭春相当多的生活逻辑和价值理想。正是这种久违的生活逻辑,召唤出他的认同和热情。他的深沉又刚劲的生存样态,有时也以“居高临下”的心态看待南开,也许并不完全符合实际,但他真切地融入熟悉而又陌生的有情有义的南开时光之中,努力将西方文明与古老的中华文明的碰撞融合编织为南开文化图景。中国的价值观,中国的文化传统,中国的经验和思想,新时代的风貌,正在成为主导。

从南开教育的发展来看,他是南开教育事业的坚定支持者,更是南开教育事业的“自我革命者”。他是以学者视角用心用情关注南开教育生成生长文化生态的先行者之一,用近乎伟大的精神做近乎基础的教育实验,展现出足够的韧性与活力,企望塑造一个与其教育理想相一致的南开,进而对全国中等教育产生了影响,包含了强烈的社会关怀和时代感觉。

他的起步阶段更多的是充当张伯苓教育思想的阐释者和南开办学实践经验总结人的角色。他贡献南开最突出的有两点,一是话剧,一是"开辟经验",南开学人莫不为之沾溉,极大地开拓了南开人的教育视野。话剧是时代的坐标。他是中国早期话剧的代表性人物。话剧给予他人生的乐趣与自信,沉湎其中探究广阔的社会意义,以新的艺术之美,洗刷着仍然沉浸在沉闷与压抑中人们的惯性思维。早期对中等教育的研究是他一种极具个人化的生存方式。他以跨文化的传播、理论、话语及其表现形式,深度嵌入南开教育现实发展中,为探索现代教育之路提供了难得的契机。张彭春在南开教育内部发端,革新南开的教育思维,一举足,便踏在了南开教育的奠基石上,亦触及南开教育范式向现代化教育转型关键点上,对南开教育的丰富意义进行再认识,阐述了一系列带有根本性、决定性的规律性见解。他在时代开阖变迁中,不遗余力地做改革教育的探路人,并且在挑战固有教育模式中,突破南开内部视角的局限性,进入中等教育的更深层次。他以具有突破意义和示范性的"开辟经验",开风气之先,提出了南开教育的现代性维度阐释,是对南开教育范式的进一步改造和发扬,既是实效性导向,又对现实有着补救性和纠偏性的正面意义。"开辟经验"是张彭春理念中反复出现的意象,这一教育理念是带有实质性、基础性的东西。他所追问的是这个"开辟"的精神内涵,关乎南开精神的保育和人才培养质量,是尊重人的权利,特别是青少年主体性的人文精神,是撬动中国中等教育痼疾的思想锐器。张彭春的批判武器是人,人性,人的全面发展,强调青年学生"现代能力"的培养,用顶层设计思维从外部视角切入南开肌理,在传统和创新之间赋予了南开教育极大的可阐释空间,提供了关键性的教育架构,因而历经时光依然存在着、影响着。这位行走四野、俯察人生、体味学子成才的中等教育专家,用理念与自己和教育对话,育人是他最后追求的境界。他是南开教育的助推器,是用"思想实验"关爱南开的范本。他用责任和担当书写着感动南开的篇章,代表了那一代南开人令人钦佩的特质。

一、专门部主任、中学主任、代理校长(1916—1919)

张彭春1910年赴美国留学,入克拉克大学获文学学士学位,后转哥伦比亚大学,师从著名教育家杜威,1915年在哥伦比亚大学研究院毕业,同时获文学硕士及教育学硕士学位,1916年秋回国。

他回国不久,张伯苓即以“分课担职”为由让张彭春担任了专门部主任。几天后,南开新剧团召开全体大会,推举张彭春为新剧团副团长。1917年8月,张伯苓赴美国研究教育,张彭春又代理南开学校校长。这时他才25岁。

南开新剧团副团长是张彭春最感兴趣的。新剧团是他的哥哥一手操办起来的,张彭春从国外回来,成为新剧团的核心人物,从美国带回一整套正规化的导演制度,并且亲自在新剧团实践欧美近代话剧范式,让其扎根在中国民族文化的土壤里。张彭春一方面继承张伯苓倡导的南开师生合作编剧并共同演出的传统,另一方面积极引进校外的剧作和外国名剧,同时进一步进行戏剧理论的探索,使新剧团建立在扎实的戏剧思想基础之中。功夫不负有心人。在他的精心经营下,许多高水平中外名剧的演出,让南开新剧团绽放新光彩,留下了一个时代的听觉记忆。张彭春生命中的高光时刻,是他倾心于话剧的情节之中。1918年10月,南开新剧团演出了张彭春编导的《新村正》,以戏剧的张力在天津、北京引起知识界的积极反响,啧啧称赞,戏剧研究者认为:“它不仅是过渡时期南开新剧团的最后一个杰作,而且标志着我国话剧一个新阶段的开始。”张彭春是早期我国新兴话剧的开创者和奠基人。

南开学校的专门部是严修和张伯苓为解决学生求学深造的一个权宜之计。张彭春担任专门部主任后最先考虑的是它的发展问题。他向张伯苓建议应对专门部进行升格改造,在此基础上创办大学。1916年8月22日,张彭春邀集专门部师生举行茶话会,他说:“今专门部将改为大学,即系期望诸生深造,后来庶免有心长力绌之弊,而得左右逢源之妙。大学科目有政治、社会、哲学、心理、经济、教育、中国文学、英国文学、历史等门。

德文拟定为随意科之一。”事实证明,后来的南开大学真的践行了他的预设。人文学科的设立是一所综合性大学必不可缺少的。人文学科和科学都是大学教育的组成部分,都是在塑造大学灵魂过程中不可或缺的。他还对未来南开大学的发展提出极其豪迈的愿景,要让南开大学成为文化传统的创造者和传承者,为社会发展指示方向。张彭春说:“将来悬想之标的,使南开大学生纵不能发明新理,为世界学问之先导,亦决不令瞠乎欧美开源之大后,必与之并驾齐驱。”思想的盛宴成为南开人百年不息的情怀。张彭春是南开大学创建人之一,他不仅是提出创建南开大学的第一人,也是“南开大学计划书”的起草者,被张伯苓称为“南开大学的计划人”。

张彭春代理校长期间,最大的考验是 1917 年 9 月的水患。1917 年从 8 月下旬开始,海河流域大雨连绵不断,暴雨倾盆。入秋之后又降大雨,9 月中旬天津南运河被洪水冲破河堤。23 日洪水已经到达南开学校临近。张彭春组织员工抓紧转移学校贵重物品,华午晴等人安排师生迅速撤离。24 日,天津西、南部全部被淹。据当时报纸报道,“查水之始至系在夜半,顷刻之间平地水深数尺”。南开师生只好停课三日。9 月底,海河流域各河水位回落,张彭春立即组织力量清理校园,整修校舍。10 月 26 日天津《大公报》报道,南开学校因被水包围,先迁至天津青年会东马路会所上课,后全体学生 900 余人又迁至河北公立法政学校上课。张彭春指挥若定,师生无一伤损,财物毁失没有影响教学,南开度过了这一难关。

为了争取社会救济,张彭春积极带领南开新剧团排练剧目,并在年末赴北京公开演出。他带领演出人员于 1917 年 12 月 30 日到达北京东城金鱼胡同北京青年会,“一以为我校募捐,一以献我校著名之新剧《一元钱》于都门人士”。南开新剧团受到京城人士的欢迎,清华的南开校友张锡禄、吴国祯等都来相助。每场演出都有观众四五百人,“名伶梅兰芳素有剧界大王之誉,今晚亦来兴会”。梅兰芳在张彭春的陪同下,来到后台参观,受到南开参加演出师生的欢迎,“见其谈吐不浮,举止不荡,衣服亦朴素,决不带俗伶轻浮之状,求之旧剧界中,殊不易得也”。三日演出结束后,张彭春与师生乘车返回津门,他说:“今日之一元钱,实我中华新剧界中之异彩。”师生们在车中欢笑交谈，有人悄悄观察了同学们在北京购买的东西，无一例外都是六必居的酱菜，购者共计 33 人，共用铜子 2410 枚。

附：张彭春年谱事略(1916—1919)

1916 年

8 月 3 日　张彭春回国由沪至津，其兄张伯苓车站迎接。

8 月 4 日　南开学校添设专门部及高等师范各一班，以张彭春为主任。同时，张彭春兼任英文学会股股长。

8 月 21 日　南开学校开学典礼，张彭春发表教育救国及大学重要性演讲，首次公开提议创办南开大学。

8 月 28 日　南开新剧团召开全体大会，推举张彭春为新剧团副团长。

11 月 18 日　敬业乐群会讲演部召开特别讲演会，张彭春报告“明年改组大学之计划”。

本月　在修身班演讲“南开精神”，谓“吾校有一物，为南开所造成，为社会所公认，为校长常提及，诸报纸所公论”，这就是“南开精神”。所谓“南开精神”就是于“当今学术竞争之世界端在注意学识”，要有好胜之心，要“勉励自克”，“藉资上进”。

12 月上旬　南开学校拟开展社会实际调查，“以我国近日各种情形，作实地之实验，以备投身社会时，持有实据，于筹备改良各事业，得以有所遵循”。张彭春被聘为顾问。

1917 年

2 月 4 日　在欢迎新同学大会上发表演讲。

3 月 21 日　南开学校实行“革新政策”，宣布“之后专门部不再招收新生”，“仅就固有发达之”。

6 月 17 日　张伯苓与张彭春约严修、范源廉、王景春等晚饭。

7 月 12 日　张伯苓与张彭春应严修邀在第一饭店吃西餐。

7 月 22 日　应卞俶成邀，张伯苓、张彭春、严修等在德国饭店吃晚饭。

7月23日　在会宾楼，张伯苓、张彭春赴林墨青客筵。

7月24日　上午，在劝学所讲“小学教育史”，后与张伯苓、严修等赴李琴湘宴。

7月25日　上午，继讲“小学教育史”，午与张伯苓、严修、陈宝泉、马千里等饭。

7月26日　上午，继讲“小学教育史”，讲毕，严修与张伯苓、张彭春晤谈。

7月29日　张伯苓、张彭春赴严修邀，在严宅午饭，同座有李琴湘、陈宝泉、刘竺生。

8月7日　张伯苓启程赴美国研究教育，张彭春代理校长。

10月26日 天津《大公报》报道，南开学校因被洪水围困，先迁至天津青年会东马路会所上课，后迁至河北公立法政学校上课。

11月　黄炎培到南开中学调查该校职业科情况，张彭春接待并介绍学生第四年分科情况及各科课程设置，同时设有职业顾问教师，根据学生家庭情况，功课优劣，志愿之属何种职业，“迨学生欲选择职业时，得就此教师商量”。

1918年

1月　收到张伯苓自美国来信，关心水灾劫后学校情况。

10月10日　南开新剧团排演张彭春创作的新剧《新村正》。

10月17日　南开中学举行十四周年纪念会，张彭春演讲。

12月4日　携带该校全体兵操照片及校旗、国旗启程赴日，迎接自美国归来的严修、张伯苓等人。

12月14日　与南开、水产两校留学生至横滨码头迎接严修、张伯苓一行。晚与严修、张伯苓等宿东京新中学舍。

12月16日　下午，来见张伯苓、严修，谈至晚6时。

12月17日　与严修、张伯苓等在新中学舍同南开、水产两校留学生合影。

12月18日　与严修、张伯苓等参加南开留日同学会活动。

12月19日　与严修、张伯苓等乘车前往横滨。

12月20日　与严修、张伯苓、范源廉商讨建立南开大学事。

12月21日　到汉城(今韩国首尔),住朝鲜旅馆,向张伯苓等人介绍旅馆有活动电影。

12月23日　下午,车过锦州,望见塔城,夕阳在山,张彭春说,"真是一幅好中国画"。

12月24日　车到天津老车站,南开教职员及全校学生一千多人前来欢迎。

12月26日　应张彭春之邀,张伯苓、严修、陶孟和在南开学校观看学生演习兵操。

1919年

1月5日　与张伯苓、范源廉、孙子文、李琴湘等赴严宅"会商事宜"。

1月11日　直隶教育厅长王章祜宴请严修、张伯苓、范源廉、李琴湘、张彭春等人。

1月17日　严修在南开学校与张伯苓、张彭春商事。

1月31日　张伯苓偕张彭春、华午晴、马千里赴北京参观几所大学的新建筑,以备筹建南开大学参考。

2月2日　与张伯苓、严修、孙子文等赴李琴湘家。

2月4日　张伯苓与严修、张彭春、马千里、华午晴商筹大学事,决定成立大学筹备课,张彭春为主任。

2月10日　张伯苓正式接任南开学校校长。

2月20日　出席张伯苓召开的教育研究会议。晚,赴张伯苓邀在真素楼晚饭。

3月26日　南开学校教育研究会开会,张彭春作报告。

5月29日　与严修、黄郛、张伯苓前往天津青年会看望来天津的胡适。

6月6日　张伯苓、张彭春前往北京祝贺梅贻琦与韩咏华的婚礼。

6 月 14 日　应南开学校救国团之请，代张伯苓演讲，“识高见远，谠论箴言，惠我侪不浅”。

6 月 24 日　由天津赴上海，再由上海前往美国研究教育。

二、南开大学教授、中学部主任、女中部代主任（1926—1929）

这是张彭春第二次留学回国后在南开的机遇期，是一个有关键意义的时刻，他完成了从海归到学者的蜕变。他是一个在而立之年刚刚完成《中国教育之现代化》博士论文的年轻人，踌躇满志地回到南开，是道义和担当让他以自己的教育理念为南开梳理成现代性思想的另一种脉络。

张彭春是 1923 年初回国的。在工作尚未确定之前，张伯苓安排他任南开大学教员，他的夫人蔡秀珠为南开中学教员。张伯苓设家宴请他们夫妇。张彭春将他的哥哥与中华教育改进社的黄炎培、郭秉文、陶行知做了比较，认为张伯苓“比他们正直些，不如他们灵活些，宣传更不如他们”。在这无波无澜的日子里，张彭春急切地想实现他的抱负，逾越南开教育的“高墙”。《南开周刊》报道说，他“拟于学期试验其对于中等教育底改革，得有良好成绩，再供诸全国。现先生除调查全国各校情形外，更与大学部学生及中学部各教员研究两种问题，一为中学课程问题，一为中学训育问题”。张彭春对于中国中等教育的立论从来没有孤立于时代语境之外，他是基于民国中等教育整体版图的参照系审视其发展局限性的。张彭春认为，中学教育应当根本改革，仅仅批评不能解决任何问题。他不希望教育前沿的人们思想和感觉钝化与退化。他想以南开中学为“试验田”，为南开教育开启范式转型补充一个新的维度。这种批判精神是极其宝贵的，南开教育的发展必须具备批判的能力，一种负责任的批判、反思性的批判。张彭春开了个好头。但是，他的“宏伟”构想，张伯苓和喻传鉴都较为不屑。张伯苓深知，私立南开办学戛戛乎难哉，经不得风吹草动。他对张彭春说：“现在南开中学的教育现状已经为人称许，又何必大的改革？”“然小改进一定受欢迎也。”喻传鉴也认为，“在一制度做到好处以前，何必再换一制度”。张彭春在日记中怅然写道，他同张伯苓和喻传鉴“谈过中学试验的事,没有什么效果。他们仍旧按照老章程预备明年的办法”。他与张伯苓虽是同出一脉的兄弟,但两人的气象、格局、抱负、价值取向不尽相同。

改革是教育的刚需。张彭春将对当下的一种不满与对未来的憧憬投射到南开现实中,想以自己的教育理念为杠杆撬动南开。他有着坚持改革南开教育的内在驱动力。他没有意兴阑珊,也没有沉浸在无力感里。他说不通别人,但能安抚自己,重回稳定的从容。在 3 月 30 日的日记中他承认:我不应期望收效太早,我自己的主张还没有到一个具体的建议,哪能责备人不按着我的主张去行。他们不敢靠我时常在此地负试验的责任。试验如果不成功,谁来接续往下做?他们自然有他们的理由。所以还不许生烦。这半年,若能帮助些青年有一点新眼光,那就算是成绩。这是张彭春对焦灼的豁达态度。

张伯苓对于张彭春的劝谏是经过深思的。他建议张彭春第二年到各处参观,然后选择几处思谋进步的学校去辅助他们。但没有等到第二年,清华学校的曹云祥校长即写信给陶行知,要从中华教育改进社借调张彭春。张彭春分析了到清华去工作及人事关系,认为黄炎培与郭秉文对其在清华的工作影响明显,他觉得应该与胡适加强联络,与张伯苓保持关系。4 月 12 日,他向他的哥哥表示拟去清华,以此作为自我救赎的指引。张彭春就要离开南开了,张伯苓见自己的弟弟略有“愁态”,即用《论语》的“吾未见好德好色者也”告诫他。这种信任共识使张彭春顿感醒悟,他在日记上写道:“戒我这句话,完全看自己的诚意如何。”他没有走进能力支撑不起梦想的颓唐,他的日记里写满了自律、自控的话语。他深深感到,永远将希望寄托在别人身上的人最后只会失望。他坚信人的活络就必须走出局限思维,他决心要为南开文化图景拼上施加影响的拼图。

台湾学者刘蔚之在《教育学者张彭春的思想演进及其对〈世界人权宣言〉之锻造(1923—1948)》一文中认为,张彭春由 1923 年学成回国至 1937 年出国宣传抗日之间,共有 58 篇文章,其中讲演录 49 篇,占比为 84.5%。他认为,张彭春“返国后在清华、南开等校任教约二十年,学者时期的他看来相当平凡”,“受到的注意有限”,“留下来的教育著作也绝大多数是演讲记录，质量都不太高”。

张彭春的作品流量不算高虽是实情，但在南开内部不是小众，而是举足轻重。

时代是思想之母。从南开而言，张彭春对于南开中学教育改革和南开大学教育理念的提升都功不可没。他的博士论文中西汇通，凝结着中西文化的精华，他没想中的中等教育很个性，充满着张力和情感的流动。他的讲演录也不是泛泛苍白无力的套话，而是针对了当时教育的偏颇和弊端的有感而发。他提出“开辟经验”原则，制定《南开中学课程纲要》和《天津私立南开中学一览》，凝练《南开大学发展方案》教育方针，不仅为南开教育改革之争提供了背景深度和意义，而且在其表达和构建的世界观中，让南开教育在教育现代化的接力棒上得以升华，从而建构起一种反映学校文化性格乃至社会主流价值观的文化生态，是一种向上的力量，是给予人们很大思索空间的一次学术拓荒，成为理解转型时代南开教育的一种参照。

张彭春经历了一个学术氛围火热的年代。1927 年 6 月 21 日，南开中学召开学校工作改革讨论会，研究进一步改革南开教育。讨论会连续开了十天，参加者有四十余名师生，包括张伯苓、张彭春、喻传鉴、华午晴、黄钰生、雷法章等，及学生万家宝（曹禺）、杨肖彭、乐永庆等。张彭春作了题为“‘开辟经验’的教育”的主题报告，让人感到了扑面而来的新时代气息。张彭春的主题报告展现出新的知识库存，第一次完整地提出和表述“开辟经验”教育思想，这是具有里程碑意义的。这是有关中等教育的有重大意义的判断，其中不乏标志性论点，是他一生黾勉从事最有价值的思考，带给人们很多新的灵感和启发。尤其对南开中学二十余年教育思想，是一个不可或缺的总结，并且是切中南开教育的肯綮，是在转型时期根据国外先进中等教育经验的最新概括。这为南开教育带来积极变化的潜力，并把科学方法和民治精神视为两大支柱，提出走出课堂，在实践中求得真知，凸显了南开教育培养现代化人才的终极目的。

1929 年 10 月 17 日发布的《南开中学课程纲要》指出，各学科的教学原则应合乎：“（1）社会的需要；（2）个人的需要；（3）动作中所感到的需

要;(4)学科进程步骤的需要。”在具体的教育工作中提出“特别注意五点”:

> (1)注重实地观察,使学生自己求到活的知识,并以养成其科学的观念。
>
> (2)注重动作。凡一切学科都是帮助动作,使所学得与实际生活发生关系。
>
> (3)注重童子军训练,以养成其勇敢、服务之精神。
>
> (4)注重团体组织,以养成其民治的精神。
>
> (5)注重生活技能。

最主要之目标,则为培养学生使之有适应现代生活及解决实际问题之能力。

同时发布的“南开学校学生训练之目标、原则与计划”,明确规定了南开学生教育的价值取向。在“训练之目标”中特别强调,训练目标必须合乎社会环境及社会需要,并且明确提出,中国最感缺乏者是有“现代能力”之青年。所谓现代能力者,即科学知识与民治精神。科学知识的目的在于充实个人之基本能力,启发其创新思想,发挥其生产技能,所提倡的科学精神尤注重“亲身到过”“亲眼看过”“亲手做过”。至于民治精神,则必须使学生努力参加社会活动,尤其是“开辟经验”活动。

台湾学者刘蔚之特别给予张彭春的“开辟经验”(Expansion of Europc)很高的评价,认为“开辟经验是产生科学与民主这两项现代化精神特征的主要环境”。

要使学生在所处环境中得到三种开辟经验的锻炼:锻炼个人能力的开辟经验:在思想方面,要养成能有创造的精神;在身体方面,要养成能有敢冒险能耐苦的精神;在感情方面,要培养学生和大自然相融合的美趣。锻炼团体生活的开辟经验。锻炼生产技能的开辟经验。

张彭春把他的思考全集中于中等教育思想上,润心铸魂,开拓创新,这对于南开教育范式向现代化教育转型具有重要的启发意义。

孟子云:“大人者,不失其赤子之心。”1928 年春,《南开大学发展方案》得以制定,张彭春是重要参与者和思想提供者,这奠定了他一生对南开大学的奉献基调。

20 世纪二三十年代,是南开大学发展的标志性时期,也是南开教育活力张扬、创造性流光溢彩的年代。《南开大学发展方案》明确提出:“中国大学教育,目前之要务即‘土货化’;土货化者,非所谓东方精神文化,乃关于中国问题之科学知识,乃至中国问题之科学人才。”南开,“即以中国历史、中国社会为学术背景,以解决中国问题为教育目标”,“吾人为新南开所抱定之志愿不外‘知中国’、‘服务中国’二语”。从而将西方教育的价值模式因地制宜地内化为中国化的价值认同,实为南开大学教育的指南针,也是南开大学现代化的成年礼,开创了南开大学“自省意识”和本土性视域的觉醒,构建起以学术为导向的大学治理体系的初步认知。这不仅创造性地开辟了中国式现代化南开大学的办学路径,也为自主创新民办大学教育锚定了前进方向,而且表达了中国高等教育对“全盘西化”的反思及其教育理念的现代构建。

附:张彭春年谱事略(1926—1929)

1926 年

2 月　辞去清华学校教职,返回南开,任中学部主任,兼南开女中代理主任,并在南开大学兼课。

3 月 29 日　本日出版的《南中周刊》报道:“张仲述先生前任清华教务主任,继因受排挤辞职来津,现居校内四斋五排。”

3 月　张彭春夫人蔡秀珠为南开中学新职教员。

5 月 2 日　严修来南开大学,与张伯苓、华午晴、伉乃如等午饭。

5 月 15 日　南开学校组织筹款委员会,委员由张伯苓、伉乃如、邱宗岳、张彭春、喻传鉴五人组成。

9 月 15 日　天津《大公报》报道,本学期,张彭春由清华回到南开,任南开大学教授，讲授戏剧及中等教育。

9月27日　南开中学决定本学期自编教科书，其中张彭春与英文教员负责编定高一英文读本，初三英文读本。

9月末　参与南开学校“筹备二十二年纪念诸事”。

10月15日　陶行知来南开学校，张彭春引导参观。

同日　严修来南开中学与陶孟和、张彭春久谈。

11月7日　参与天津学术演讲会成立，被聘为顾问。

11月20日　张伯苓召集南开大学教授张彭春、蒋廷黻、何廉、黄钰生及中学部喻传鉴接待来访的范源廉和梁启超，并听范源廉作有关“全国教育经费之筹措”问题的演讲。

11月22日　出席中华教育文化基金董事会社会调查部主任干事陶孟和与中华教育改进社主任干事陶行知与南开大学社会视察委员会座谈会，商议“本校进行方针”。

12月4日　美国斯坦福大学校长威尔伯博士来南开大学，就中国科学教育问题举行座谈会，张彭春参加讨论。

12月28日　与喻传鉴出席南开中学社会视察委员会会议，讨论本学期结束事宜，及下学期进行方针。

1927年

5月26日　张伯苓在南开中学高级集会上宣布学校下学期教育改革事宜，其中介绍：“本校张仲述先生对于中等教育最有研究，其博士论文《中国教育之现代化》(*Education for Modernization China*)一文，曾具体提出种种方案，谋教育现代化之实现。对于此次彻底改组，已有相当之设计。”

6月20日　南开中学工作改革讨论会成立，由张彭春及黄钰生对会上提出的改革问题进行分类、统计，作为与会人员讨论之背景。

9月5日　在南开中学开学式上，作《如何可以使学校工作得较高效率》的演讲。

10月17日　为纪念南开学校建校二十三周年，原定晚上演出由张彭春执导的易卜生《国民公敌》,被天津镇守使署勒令禁演。

10月21日　出席张伯苓主持的南开中学校务会议第二次会议,讨论学科委员会、训练委员会、事务委员会等组织办法。

1928年

1月　任南开中学主任。张彭春认为,能力薄弱,对于所谓“行政职务”,“兴味极不浓厚”,后始答应“只愿担任代理主任”。他说:“我要‘代理’二字,因为内含暂时性及试行性。”

2月10日　张彭春在南开中学开学典礼上作报告。

2月16日　在南开中学高中集会上演讲,提出本学期要提倡三种生活:一是艺术的生活;二是野外的生活;三是团体的生活。

3月23日　执导易卜生名剧《刚愎的医生》,由南开新剧团在南开中学礼堂演出。

10月17日　南开新剧团演出趣剧《千方百计》及易卜生的名剧《娜拉》,“最佳者是两位主角万家宝君及张平群先生,大得观众好评”。

11月22日　南开学校教职员举行联欢会,欢送张伯苓赴美国。

12月8日　列席南开校友会筹备委员会第一次会议。

12月14日　张彭春、颜惠庆等到车站送别张伯苓。

1929年

2月21日　主持南开中学开学式并演讲,主张“有生命有机体之教育工作,故有对已往之必要,而得将来之规划也”。

教务方面强调“将注意能力分组试验及课本之研究”,希望学生“求学贵自知”。关于团体生活,强调学生参加学校的各项组织;关于艺术生活应该自己努力;关于室外生活,提出“到室外去”。

3月19日　南开学校董事会开会讨论追悼严修事宜。会议决定3月31日在中学部礼堂召开追悼会。确定张彭春为联络员。

3月24日　鉴于中学初级一、二年级智力不齐,将国文、英文、算学等重要功课,按智力强弱,分级教授。

3月31日　天津教育界在南开中学开会追悼严修。张彭春致悼词。

5月2—3日　陪同教育部调查员谢树英来南开大学视察。

5月28日　代表南开学校参加南京孙中山奉安大典。

6月16日　南开学校董事会在中学部召开例会。张彭春列席会议。

6月29日　主持在南开大学秀山堂举行的大学部第7次、中学部第22次、女中部第2次毕业式。

9月3日　主持南开中学开学式,并作报告,谓中学阶段(12岁至18—19岁)为人变迁最多之时期,生理、心理、精神各方面,莫不皆然,各国对此段教育非常注意。

9月22日　张伯苓回国,抵达天津站,张彭春等登车会见。

9月28日　与张伯苓、伉乃如等赴北平参加南开校友会北平分会欢迎会。

10月4日　与张伯苓等与美国克伯屈、阮芝仪共进午餐,并陪同克伯屈一行参观南开中学。

10月5日　与张伯苓至宾馆为克伯屈送行。

10月17日　南开学校举行建校二十五周年校庆。在校师生代表张彭春致词,谓:“自首次开学至现在,忽忽已二十五周年,追忆第一次开学之情形,与今相差太远。我校此二十五年中,所用方法皆可谓‘穷试验’,但此穷试验中,确得有相当效果,希望今后仍继续此种方法,以朝下二十五年之成功。”

11月8日　张伯苓为张彭春拟赴美国,致电檀香山卡特。

12月10日　张伯苓举行欢送张彭春及司徒如坤赴美国大会。

12月12日　张彭春偕司徒如坤乘船赴上海,转程赴美国。

三、南开大学教授、南开中学代主任、南开新剧团副团长(1935—1937)

20世纪30年代中期是南开学校艰难的发展时期。日本继侵占我国东北之后，更加肆无忌惮地大举向华北进发，北平、天津危在旦夕。张彭春是从檀香山大学讲学之后于1932年2月回到南开的。根据中苏文化交流协议，京剧表演艺术家梅兰芳拟赴苏联演出。早在1934年6月，梅兰芳就询问张彭春的近况。1935年1月25日，梅兰芳明确提出邀张彭春一同前往。行政院秘书长诸民谊及外交部次长唐有壬本日均电张伯苓请其予以支持。张伯苓立即允张彭春停课两月赴苏。1月29日张彭春电告梅兰芳同意偕行赴苏。梅兰芳此次苏联演出获得极大成功。张彭春回校之后几次报告《苏俄教育状况》《共产主义哲学背景》。

这一年，张彭春以更多的时间舌耕讲坛。他是哲学教育系教授，主讲教育学，同时还是英文系兼任教授。中等教育不仅是课堂教学内容，而且依然是他期待的，他始终关注中等教育的进展，把中等教育的改革视为一种情怀和担当。早在1932年春回到南开后，他作为南开中学代理主任即对中国中等教育发表意见，认为“现代中国青年有三种弱点，即：1.思想空虚，2.行动无纪律，3.感情上无艺术宣泄。针对此三点，认为学校应多予学生以手的工作，眼的工作，知的工作，并给以健康锻炼，团体锻炼，艺术锻炼”。以逐渐克服上述弱点。所谓“手的工作”，即通过手的劳动，改变物质环境；“眼的工作”，即通过眼睛观察社会，多看实物、照片；“知的工作”，是要使学生多了解现代知识。同时锻炼强力之健康体格，训练学生的团体意识，提供艺术生活，使学生感情方面得到适当宣泄。他计划该政策通过后，即努力着手进行。1932年9月，《南开学校健康训练实施大纲草案》发布实施，明确了健康训练的重要性、意义及范围，指出“健康训练”为本校独用之名词，内容包括“卫生教育”及“体育教育”二科。在“卫生教育”方面，特别提出了“性教育”的重要性以及种种具体实施措施。这是对于中学生健康教育的独创性举措。1935年2月末，他还与张伯苓、梅贻琦、李书华、李建勋、查良钊等联名致函天津《大公报》，深盼教育当局增进中学教学效率，并注意青年学子的健康问题。3月上旬，他又与梅贻琦、李书华、陈衡哲、查良钊、杨石先等联名向教育部提出《为请修正中学算学课程标准建议书》。

铭刻的记忆,伴着书香而来。话剧依然是他钟情而不离身的老本行。他与曹禺及南开新剧团合作,从传统中汲取能量,给人以身临其境的时代感,再度把天津话剧演出推向高潮。每当执导起话剧,他都立即提振起精神,威严的面孔,滔滔不绝的说教,可知其绝俗自高之致,非流辈所能及者,即使是跻身于那个时代的师生中间,也依然难以掩饰他身上那独特的光芒,远超旁人数十倍的能量。1935 年万家宝(曹禺)改译莫里哀名剧《财狂》,仍由张彭春导演,万家宝(曹禺)饰主人公韩伯康,鹿笃桐扮演韩绮丽,布景置图仍是著名设计者林徽因女士。12 月初该剧演出,在南开大学、南开中学及天津市内等八处售票,很快出售一空。《财狂》一剧惊艳平津。虽然不是流量时代,但在媒体引起现象级轰动。天津《益世报》和《大公报》都以"专号"报道。《大公报》还以"《财狂》在张彭春导演下,演出大成功。舞台设计非常完美;演员表情均极认真,万家宝、鹿笃桐最受观众欢迎"为题,连载记者的评述。

1936 年华北局势处于兵凶战危、兵燹丛生的前夜,风鹤时惊,国危累卵,张彭春忧心忡忡。他以美国大学的优美环境做对比考虑,深感南开大学应该未雨绸缪。他通过他的夫人透信给他的嫂嫂,让他的哥哥早做预谋。张伯苓为之惊醒。他一方面督促喻传鉴加紧赶办重庆南渝中学工程,3 月派南开经济研究所鲍觉民、谷源田、叶谦吉和次子张锡羊四人前往四川成都筹建南开大学成都分校,另一方面商请朋友谭熙鸿在南方寻觅校址,他还致函厦门大学校长萨本栋商请借校异地办学的可能性。

1937 年 7 月末,南开大学、南开中学惨遭日本侵略军炸毁时,张彭春还在天津。8 月 12 日,他化装成商人搭乘开滦煤船逃往南方。从此,张彭春逐渐离开南开,按自己的节奏,开启辽阔而炽热的生命体验。

"久留非可意,欲去犹缱绻"。直到晚年羁旅美国的张彭春仍然有着浓浓的乡愁,执念南开,怀念长兄如父的张伯苓。他在即将关闭生命之门前,还到世界基督教青年会档案馆查阅张伯苓的资料,1956 年写下《南开是怎样创建的》,证明了经典价值所在。1957 年 7 月 19 日因心脏病突发,张彭春去世。

哲人已去，清韵犹存。这位“著名的天津之子”的一生虽然短暂，却不是一个简单的直线能够概括的。晚年在起草联合国《世界人权宣言》中的贡献更是显性地让他“再生”的另一种依据。我们应该用连串感叹号表达对他的赞誉。

今天属于张彭春。他的名字，在很多南开人的记忆中依然鲜活，他是南开教育史上永远无法磨平的印迹，他镌刻在南开的时代发展中，且在渐行渐远中愈发耀眼。

附：张彭春年谱事略（1935—1937）

1935 年

1月3日　张彭春与张伯苓应邀出席中华儿童教育社上海社友第48期读书会。

1月25日　梅兰芳受邀拟赴苏联演出京剧，电邀张彭春同往。国民政府外交部亦致函张彭春“加以援助”。

同日　行政院秘书长诸民谊致电张伯苓云：“令弟仲述先生现经外（交）部聘往苏俄考察戏剧，梅畹华（兰芳）君盼其同行，嘱电速驾，望惠许为盼。”

同日　外交部副部长唐有壬电云：“中俄文化事业合作事关重要。令弟仲述先生研究戏剧艺术教育极为深造。现外交当局与颜大使商定请其赴俄调查戏剧，已由外部函聘，公文即发，专此奉闻。请代为速驾。护照已代为请领，请将照片寄京为盼。”

1月29日　张彭春复电梅兰芳。梅当即回电：“尊电敬悉，辱承金诺，领导此行，至深感幸。我公于教务繁难之际，允予拨冗一行，想见我公维护艺术之热诚，匪特兰个人私幸已也。护照请领书，乞填就即日寄下，以得赶办，并乞代谢伯苓先生为祷。临电欣跃，鹄候命驾。”

2月10日　南开学校校友会为张彭春偕梅兰芳赴苏，并指导表演工作举行欢送饯行会。同时委托张彭春借赴京、沪之便向两地校友助推“三六”募捐活动。

2月28日　张彭春与张伯苓、梅贻琦、李书华、李建勋、查良钊等联名致函天津《大公报》,深盼教育当局增进中学教学效率,并注意青年学子之健康问题。

3月11日　与梅贻琦、李书华、陈衡哲、查良钊、杨石先等联名向教育部提出《为修正中学算学课程标准建议书》。

5月19日　在欢迎随梅兰芳剧团访问苏联回校的集会上,报告访苏经过及感想,"希望国人者有三点:一,现代能力之增进;二,民众教育之努力;三,国内学术的平均发展","盼各地校友,本复兴民族牺牲精神,努力参加建国工作"。

7月13日　在北平对记者谈南开大学移交政府办理一事。

10月31日　与张伯苓乘车离津赴京,参加金陵大学二十周年校庆。

12月9日　由张彭春导演,林徽因舞台设计,曹禺等参演的《财狂》演出,大获成功。

本年　列名南开大学幼儿园委员会,在该校设立幼儿园,并捐款和玩具。

1936年

10月23日　梅兰芳一行参观南开学校,拜访张伯苓、张彭春兄弟。张伯苓在南开中学范孙楼宴请梅兰芳与剧团二十余人,张彭春、黄钰生及南开中学主任作陪。后梅兰芳等人在张彭春陪同下参观校舍和南开菊花园。

本年　在英国各大学任中英交换讲学教授,曾在剑桥、牛津、爱丁堡等十所英国大学演讲十几场。讲稿汇集出版了英文版的《中国在十字路口》(*China at the Crossroads*),书中有他"中国怎样才能现代化"的论述。

1937年

2月6日　与张伯苓在南开中学校友楼请颜惠庆午饭。

2月28日　南开校友会天津分会举行春宴大会,到会校友及来宾达千余人。张伯苓、张彭春、张祝春兄妹分别讲话。

3月7日　南开校友会南京分会成立大会，与张伯苓参加。

本月　赴香港，在欧美同学会演讲《华北情势》。

4月30日　张伯苓及南开校友到机场欢迎来重庆的张彭春。

5月15日　与张伯苓由重庆乘机飞武汉。

5月23日　与张伯苓搭沪平通车返津。

5月27日　参加张伯苓宴请吴芷洲。

7月末　日军炸毁南开学校时正在天津。

8月12日　离开天津。

（为纪念张彭春诞辰130周年而作。2022年1月22日于美国休斯敦）

作者简介：

梁吉生　南开大学教授，南开大学校史研究室原主任。张伯苓研究会、严修研究会顾问。四十年来独立编辑或与他人合作出版了《张伯苓年谱长编（三卷）》等张伯苓研究著述17部，参与涉及张伯苓的著述10部，撰写有关张伯苓的学术论文及相关文章六十多篇。被誉为“研究张伯苓第一人”。

受到国家和教育部、天津市、山东省乃至华东地区以及中国高等教育学会、全国高校校史研究会和南开大学的学术奖励。中国高等教育学会授予“从事高教工作逾三十年高教研究有重要贡献学者”。其中有的著作获得“中国国家图书奖”（提名），或得到国家领导人的肯定。

张彭春:向细菌宣战,向敌人学习

张鉴灏

一

中国杰出的教育家、外交家、戏剧家张彭春在1946年于伦敦召开的联合国第一届经济社会理事会一次会议上以“向细菌宣战”为题进行发言,现在已经很少有人知道。

2019年以来,新冠肺炎病毒带来的全球性疫情灾难,至今仍未终结。世界卫生组织总干事谭德塞曾在疫情暴发期召开的突发事件委员会上表示:“新冠肺炎大流行是百年一遇的全球健康危机,其影响将持续几十年。尽管疫苗研发正在以创纪录的速度进行,我们仍需学习与病毒共存,用现有工具抗击疫情。”

美国前国务卿基辛格也在《华尔街日报》上评论说,新冠肺炎大流行将永远改变世界秩序与世界格局,甚至人类的命运。世界面临“百年未有之大变局”。

美国兰德公司研究员弗朗西斯·福山认为,人们的“注意力会迅速从疫情本身转移到疫情所带来的经济损失上。如果没有一个相对开放的经济秩序,人们会迅速转贫,甚至会食不果腹。我就用食物来举例子吧,很多国家食物无法自给自足,如果国际贸易停滞,人们就会因饥荒而死。所以我想这样的现实就会迫使人们意识到,全球化中至少一部分在维持他们所希望过的生活方面是非常必要的”。

弗朗西斯·福山认为:“危险远远多于机遇。在改善政策和机构机制方面,疫情可能带来机遇,但是当下危险要严重得多,因为当人们恐惧,当他们在经济层面感受到威胁,就会倾向于负面的心理状态甚至仇恨。”

更何况,全球疫情未已,地区战争又起。

这就是为什么有人会担心人类在诸多方面都不可能回到从前的原因。然而,我们为什么非要回到从前呢?为什么不积极反思,大胆构想,努力合作,以“从前种种譬如昨日死,从后种种譬如今日生”的态度,应对当下的种种挑战?值得注意的是,任何一个国家都无法独自解决这些全球性问题。我们的当务之急,是重建人类的全球认同,全球合作,这或许就是人类的新故事。

2022 年 4 月 28 日,北京师范大学、香港浸会大学联合各方举办了一场以“疫情对国际秩序演变”为主题的学术研讨会,从侧面凸显了新冠肺炎疫情对国际秩序带来的影响。在会上有两点被强调。一是随着新冠肺炎疫情的暴发,现阶段联合国的基础作用被进一步削弱。二是受全球疫情波及,部分西方国家也再度筑起贸易壁垒,全球贸易格局或被重塑。除此之外,疫情防控的方式差异,也造成了世界的局部割裂。

这一切,让我们意识到了这场全人类参与的战争早在 76 年前就已开始。然而欲深刻理解和有效解决上述问题,则有必要回顾张彭春当年在联合国经社理事会的睿智表达,并感悟其世界思想。

二

张彭春,名彭春,字仲述,以名行,1892 年生于天津。张彭春比他的兄长张伯苓(著名爱国教育家,南开系列学校创办人)小 16 岁,是家里最小的孩子。他 7 岁(1898 年)入私塾开蒙,13 岁(1904 年)入“私立中学堂”(南开中学前身),开始接受新式教育。1908 年,17 岁的张彭春作为南开中学第一届学生毕业,同期毕业的还有梅贻琦、金邦正、陶孟和等。

1910 年,张彭春考取清华第二届“庚款”留学生,同胡适、竺可桢、赵元任等 71 人赴美深造。1915 年,张彭春获哥伦比亚大学文学硕士及教育学硕士学位。1919 年，参与创建南开大学后，张彭春再次赴美深造，进入哥伦比亚大学研究院，师从著名教育家杜威，攻读博士学位。1923 年 3 月，张彭春受聘为南开大学教授。9 月初，张彭春任北京清华学校教务主任，为清华学校改办大学制定计划并着手实施。

1937 年秋初，张彭春应国民政府聘任去英美等国宣传中国抗战，争取外援，先赴瑞士日内瓦与中国驻国际联盟代表洽谈。1942 年 8 月，张彭春去土耳其赴特命全权公使任。

张彭春是早期南开学子的代表，他有着扎实的传统国学底蕴，又吸收了欧美现代的思想与理论体系。他一生都在做着让中华文化在世界层面融合，让传统与现代文化在社会层面融合的努力。

1946 年，张彭春在重庆南开中学发表讲演，题目是“什么是现代化”。其中有一段话精辟地概括和评价了自己的生平。他说：“个人三十年来，有时致力于教育，有时从事外交，有时也研究戏剧，表面上看起来，似乎所务太广，其实一切活动，都有一贯的中心兴趣，就是现代化，也就是中国怎么才能现代化。”

同年，联合国大会第一届会议在伦敦召开。张彭春作为中国四位正式代表之一（另三位为首席代表顾维钧及傅秉常和钱泰），被派前往参加。大会期间，张彭春被任命为经济及社会理事会常任代表。1 月 23 日，联合国经济及社会理事会成立，在召开的第一届会议上，张彭春发表了著名的讲演《一种新的忠诚》。他指出：“联合国作为一个活的机构，必须在世界各国人民身上实现并培养新的忠诚。希望通过经济及社会理事会推动的建设性合作活动，能够产生和培养这种新的忠诚。……通过合作努力解决共同问题，各国人民才能实现真正的相互理解。正确的观点和比较的方法可以使我们更好地理解彼此为改善我们的状况所作（做）的努力。”张彭春还引用中国思想家孟子的话——“以善服人者，未有能服人者也；以善养人，然后能服天下”，并提出“以善养人”应成为本理事会的职能。

三

在 1946 年 2 月 7 日的联合国经社理事会第一届第 5 次会议上，张彭春第一个发言并提出召开世界卫生大会的议案,建议“建立一个世界卫生组织”(World Health Organization),最后大会通过《关于召开国际卫生会议建议的决议》。同日,张彭春又作了一次大会发言,发言的题目是“向细菌宣战”。

发言全文如下——

通常,讲一些显而易见的事显得乏味和失礼,然而我要讲的两点意见却是适宜的。首先,我们悲哀地看到,各国在战争时期的合作要比和平时期好得多。在近几个月,甚至可以说近几个小时里,一些场合提醒着我们这种悲哀的事实。所以,主席先生,在提交这项召开世界卫生大会的议案时,我感到我实际上是在提交一份新的宣战书,一场消灭导致世界上的疾病和瘟疫的细菌的战争。这场战争不是针对人类自身,而是针对人类的共同敌人。总之,一场新的战争已经在这里提出,我们将宣战,并用血、汗、泪去进行战斗。此外,我们真诚地希望,作为这场战争的成果,我们在近期实际战争中经历过的合作精神能够为真正赐福予人类而继续光大。

我的第二点意见是,在战争中,我们常常学到我们所反对的敌人的品质。在这个特别的时刻,我们不得不再次悲哀地承认,我们现在仍然因为有意无意地从我们的敌人那里学到的一些品质而遭受着痛苦。其中一些品质是完全不能接受的,必须努力消除。至于我提出的与之进行战斗的敌人,即导致疾病的细菌,我们则可以从它们那里学到一些东西。这些东西不仅不是不能接受的,反之甚至对我们很有帮助。我的意思是,细菌完全没有任何人为的国家界限的偏见,它们往来于各处不需要护照、签证,也没有海关的屏障。它们也没有民族自尊和区别的意识。我们只有在没有国界限制的情况下才能把这些敌人从一个地方追踪到另一个地方。在这场战斗中,我们是否可以从这些敌人那里学到它们不那么注意国家间区别的优点?

主席先生,我相信您不会认为我提出的意见是轻率无礼的。这些意见是严肃的,非常严肃的。希望在通过中国代表团提出的这项议案的过程中,我们将通过对细菌的宣战增进国际合作。此外,我们也可以在不过多地沉湎于国家的傲慢与偏见方面向我们的敌人学习。

张彭春一贯主张世界与人类的共识应建立在普世价值之上,中国的普世价值观是非常重要的标准。而中国的哲学思想和儒家学说也是世界文明的宝藏,早已为除亚洲学者外的欧美哲人所倾服。19 世纪的西方虽然走向狭隘之路,并以自我为中心,但经过第二次世界大战,人类应以更博大的眼光和跨越种族国籍的团结来看世界性的大问题。

随后,在联合国经社理事会第二届第 2 次会议上,张彭春发言再次强调:"我们都认为,联合国作为一个得到世界各国人民支持的组织,应该为全人类的福祉采取具体措施、积极措施和建设性措施,这是联合国将要做的建设性事情之一。正如我当时有幸在伦敦提出的那样,这是一场对抗微生物的战争,我相信我们会像在所有战争中一样进行合作。而且,无论敌人走到哪里,我们都要追踪到哪里,不要过多地看重人为的国家界限。"

如同张彭春在起草《世界人权宣言》时融入中国的哲学思想和儒家学说一样,他此次发言也充满了中国智慧。例如,因为"细菌完全没有任何人为的国家界限的偏见",我们须"向我们的敌人学习"。

"向敌人学习"的思想,有着深厚的中国传统。春秋时期的圣哲鬼谷子有七十二术,其中第六十九术为"以敌为师"——"效之于人,验去乱之前,吾归于诚已"。战国时,赵国在与北方胡人的军事摩擦中屡屡挫败。赵武灵王即位后,发现胡人之紧身短袄便于起居狩猎,作战时使用骑兵,弓箭便于灵活机动。于是赵武灵王力排众议,倡导以敌为师——"着胡服,习骑射",终于克敌制胜。公元 1 世纪中叶,史家班固在《汉书·江充传》中写道:"因变制宜,以敌为师。"以至晚清魏源在《海国图志》中说:"师夷长技以制夷""不善师外夷者,外夷制之"。

张彭春在发言中说,把细菌"从一个地方追踪到另一个地方"。如果不运用中国智慧,则很难理解这句话,还会引起误会。其实,中国中医对细菌病毒不讲歼灭而讲究调动。美国汉唐中医学院院长、加州中医药大学博士班导师倪海厦就曾指出，中医治疗瘟疫的方法是将人体内的外邪病毒往外排。他说，如果你不杀死病毒，病毒不会变异，如果你拼命地想把病毒杀死，病毒就会不断变异。所谓道高一尺，魔高一丈。正如谭德塞所说，疫苗研发的速度，永远也赶不上病毒变异的速度……

在张彭春提出"我们是否可以从这些敌人那里学到它们不那么注意国家间区别的优点"的问题后，他自己即明确回答："我们将通过对细菌的宣战增进国际合作。此外，我们也可以在不过多地沉湎于国家的傲慢与偏见方面向我们的敌人学习。"

合作是人类世界永恒的主题。就在《世界人权宣言》于 1948 年 12 月 10 日获得通过的当天下午，中国代表张彭春在联大第 182 次全体会议最后的陈述中提出"人类社会和谐"的概念。他说："捍卫人权的首要条件就是要宽容全世界各种不同观点和不同信仰。不妥协的教条主义，造成很多危害，它借助于强调争端，并提供了一个思想基础。在当代，尤其是在第一次世界大战之后的岁月，越是有一种趋势将一种标准的思维方式和单一的生活方式强加于人。那种方法也能达到安宁，但只有以背离真理或使用暴力为代价。但是，无论使用怎样暴虐的方法，所获得的安宁也绝不会持久。如果要保持人类社会和谐、要拯救人类自己，每个人都必须以真诚的宽容精神去接受他人的不同观点和不同信仰。"

"和谐"理念无疑也植根于中国传统文化之中。周太史史伯之"和实生物"，孔子之"和为贵"，《礼记・中庸》之"喜怒哀乐之未发，谓之中；发而皆中节，谓之和；中也者，天下之大本也；和也者，天下之达道也。致中和，天地位焉，万物育焉"的思想滋生为一种中国传统文化的精神特质，形成一种"和合"观，并一以贯之于"天人合一"的宇宙观、"协和万邦"的天下观以及"和而不同"的国家观。

基于此，张彭春将和谐与宽容精神自然地联系起来，通过倡导和平合作重新地定义了人类的社会秩序。"人类社会和谐"的概念是对全人类文化以及全球治理体系做出的又一重大的理论贡献。

此外，张彭春还有一个非常独到的思想，那就是对世界东西方的划分进行批判。1942 年 3 月 6 日，张彭春在任土耳其公使时，于伊拉克首都巴格达对伊拉克皇室作“中华文化的演进”的演讲。他说：“我极不赞成人们常常做的所谓东方和西方的区分，即将一方的特征描绘为精神的，将另一方描绘为物质的。文明是人类生活的有机成果，划一条线，区分哪些是精神的，哪些是物质的，则完全是人为的。”

1947 年 3 月 18 日，作为亚洲和远东工作组主席的张彭春，在联合国经社理事会第四届第 72 次会议上作亚洲和远东工作组报告。其中，张彭春特别提出：“主席先生，我本人并不特别赞成‘远东’一词。如果我们从金门大桥眺望那片平静的海洋，太平洋，远东将变成遥远的西部，至少对美国来说是如此。我现在提出这一点是为了强调过分强调东西方的划分是危险的。从历史上看，东西方的界限过去、过去和现在都只是虚构的，一条任意划定的线。有时我们想知道现在的界线在哪里。哪里？事实上，在中国，我们认为自己生活在地球表面的中心，你们这些懂中文的人知道，即使在今天，我们仍然称我们的国家为‘中间国家’，我们将继续称我们的国家为‘中国’，所以我们不属于任何东方，无论你们把它划分到哪里。”

当会议主席更正说“或是西方”后，张彭春继续说道：“在我们这个缩小了的世界里，经济上和其他方面都变得越来越相互依赖，这样的分裂只能在各个方面模糊我们的思想。我们不能把自己分成东方和西方。”

遗憾的是，这种人为的划分至今未能消弭。

张彭春于 1943 年秋罹患心脏病，并因之戒烟。1951 年 6 月因心脏病复发未能参加联合国经社理事会在日内瓦召开的会议。1952 年春又因病未能参加联合国大会，随即辞职。1957 年 7 月，张彭春心脏病发作，逝世于美国新泽西州，享年 66 岁。

当下，无论是在“后疫情时代”的变化之中，还是在“百年未有之大变局”的不确定性中，张彭春此次充满中国思想智慧的发言以及他对人类社会的一系列观点，对中国、对世界，都有着深刻的启示意义。

作者简介：

张鉴灝 张伯苓先生曾孙，张伯苓研究会、严修研究会常务副理事长，伯苓公能教育管理集团董事长，天津市伯苓公能体育基金会副理事长，南开大学天津校友会联席会长，天津市侨联常委、侨菁会会长。继承张伯苓校长的教育使命与精神遗产，2016年在张伯苓研究会支持下，创建“南开公能教育”品牌，投身于传播南开公能精神，践行伯苓教育理念的事业中。创办的伯苓公能教育集团目前已在全国九个省开办或筹建包含幼儿园到高中的新型南开系列学校。

“新人”归旧学：民国留美学生张彭春的国学书目和作文训练[①]

张诗洋

在清末民初以降的学术史语境中，赴欧美或日俄留学的学生，接受了西方科学与文明的进步思想，提倡“新学”（亦称“西学”）。这些留学海外的青年一代，积极发扬西方传入的思想文化，被视作“新人”。与之相对的，带有传统保守意味的“旧人”，往往经历科举，或在学问根柢上主张发扬固有的而未受西方文化影响的“旧学”。新文化运动时期，在“旧学为体，新学为用”的主张和“打孔家店”、挞伐“选学妖孽”“桐城谬种”的呼声中，“新学”获得了绝对的支配地位。“五四”之后，思想风潮有变，文化传统应如何继承一直是争论最集中的问题之一。“旧学”的意涵得以保留，时或被转译“国学”或“国故学”。

张彭春正是这一时期的留美“新人”，胡适曾评价其为“今日留学界不可多得之人才也”[②]。然而，在经过了八年的美国留学之后，张彭春回到新学几乎压倒旧学的中国，反而转身回归自己完全不擅长的国学领域，有计划、有步骤地阅读古代典籍，并尝试用中文写作。与此同时，他支持白话文运动甚力，主张使用“平民的语言”，开展新剧创作与排演活动。凡此种种，至少从一个层面说明了“五四”以后知识分子视域下的中西、新旧并非

① 本文原载于《文学评论》2022年第1期。值此张彭春先生诞辰130周年之际，谨以此文纪念先生。

② 胡适：《留学日记》，《胡适全集》第28卷，曹伯言编，安徽教育出版社2003年版，第389页。

截然对立,仅依傍西方思想并不能根本解决中国问题[1]。

张彭春在当下的研究中或许不算知名,但在民国期间影响力不小。他与梁启超、胡适、徐志摩、陶行知、梅贻琦、梅兰芳、洪深等人均有密切交往。为更好地梳理张彭春的国学阅读史,这里先简述其生平[2]。张彭春(1892—1957),字仲述,天津人,教育家、戏剧家和外交家。他是“中国现代话剧的先行者”[3],与洪深合称“南洪北张”,是教育家张伯苓的胞弟。1904年,张彭春进入天津私立敬业中学堂(南开中学前身)学习,后考入保定高等学堂。1910年,考取北京游美预备学务处(清华学校前身),同年与胡适、赵元任等同为第二届庚款游美生赴美学习。张彭春先后在克拉克大学、哥伦比亚大学就读,1915年获文学及教育学硕士学位。1922年,张彭春以题为“从教育入手使中国现代化”的论文获哥伦比亚大学教育学博士学位。回国后,任清华学校教授兼教务长,力主改革旧制,成立清华大学部,并倡议创办国学研究院[4]。1926年6月,辞去清华职务,回到南开大学。后曾两度陪同梅兰芳赴美、赴苏演出,担任艺术总指导。1938年后,张彭春工作重心转向国民外交活动。1948年任联合国人权委员会副主席,参与起草《世界人权宣言》。

张彭春在话剧方面颇有建树。他曾创作剧本《外侮》《新村正》《木兰》(与洪深合作)等,其中多部作品曾在美国搬上舞台。他将西方导演制度引入中国,建立正规的话剧编导制,被誉为“北方现代话剧的奠基人”[5]。

---

① 回国不久张彭春便发现,“中国现在谈教育学术,不说东就讲西,动一动就拿外国学说来作根据”。他作为杜威的学生,清楚认识到国内教育“只依傍杜威是不成功的”。见张彭春1923年1月31日日记。

② 参见《张彭春年谱》,崔国良、崔红编,《张彭春论教育与戏剧艺术》,南开大学出版社2003年版,第615—710页。

③ 田本相:《中国现代话剧的先行者》,《中国话剧先行者——张伯苓张彭春》,张伯苓教育思想研究会编,人民出版社2009年版,第89页。

④ 据张彭春1924年10月7日日记载:“改造清华的思想大半出于我。因为文字不便都让别人用为己有去了。所谓研究院专门科草案都是我拟的。现在用我意思的人,一点也不承认谁是产生他们的！人情如此,已是可气。再不用文字发表出来,那就要被气闷死!”

⑤ 黄佐临:《张彭春教授——北方话剧运动的奠基人》,《艺术百家》1990年第2期。

其开展的一系列新剧编演活动，指导南开新剧团排演《一念差》《娜拉》《国民公敌》《少奶奶的扇子》等，成为中国现代话剧艺术的重要源头，亦是教育与启蒙的利器。

然而，由于种种原因，今人对张彭春的了解并不算多。笔者日前发现并重新整理的南京图书馆所藏42册未具名文献“清华大学某教师日记”，实即张彭春日记①，为进一步研究提供了可能。张彭春及友人经历的文学论争、思想变革，均在日记中留下记录，是研究现代文学史、文化史、教育史的一手材料。其中，张彭春这一“新人”归“旧学”的阅读选择背后，其价值取向的转变和思想理路的幽微之处，也在日记中有所体现。

阅读行为尽管带有强烈的个人色彩，但终究反映了集体意识和时代底色。与张彭春同时期回国的留学生，所面临的更多是“新”与“更新”的选择。而本科、硕士、博士阶段全程接受了西洋教育的张彭春，回到一派尊西崇新的国内，反而躬身苦读中国书，可谓饶有意味。想要全面探讨新旧交替中的思想走向和“知识”话语体系，非一篇文章所能为之。因此，本文仅以张彭春为视点，对其日记中详细记载的国学阅读实践与写作话语探索进行考察分析。

一、读书与表达焦虑下的认同危机

张彭春与英国留学归来的徐志摩志趣相投，共同组织了日后红极一时的文艺社团“新月社”。张彭春也因为徐的激励，逐渐认识到自己中文写作的问题：

> 昨天志摩北上过津。我到北洋饭店去看他。他要我写文章。
>
> 今天第一次作文。懒，不愿下笔！……读过书太少所以字句不够

① 罗志田在《国家与学术：清季民初关于“国学”的思想论争》（生活·读书·新知三联书店2003年版）一书及《日记中的民初思想、学术与政治——20世纪20年代一位学人的观察》（《东方文化》2003年第2期）等文中，已注意到哈佛燕京图书馆所藏18册张彭春《日程草案》的文献价值。笔者在南京图书馆发现的42册未具名文献，与哈佛燕京图书馆所藏系同种散出，参见拙作《新发现张彭春日记的文献价值考述》，《文献》2021年第5期。

用。希望太奢，每作一两句东西，就想不朽，也真可笑！于是越不写，越写不好，越怕写！近两年来，日记还敢写，也是因为不给人看。[①]（1925 年 3 月 12 日）

除不给外人看的日记可以无所顾忌、写得畅快之外，张彭春直言，对于文字"是一个哑子"（1923 年 7 月 26 日），自己"最可耻的是文字的工具"（1925 年 5 月 6 日），以至于陷入了"越不写，越写不好，越怕写"的怪圈。受到儒家传统"立德、立功、立言"的"三不朽"思想的影响，张彭春认为如果没有可以传世之文，则"不能有生命的痕迹"（1932 年 10 月 26 日日记）。这一思想，促使其刚一回国便为提高写作能力寻求良方。

张彭春遭遇的文字表达困局，在当时的留学生中具有一定代表性。朱自清曾评价象征派诗人李金发的诗："不知是创造新语言的心太切，还是母舌太生疏，句法过分欧化，教人像读着翻译；又夹杂着些文言里的叹词语助词，更加不像——虽然也可说是自由诗体制。"[②]这一评价，颇可以代表时人阅读李金发欧化语言的不适感，也包含了对其留学导致母语生疏的批评。不过，李金发是诗人，文白夹杂、前后断裂所造成的佶屈聱牙，或许反而可以称其为语言艺术特色。而作为教育者和剧作者的张彭春似乎没有这么走运，母语能力欠佳与外语能力较好之间的失衡，常常将张彭春置于窘境。与朋友徐志摩、胡适等人相比，张彭春自言"没有过文学的出品"（1924 年 4 月 4 日），发表的文章有限，因此他曾怀疑新月社同仁轻视自己。直到 1932 年张彭春赴美国教书之前，他仍提醒自己："写文字，一概行政小事不必问。Marx（按，马克思）、Lenin（按，列宁）、Gandhi（按，甘地）用文字，Ibsen（按，易卜生）、Hartmann（按，哈特曼）、Shaw（按，萧伯纳）用文字，Dewey（按，杜威）、Shatsky（按，沙斯基）用文字，胡适、梁漱溟用文字，田

① 本文所引张彭春日记内容中，1923 年 1 月 30 日至 1924 年 2 月 29 日、1925 年 2 月 19 日至 12 月 31 日出自美国哈佛燕京图书馆所藏《日程草案》，其余均出自南京图书馆所藏佚名文献。下文仅注明日期。

② 朱自清：《导言》，《中国新文学大系 · 诗集》，赵家璧编，上海良友图书公司 1935 年版，第 8 页。

汉、西林也用文字。知识分子的作品自然用文字造成。征服文字——这就是这一阶段内在矛盾的量转质。"(1932 年 10 月 26 日)日记中见贤思齐的三类西方大人物分别为政治家、戏剧家、教育家,与张彭春的专长有所重叠,颇能显出张彭春此时的胸襟抱负。而与同辈友人客观存在的差距,也成为张氏迫切需要熟练运用文字工具的压力所在。

作为第二届庚款留洋的学生,张彭春本科、硕士、博士皆在美国学习,深受"洋墨水"濡染。他写了多部英文剧本,并在美国舞台上公演,英文表达与写作一直是张彭春颇为自得的看家本领。但中文表达的欠缺、文词上的干枯乏味要如何弥补,他还不得要领。在与徐志摩数次交谈后,张彭春解除了一些困惑,知道根源在于"一是读的书少,二是天赋的缺欠"(1923 年 11 月 13 日)。既然天赋无从改变,那么读书便是解决问题的唯一途径。

然而书籍浩如烟海,从哪里读起呢?读中国书还是外国书呢?张彭春藏书有限,并且"大多半是美国书"(1924 年 11 月 10 日),因此这一时期的阅读先从其熟悉的西洋文学开始。不过张彭春发觉,"近代西洋文才是气浮,不能忍,不能静"(1923 年 7 月 27 日),西洋文学易使青年人"坐在那里做梦"(1923 年 8 月 2 日),因此放弃了以西方文学(或中文翻译本)作为主要阅读对象。更重要的是,西方所学在多大程度上能够解决中国的问题,张彭春在心中打了一个问号。

"五四"前后,正值中国社会思潮风起云涌的变动时期。随着西方事物和观念的大量引入,社会寻找新制度与新思想的需求产生,中外、新旧之争一时成为学术热潮,新文化运动"打孔家店"、全盘否定中国传统文化的风潮有所回落。胡适等人提倡"整理国故"、学衡派主张"阐扬旧学、灌输新知"同台登场。正在寻找读书方向的张彭春,被裹挟在这场论争当中,学问兴趣正发生转移。他认定,"到中国,就要加强国学之根底","最低限度的普通国学知识是必须有的"(1924 年 7 月 11 日)。

读过胡适《先秦名学史》后,张彭春对于胡适全面接受杜威的做法有所怀疑。胡适称,杜威实验主义哲学教会他思考问题的方式,"实验主义"

成为他“生活和思想的一个向导”和“哲学基础”。[1] 来自西方的理论，正引导胡适开展中国文学革命，倡导白话诗文，考证古史和小说。这引发张彭春对于中西、新旧等问题的思考，他不无针对性地写道：

> 问一问根本的问题，绝不是将一切组织制度一时全推翻。不过我们应当知道一个“为什么”，然及作的时候信心可以坚固些，兴味可以长久些。在新旧交互的时候正是研究问题最好的机会。
>
> 第一步，当在比较研究之前，必须知新的是什么、旧的是什么。半新不旧的，半旧不新的，都是什么！第二步是分析当时的环境的变迁。第三步是定新标准，从以往经验得来，不拘人，不拘地。第四步是计划实施的草案。第五步是审定实验出来的结果是否合格。环境的变迁是趋势。（1923 年 2 月 12 日）

张彭春也是杜威的学生，但他客观地认识到中国的教育“只依傍杜威是不成功的”（1923 年 1 月 21 日）。张彭春看到时下的中国教育界和学术界，对于新思潮与新方法的态度常常“非左即右”，动辄“拿外国学说来作根据”（1923 年 1 月 21 日），而不能全面准确了解中国的过去与当下，以求对症下药。对张彭春而言，“新的”已了解，而“旧的是什么”——历史、文化、心理的传统——均需要从阅读中汲取，才能有的放矢地改造当下。

一方面，张彭春崇敬的学人中，如梁启超、林长民，皆有扎实的旧学功底。在读到林长民于中华民国第一次国会（1913 年）上发表的宣言时，张彭春惊叹“文词精练”，并由此想到，“现在作白话有成绩的人亦都是文言文很有根柢的，所以文言的功夫一时是舍不开的”（1923 年 8 月 5 日）。另

① 胡适：《留学日记自序》，《胡适全集》第 27 卷，安徽教育出版社 2003 年版，第 104 页。

一方面，在与徐志摩、胡适、陈西滢[①]，以及话剧界的洪深、欧阳予倩、丁西林等人的交往中，张彭春也逐渐觉出想要对社会发声，则需要"以文字为不可少的工具"（1923 年 8 月 5 日）。而自己文字表达的不擅，最根本是由于国学功底的浅薄。要好好训练文字表达的"器"，则必须要"好好读起古书来"（1923 年 8 月 5 日）。

张彭春向同门胡适请教"旧文学"之密钥，以进入读中国书的语境。当时，胡适保持着"每年平均写二十五万字"（1924 年 1 月 6 日）的速度。张彭春曾多次表达对胡适过着"文学生活"的艳羡，"请适之指导，读中国书"（1924 年 4 月 4 日）的愿望，得以在新月社多次聚会活动中实现。1923 年胡适编《词选》一书，张彭春细读后，向胡适请教如何创作诗词。胡适的回答不出清人所谓"熟读唐诗三百首，不会作诗也会吟"的范畴，建议他先熟读、背诵二三百篇词中佳作，自然而然就会创作了。而张彭春将其奉为圭臬，领悟到包括诗词在内的一切旧学功底，"是非背诵不可的"。此时的张彭春做好了拥抱古典的姿态，他认为，"书多如烟海，必须善择善弃，而后庶几可收微效。然而有些普通书是一个有高等教育的人必须读过的。现在无须踌躇，任择一种就可起首"（1924 年 2 月 24 日）。1923 年，张彭春还与友人谈及《四部备要》，打听中华书局的售价。（1923 年 8 月 5 日）若为藏书之用或是为学校购置则无可厚非，而张氏若以此大部头作为入门读物，则不啻于蛇吞象，更切实的读书计划恐怕还需再斟酌。

二、阅读中的三份国学书目

张彭春把自己 1923 年至 1932 年间的读书生活称作"素位而行"，为国学底子打基础。他亦步亦趋学习胡适如何读书写作，稍作尝试，便看到了二人之间的差距：

---

① 造访陈西滢家时，张彭春看到英文、法文、德文藏书颇丰，古典文学类也有《李太白集》《东坡集》等许多种。他还特别留意到，"一部《文选》翻阅得很旧"。陈自 1912 年赴英国读中学，后在爱丁堡大学、伦敦大学攻读政治经济学，1922 年获博士学位，任北京大学外文系教授，与张氏经历相似。张彭春在 1923 年 12 月 25 日的日记里感慨："旧的文学完全不通，哪能希望写好白话？"

> 由天津图书馆借来崔(东壁)述《洙泗考信录》。崔是胡适之很佩服的,听说他正为他作年谱。我自己立还不能,就要同世界大运动家学赛跑,真是妄想!一定有时给识者作笑柄。(1923 年 3 月 29 日)

张彭春评价胡适:"整理古书的条则,适之可以算得汉学的真传。头脑真是灵活,读书也很博详。这样整理古书的学问,绝不是半路出家的人所可望及的。"(1923 年 8 月 12 日)他自嘲在学问上"立还不能",便要和胡适"赛跑"。此后,张彭春意识到需要为自己订立更切实的读书计划:"现在起首读《论》《孟》,将来接续读《史记》《纲览》等,为的是研究民族已有的经验和感想,不能知道以往的,绝不能谈将来。"(1923 年 10 月 2 日)一方面可以看出他学术上的青云之志,另一方面也可看出其回国后问学的用功。

关注阅读史,有助于了解被研究者知识谱系的构建和精神生活的变迁。张彭春在 1923 年详细记载读过的书籍,在其个人阅读史中有代表意义。为研究张彭春思想变化的缘由,容一一列举如下(均以阅读起始月份计)。

1 月:《清代学术概论》。

2 月:《日知录》《广艺舟双楫》《民治与教育》。

3 月:《墨经》《孟子字义疏证》《洙泗考信录》《文史通义》《读书杂志》《论语正义》《经传释词》《经义奇闻》《清代学术概论》《一个最低限度的国学书目》《章实斋年谱》《国故论衡 · 原学》《先秦政治思想史》《清华周刊》《努力周报》、杜威(按,未详书名)。

4 月:《论语》。

6 月:《论语》。

7 月:《论语正义》。

8 月:《大学》《礼记》《中庸》《孟子》《论语传注》《仁学》《小说月报》。

9 月:《史记》《文献通考》《书目答问》《輶轩语》《明儒学案》。

10 月:《清朝全史》《领袖人格》。

12 月:罗曼罗兰、墨利(按,未详书名)。

由上可知,张彭春的日常阅读书籍,大体分为古书、新书与西洋书三类。其中古书数量最多,也读得最为精细。如《论语》《大学》等,张彭春按照“日课”的要求,每日做句读,常在日记中抄录。而《清朝全史》《文献通考》等多种大部头的书,是备课时仅作浏览之用的。张氏所读时人新书多以研究古代为主,西洋书则主要作为参考读物涉猎。

我们以梁启超所读书目为例,做一个横向的对比。张彭春 31 岁精读的四书五经,是梁启超 5 岁前的童蒙书;《史记》《汉书》《纲鉴易知录》等,梁启超在 10 岁左右已经读完。[①] 再以胡适自述为凭据,其 13 岁去上海求学前,亦曾读过“四书”“五经”、《纲鉴易知录》《御批通鉴辑览》《孝经》《律诗六钞》《原学》等[②]。张彭春自小并无扎实的国学基础,13 岁入读私立敬业中学,学习国文、英文、算学、理化、史地等多种课程,分配到国文一科的时间很有限,其旧学功底可想而知。

张彭春从阅读国学书目中,找到了进入旧学的门径。与张彭春皆有交往的胡适、梁启超也先后编过国学书目,且这两份书目均与张彭春所在的清华学校有关。

1923 年,几位清华学生出洋留学之前,请胡适开列一份可以“得着国故学的常识”的书目以供学习,胡适欣然应允。早在 1914 年发表的《非留学篇》中,胡适已痛陈“今日之大错,在于以国内教育仅为留学之预备。是以国中有名诸校,都重西文,用西文教授科学”。作为留美学生的一员,胡适深知留学生国学底子薄弱的情况。而不能著书立说,就无法对现实中国产生影响。因此,胡适建议将国学、文学、史学作为必修课和出国留学前的必考科目,希望留学生了解古代中国文明之光辉,“兴起其爱国之心”,塑

① 梁启超:《三十自述》,《梁启超全集》第四集,汤志钧、汤仁泽编,中国人民大学出版社 2018 年版,第 107—108 页。

② 胡适:《四十自述》,《胡适全集》第 18 卷,安徽教育出版社 2003 年版,第 27—28 页。

造日后“介绍文明之利器”。[①]

胡适开具的《一个最低限度的国学书目》，分工具之部、思想史之部和文学史之部三个部分，共涉及 184 种书籍。不过，这份书单受到了署名“《清华周刊》记者”的质疑：一是涉及的国学范围不够广，如民族史、经济史等并未包含；二是思想史、文学史部分又显得太深，不合于“最低限度”的标准[②]。

张彭春仔细看过胡适的“书目”，发觉从这个书目里看不出什么求国学的法门，然而可以看出“胡先生所谓国学的是从这书中可以得来的”。(1923 年 3 月 10 日)按照张彭春的划分，胡适书目当中针对思想史和文学史开出的书籍，当是治国学的研究者读的，也是大学国学科思想史和文学史所必备的读物。所以按胡先生的次序，把这些书从头到尾读一遍，是国学研究的应有之义[③]。不过，不作专门研究的普通人，应当如何获得一点国学的知识、如何获得古典教育？显然，张彭春认为胡适的书目还未能涵盖这一问题。

梁启超也表示对胡适书目并不满意，认为其将“应读书”和“应备书”混为一谈，这份书单成了私人及公共机关小图书馆之最低限度[④]。于是，梁氏另立《国学入门书要目及其读法》，发表在 1923 年 4 月的《清华周刊》上。梁氏书目范围更广泛，涉及一下几类：修养应用及思想史关系书类、政治史及其他文献学书类、小学书类及文法书类、韵文书类及随意涉览书类，共 133 种。梁启超寄希望于青年，提醒他们新文化建设不能只读西洋书，鄙弃中国古书。针对当时反对读古书的风气，他说：“读书自然不限于读中国书，但中国人对于中国书，最少也该和外国书作平等待遇。”[⑤]同时，考

① 胡适：《非留学篇》，《留美学生季报》1914 年第 3 期。

② 《〈清华周刊〉记者来书》，欧阳哲生编，《胡适文集》3，北京大学出版社 2013 年版，第 97—98 页。

③ 但在读法上张氏更推崇精读，主张“把几部认为根本的书每字每句攻过了”，然后再涉阅群书。(1923 年 3 月 10 日)

④ 梁启超：《评胡适之〈一个最低限度的国学书目〉》，《清华周刊》1923 年第 281 期。

⑤ 梁启超：《治国学杂话》，《清华周刊》1923 年第 281 期。

虑到“最低限度”的问题，梁氏书目后还附录了《最低限度之必读书目》，主要包括“四书”等25种书①。

显然，梁启超的《最低限度之必读书目》对张彭春等人更便于实践。张彭春在日记中大段摘录了梁启超回答《清华周刊》记者的国学常识问题：

> 国学常识，依我所见就是简单的两样东西：一、中国历史之大概；二、中国人的人生观。知道中国历史之大概，才知道中国社会组织的来历。中国人的人生观就指过去的人生观而言；人生观是社会结合的根本力，所以知道过去的人生观是常识的主要部分。
>
> 你们应当读的书：（一）论语（二）孟子（三）左传（四）礼记（五）荀子（六）韩非子（七）墨子（八）庄子（九）老子（十）易（十一）史记（十二）通鉴。这是你们应当读的最低限度了。你们读完这些，大概可以有个中国史的大略，可以略略明白中国人的人生观了。（1923年3月15日）

张彭春十分认可梁启超精简后的纲目，并多次向梁启超请教。当时，梁启超在清华大学开设“中国近三百年学术概要”课程，张彭春旁听后，盛赞梁任公授课“材料真丰富”，“这才算是学者”（1923年7月24日）。张氏认为梁启超所述清儒颜元的学说，强调习行，反对读书穷理空谈心性，与自己最有相契之处，因此有必要深入研究。他把自己读书中对于颜元的所得悉数告知胡适，胡适很赞成他读书以“颜李”为中心。后来，胡适还劝张彭春，“常读文学，先从几大家泛读入手，渐渐也可在文学上寻得中心”（1925年9月9日）。张彭春在经过一段时间的国学储备后，计划从颜李之学开展系统地阅读，把在清华工作的第二年定为“颜李年”，第三年则继续研究颜李，以期从颜元的学说深入下去，与“旧文化发生关系”（1924年

① 梁启超：《最低限度之必读书目》，《清华周刊》1923年第281期。

7月2日)。梁启超认为,颜元所树旗号曰"复古",而其精神纯为"现代的",[①]这其实也是张彭春此段时间立足现代、修习国学的精神写照。

1923年9月,张彭春读到张之洞的《书目答问》。该书是作者因诸生不知"应读何书"及"书以何本为善"[②]而为他们开列的导读目录,以指示经史、考据、词章诸学门径。张彭春看过《书目答问》后,认定其中提到的"几千卷是应当读的"。他还在当日抄录了一段附于《书目答问》后的《国朝著述诸家姓名略》:"由小学入经学者,其经学可信;由经学入史学者,其史学可信;由经学、史学入理学者,其理学可信;以经学、史学兼词章者,其词章有用;以经学、史学兼经济者,其经济成就远大。"张彭春认为这是"为学的正业","识见比平常高明得多"(1923年9月5日)。此时张彭春入职清华不久,庶务繁多,读书时间有限,往往只能放在一早一晚。《书目答问》一定程度上坚定了张彭春心中所想。他希望以书目为线索进入国学领域,用十年不计成本地阅读,以达到"经学史学兼词章经济"的水平,(1923年9月5日)实现"读古书,写文章,养精神"(1923年9月10日)。

张之洞、胡适和梁启超三份书目,均在当时产生过重要影响。在张彭春的记述中,国学书目所起到的指示读书门径的功效也显而易见。从书目指导到具体古籍阅读,张彭春受到了好友胡适影响,并得到梁启超亲炙。个人阅读史即是精神成长史,张氏在阅读行为中逐渐完成了趋时而不忘古的精神蜕变。

三、新文艺、旧文化与活语言

经过1923年一整年的读书实践,张彭春已有明确的阅读目标和计划。他在日记中写下关于读书的思考,包括为什么读书,读什么书,怎么读书。

为什么读书?

> 国文不应用,这是工具问题,多识字,多积理,多作多写。本国以

---

① 梁启超:《中国近三百年学术史》,商务印书馆2011年版,第132页。

② 张之洞:《书目答问》,商务印书馆1936年版,第1页。

往经验知道的(得)太少。想明白现代的变迁必须注意此民族以往的经过实际和理想。特别是对于生活意义有兴趣的人避免不了这步功夫。终身事业既是教育,本国人生观,民族心理及历史人物的背景陶冶修养等方面自然是必须研究的。从外国学教育回来的讲些什么心理,哲学,教育史,教育制度,测验,教学法等,而所用材料外国工商业发展后的情形居十之八九。我们必须创造本国本时代所需要的制度,精神和方法。在外国材料上我已用过十多年工夫,本国材料早知到道应当注意,然而一则因为根柢太浅,二则因为公事太忙,所以总没有专心去作。

读什么书?

作民族心理背景的书——如"四书",《水浒传》《三国演义》。
普通哲理书:如庄、荀,及先政修养法等在内。
史书——如《史记》《通鉴》,年谱等。
文艺书——如诗、词、戏曲、小说。① (1924 年 2 月 23 日)

应读的书中,涵盖了经部(四书)、史部(史书)、子部(哲理书)、集部(文艺书)。张彭春尤其希望了解"民族以往的经过",研究本国人生观、民族心理及历史人物的背景陶冶修养等方面的内容,"想明白现代的变迁",以此用于教育和文艺。

除以上所列"读什么书"的计划,张彭春的阅读还包括时兴的报纸杂志:有"现在最流行的杂志"(1924 年 2 月 19 日)《北新》《语丝》《创造》《现代评论》,还有《小说月报》、上海的《时报》、学校刊物《清华周刊》和《南大周刊》等。不过,读书功夫自然不能全用在"文艺方面",他告诫自己:"文艺书延到下月再读,或稍读一两种。永不忘……教育是我的本

① 第三部分"怎么读",张彭春在日记中只写下标题而并未写完。而此处引述的"为什么读书""读什么书"两部分内容,已经可以说明张彭春此时对如何读中国书的思考。

职!”(1923 年 11 月 12 日)他从好友徐志摩处借得四本“新文艺”的书:

> 我要知道现代一般青年所想的,所读的。借着这几个新文人很可以晓得许多一时的思波。……教育亦是思想的一种,是很要的一部分。
>
> 作教育必须要“同现代思想界有相当的联络”(1923 年 11 月 12 日)。

与新文人交往,可以把握一时代的思潮,此言不虚。张彭春参与新月社活动,结识了多位文坛弄潮儿,但他意识到为艺术而艺术的新思潮,多是文人抒发一己私情的产物。不与时代与生活相连,新文艺乃是无本之木,不会结出丰硕果实:

> 新文艺只为几个文人抒情,是没有大将来的,必须跟全国人民的生活连上,然后才可以有结大果的机会。(1923 年 11 月 13 日)

“五四”前后,小报竞起,对文学革命、白话运动起到了推波助澜的作用。新文艺有“抒情”太过的问题,是随意作文时代思潮的反映,但与张彭春崇尚的文风不相符。张彭春更偏向于取法古典,“如果私淑孔先生于练习写文章上,胆子又要小一些”(1923 年 11 月 15 日)。显然,张彭春所针对的,正是胡适所谓有勇气就能作文的主张①。因此在训练自己的文笔时,张彭春有意选择私淑孔先生(既非“德先生”也非“赛先生”),以国粹

① 胡适:《胡适口述自传》,《胡适文集》18,欧阳哲生编,北京大学出版社 2013 年版,第 325 页。胡适晚年说:“不要轻易相信这种瞎说,说某人做白话文做的好,因为他读古书读的多,这都是骗你们的。”(《提倡白话文的起因》,《胡适文集》12,第 52 页)而早在 1923 年,他曾在更为私密的书信中总结自己过去五年所做出的成绩,真诚地表达认为接受古典教育帮助很大:“在我推行白话文运动的时候,对我帮助最大的,是我从小所受古典的教育。”从胡适对张彭春读书的指点中,我们也不难看出古诗文、古书阅读对于读书、写作的意义。

和旧文学为宗。

读书与写作，是张彭春国学阅读的一体两面，锤炼"文字工具"所包含的既有熟能生巧的运笔能力，也有把握"活语言"与"新文艺"的独到识见。张彭春的国学阅读和作文训练是行之有效的。1924 年 4 月，张彭春结合颜元相关的阅读经验，为北京历史学会作了题为"颜元的所谓'学'"的演讲。之所以对演讲提早"小心预备"，也是按照胡适的做法，即利用每次讲演，练习写作一篇研究的文章，在文字上亦可多一些发表的机会。演讲的讲稿与一般写作又有不同，职是之故，张彭春逐渐摸索出文言与白话不同的话语体系。

此前，陈独秀、胡适等人提倡文学革命，反对贵族的、古雅的文言文学，倡导平民大众的通俗白话文学。"在过去知识原是士大夫阶级的专利品，推行白话的目的就是普及知识。白话运动推行结果，全国各地产生了无数的青年作家。"①作为载体和工具的白话易懂、易学，接近于中国的口语，也顺势成为革命的火枪。

文言、白话之争沸沸扬扬，"一时不能分胜负"（1925 年 7 月 23 日）。张彭春将二者的差异，理解为"看"与"听"两种表达方式的不同用途："两个最大分别，一个是写出给人看，一个是说出给人听"（1925 年 7 月 23 日）。白话是说与人听的，自然要人一听就懂，而习惯了雅驯的书面表达者，看到白话或感到不够古洁。他继而分析近来《学衡》《甲寅》等刊登的一些"不满意的白话文"（1925 年 7 月 23 日），不仅白话的"活气脉"没得着，而文言的简练也被丢开了。也就是说，白话的盛行，并不意味着文言的全面溃败。在这一点上，张彭春与周作人态度颇一致。周作人评价白话文与古文两者本质上没有什么优劣可言，有区别的"只是时代与实用的问题"②。张彭春认为，写信、作文等书面表达，白话、文言两者皆可；戏剧及演讲，"用白话是没有问题的"，而"寻常说理文字都可用演说或谈话式，情

① 蒋梦麟：《西潮与新潮》，中华书局 2017 年版，第 156 页。

② 周作人：《新文学的意义》，《燕大周刊》第 7 期，1923 年 4 月 7 日。收入宫立《中国现代作家佚文佚简考释》，北京大学出版社 2019 年版，第 18 页。

景文字还是白话好”(1925年7月23日)。文言是现代语的来源,因此无论是对于专门的研究还是日常的应用,古书都很有参考的必要。白话文普及之后,仍需多读古书,勤加写作。

张彭春意识到,“五四”之后提倡的白话实际偏向于文人的、古书里的白话,而不是日常生活的“活话”。他寻绎的“活的语言”,应从生活经验中直接得来,且需满足两个条件:“(一)必须是本国现代人用的。(二)必须与本国以往的语言有从续的血脉。”这种“活的语言”须产生于平民生活中。在考察国内教育情况之后,张彭春感叹:“现在北京、上海、南京、天津几个教育中心都是假的,因为他们讲些与中国实情没关系的空学问。”(1924年10月5日)文化界盛行一时的“整理国故”运动,在张彭春看来也不够切实——“不是知真中国的途径。要知真的——活的——中国,必须生活人民现时的生活。”(1924年10月5日)不论语言还是学术,端赖真切的生活才能有源头活水。白话取代文言已成定然之势,如何能得以长久发展,是值得深思的话题。张彭春提出,“活气脉”是白话文能不能常久之关键。“活气脉”从哪里寻得?是从人与人接近、“有情感事理想发表给人听”的活经验得来。(1925年7月23日)他还在清华教育改革中,提倡“大学生活,应有一部分是经历人民的生活,使学生得生活多数人的生活”(1924年10月5日),提倡将书斋中的学生、作家引向广阔的平民生活天地。张彭春提出:“如何可以运用民间的活话?得着这个妙诀,中国真的新文学就要出现了!”(1923年12月16日)这一见解,在当时胡适提倡白话文学的余波之下,不可谓不先进。

“五四”之后,新文学作家有关“平民文学”的概念言人人殊。周作人认为,平民文学是指普遍、真挚的具有平民精神的文学,胡适认为是自民间的、田野的、非贵族的文学,鲁迅则是指工农解放后真正体现工农思想的文学。从时代上,三人所说的分别是当下的、过去的和未来的三种内涵不同的平民文学。不过,张彭春在阅读及交往中,认识到了不论胡适等人无论如何提倡,作家本身皆有自身的局限性,他们文字富有学理性,但缺少张氏所提倡的平民的“真”。

张彭春从阅读辛格和罗曼·罗兰的作品中，看出作者对于平民语言的欣赏和利用。产生这种平民语言的根柢，在于个人经验的深切、广博和真情：

文字的工具自然重要，然而文学出品的根柢还在个人经验的深切，广，情。这是天生给的生活力。（1923年12月16日）

平民的字句、“活话”的习得，包含了作家对于不具有文化权威、远离了政治权力的真正民间文学的向往，更需要个体对日常生活的体验、领悟与捕捉。这亦与胡适所谓“作白话文要作的好，应该从活的语言下手，应该从白话文下手”①的想法不谋而合。张彭春所期待的平民语言革命，以产生中国独特的文学为悬的：

在中国的实在情形上用功夫，将来在中国大家都舍去所谓某国留学，用中国的精神，中国的文字，世界的眼光，个人的经验，来做中国多数人要求知识阶级应做的事。这一步是我早就看到的。（1925年5月10日）

这需要知识分子以社会现实为基础，拥有通达的世界眼光，而又不唯西方马首是瞻。而这一点，正是张彭春掌握了一定的西方理论后，重新回归国学的真正底气所在。

结语

张彭春回国之初曾设想，凭借自己在戏剧和教育方面的优势，倘能弥补国学之不足，便可超越许多同辈学人。不过，张彭春任职清华不足一年，便经历了匿名信风波。一封署名“清华大学一分子”的匿名信称，清华需

① 胡适：《提倡白话文的起因》，《胡适文集》12，欧阳哲生编，北京大学出版社2013年版，第52页。

要像胡适那样"中西兼优"的教务长,请张彭春让贤,退居西洋教员之席。(1924年4月5日)张彭春清醒地认识到,即使在清华这样的留美预备学校中,想要立足,则必须提高国文水平,兼具中西学问,而后才能施展自己的教育大计。

新发现的张彭春日记,生动地展示了作为留美归来的"新人",是如何在介于芸芸众生之上、巨子鸿儒之下的文化空间内生存的。无论是亦步亦趋学胡适读书,还是文艺上亲近徐志摩,张彭春身上透露着来自身边人的"影响的焦虑"。他在学问上佩服梁启超、胡适,在艺术上羡慕丁西林、洪深,在教育方面,不及张伯苓、曹云祥。张彭春为自己的"不如人"感到遗憾自责,也不断地寻找出路。不难想象,受到欧风美雨洗礼的"新人"张彭春,回到故土后看到理想与现实中国间的差距,在趋新与守旧中产生不自洽,甚至是认同危机。他的日记正为我们提供了这样一种文本、心理上的考察样本。

胡适有言:"吾国今日所处,为旧文明与新文明过渡之时代。旧文明非不可宝贵也,不适时耳。"①其实,新旧交替过程中,传统的中断与延续并存,呈现复杂的态势,并非绝对的新战胜旧。此前,维新思潮下的中国不是日本之"东风"压倒欧美之"西风",就是"西风"压倒"东风",旧学一时无人问津,被认作是无用、落后之学。1922年底张彭春从美国留学归来后,恰值变局再次出现。胡适在《国学季刊》的发刊宣言中,系统阐释了"整理国故"的主张,使文化界重新关注国学,一时响应者众多。这也促使张彭春认识到,"新中国是旧文化和新经验相融而生。人的旧文化是我最羡慕的,也是我最缺少的"(1924年5月10日)。这位寝馈于西洋学术背景下、崇尚新文艺话剧的进步人士,却在回国后不得不重新找寻旧学根柢,这在

① 胡适:《非留学篇》,《留美学生季报》1914年第3期。

20世纪20年代显得意味深长①。在向中学的“转身”和“追赶”中，张彭春的国学书籍阅读史和步履维艰的写作史，以及“平民文学”“活话”等理念的提出，对于“创造本国本时代所需要的制度、精神和方法”的追求，至今日看来仍有一定意义。

1933年，胡适在写给韦莲司的信中评价他们共同的好友：“张彭春现在在夏威夷大学教书。……他似乎在外国的学术圈比在中国要适意多了。”②张彭春苦下十年功夫，在“旧学”上所取得了怎样的成就，则是另一个话题了。

作者简介：

张诗洋　中山大学文学博士，中国人民大学博士后，东京大学访问研究员，现为广州大学人文学院教师。主要从事中国戏剧史研究。曾在《文学评论》《文艺研究》《文艺理论研究》《文献》《读书》等刊物上发表论文二十余篇。主持国家社科基金青年项目、中国博士后科学基金特别资助项目、中国博士后面上资助等多项课题。

① 1919年杜威访华期间就有预言：“（哥伦比亚大学毕业的学生）会不自觉地将中国与美国进行比较，从而发现中国的缺陷和严重的问题。但同时，可能在内心深处，每个中国人还是坚信中华文明的优越性——可能，他们是对的——三千年的文明是一件很令人骄傲的事。”见杜威《杜威家书——1919年所见的中国与日本》，伊凡琳·杜威编，刘幸译，北京师范大学出版社2016年版，第230页。

② 胡适：《To Clifford Williams》，《胡适全集》第40卷，安徽教育出版社2003年版，第297页。翻译转引自江勇振《舍我其谁：胡适》（第2部上），浙江人民出版社2013年版，第9页。

张彭春对《别有中华》的贡献

张昊苏

前奏

2019年,为了向南开大学百年校庆献礼,笔者与好友陈熹(时任纽约南开校友会副会长)合作了长篇古体《南开大学赋》。结尾的颂词写道:

轼辙双行,通洋守土。

苏轼(1037—1101)、苏辙(1039—1112)是古代"兄弟"之典范,此处借用,以颂赞张伯苓(1876—1951)、张彭春(1892—1957)兄弟。张氏兄弟的性格、际遇、事业均颇有差异,但在根本点上却是相通的——二人均曾留洋,深度研习西方教育思想;并善于与本土之固有国情、文化会通。站在中国立场上看,二人对"中国之现代化"均做出了卓绝的努力与贡献;而站在世界立场上看,二人的影响也都不局限于中国,均属于得到广泛承认、致敬的世界级人物。如《庄子·齐物论》所讲:"是以圣人和之以是非而休乎天钧,是之谓两行。"

1948年在纽约出版的《别有中华:张伯苓七十寿诞纪念文集》(*There Is Another China*: *Essays and Articles For Chang Poling of Nankai*, King's

Crown Press,1948)[①],“可能是西方世界第一本即将出版的、用于致意一位中国学者的著作”[②],其中明确称述了张伯苓的事业“已经成为中国的功劳……这种坚持不止对中国有价值,更对世界有价值”[③]。从今天的视角来看,本书书脊上所印的“公能”二字,已经成为“南开与世界”学术命题的最好注脚。

一部向张伯苓致敬的书籍,当然首先立足于对张伯苓的认可。为《别有中华》撰稿贺寿者,及参与编辑工作者,多数都与张伯苓交情深厚。全书的编辑思路,也与张伯苓的事业、理念密切相关。[④] 但随着更多资料的发掘,我们也发现,不论是从编纂、出版的具体过程,还是从本书背后的思想理念,其中多次出现张彭春的“影子”——尽管书中并未明确指出这一点。

《别有中华》中译本的译者前言,及后附的孙平华先生《张彭春:〈别有中华〉的幕后主持人和实际编辑者》一文,已经提及了张彭春对本书的贡献,尤其是关注到张彭春学术思想、社会活动与《别有中华》一书的相通之处。笔者在主持翻译该书时,曾收集部分文献资料,但因出版社当时有明确的印张限制,不得不被迫割爱;此后又陆续发现部分资料,张彭春对《别有中华》的贡献愈发昭彰。同时,这也有助于进一步认识张氏昆仲的“双行”:张彭春为兄编纂贺寿文集,不仅仅是深厚兄弟情谊的体现,同时也寄托了兄弟二人的思想理念和终身事业,可以用书脊所印的“公能”二字概括之。

今试略加梳理,作为张彭春先生130周年诞辰的纪念。

---

① 为行文方便,本文简称“《别有中华》”时,均指英文原版。但引文、页码,则据张昊苏、陈熹等译之中文版《别有中华:张伯苓七十寿诞纪念文集》(南开大学出版社2019年版)。

② 《别有中华》,第257页。

③ 《别有中华》,第96页

④ 相关资料除《别有中华》原书外,还可参看张昊苏、陈熹《给南开老校长张伯苓的寿礼:一部英文纪念文集的诞生》(澎湃新闻·私家历史,2020年6月18日)。

给兄长的寿礼

1944 年，是南开学校兴办（1904—1944）之第四十年，也是张伯苓虚岁七十寿诞。为迎接这一纪念时刻，重庆南开中学校务会提前一年（1943 年 11 月 9 日）就专门研究张伯苓主持的《南开四十年》如何编纂，这就是南开校史上的名文《四十年南开学校之回顾》[1]，随后喻传鉴（1888—1966）又编撰了简明年谱《七十年来校长张伯苓先生》，这些可以看作张伯苓研究的端绪，并通过胡适（1891—1962）用英文撰写的《张伯苓：一代师表》（*Chang Poling*：*Educator*）广泛传播——本文也是《别有中华》所收文章里最具影响力的一篇。

到 1945 年，在抗日战争刚刚胜利的大背景下，张彭春开始筹划张伯苓七十寿诞纪念文集的编辑工作。在这一年里，张彭春正式免离智利公使一职，先去母校哥伦比亚大学任教，后又回国筹备南开复校工作。[2] 此时，天津南开旧址惨淡破敝，复校工作难度极大，募款成为张彭春的工作重点之一。编纂纪念文集，与张伯苓本人扩大影响、提高声望，以便募款的需求相切合。

今所见与《别有中华》编辑工作有关的最早材料，是胡美（Edward H. Hume M. D.，1876-1957）于 1945 年 12 月 27 日写给顾临（Roger S. Greene，1881-1947）的信："为了庆祝南开大学校长张伯苓七十岁生日，他的弟弟张彭春邀请肖特韦尔博士（Dr. Shotwell）、孟治和我成立一个编辑小组，为周年纪念准备一个纪念专集。我要写的题目是《中国医学五十年》，你可以写《张先生与 Y. M. C. A 五十年》，介绍张伯苓半个世纪来积极工作为 Y. M. C. A 做的伟大贡献。当然你也可以任意选择写的题目。"[3]显然，此

---

① 梁吉生：《张伯苓年谱长编》（下卷），人民教育出版社 2009 年版，1943 年 11 月 9 日条。

② 参见崔国良、崔红编《张彭春论教育与戏剧艺术》，南开大学出版社 2004 年版，第 705 页。

③ 梁吉生：《张伯苓年谱长编》（下卷），人民教育出版社 2009 年版，1943 年 11 月 9 日条，第 204 页。

时的编辑工作已经开展了一段时间——邀请建立编辑小组的主语是张彭春,其依托当然是张彭春的在美人脉。

大致同时,在张彭春的劝说下,张伯苓也下定决心,于 1946 年初前往美国。这次美国之行,一方面是因张伯苓久受前列腺症的困扰,希望谋求根本治疗;另一方面,张伯苓此次出行亦旨在争取美国社会的援助,为南开复校提供更多支持。[①] 张伯苓手术出院后一直住在张彭春家中(1946. 4—1946. 11),兄弟二人应有非常充分、密切的交流。在这期间,张伯苓受赠哥伦比亚大学、加州大学荣誉博士学位,张彭春亦起到重要作用[②]。与《别有中华》有关的约稿、宣传工作,料来应与张彭春关系密切。

笔者业已考索过《别有中华》各位撰稿人与张伯苓及南开学校的关系[③],但如进一步挖掘材料,还可发现张彭春的重要影响。

张伯苓的主要精力在兴办南开,虽与海外名流多有交流,但毕竟居处常在津、渝校中。张彭春则具有更加丰富的社会身份。他除在美国留学,获得教育学博士学位之外,壮年岁月与欧美政治、学术、文化各界均有密切往来,被誉为"东西方世界之间的文化使者"[④],由他来组织约稿,自然有更高的工作效率。

为向张伯苓贺寿,张彭春很早就向自己的博士导师、著名教育学者克伯屈(William Heard Kilpatric,1871-1965,或译基尔帕特里克)约稿。克伯屈 1946 年 2 月 12 日日记言"开始研究张伯苓的相关材料,准备为纪念他而出的一本书中写一章"[⑤],3 月 5 日的日记又说:"遇到了肖特威尔博士、

---

① 张伯苓的国外募款计划,可参《南开大学复兴筹备会议(四则)》,载《南开大学校史资料选(1919—1949)》,南开大学出版社 1989 年版,第 88 页。又参《大公报天津版》1946 年 2 月 4 日 3 版《张伯苓定上旬赴美》等。

② 梁吉生、张兰普编:《张伯苓私档全宗(下卷)》,中国档案出版社 2009 年版,第 1125 页。

③ 参见《原版作者简介》,载《别有中华》,第 250—256 页。

④ 《别有中华》,第 274 页。

⑤ 周洪宇、陈竞蓉编:《中国最需要何种教育原则 克伯屈在华演讲录》,安徽教育出版社 2013 年版,第 183 页。

胡适和张彭春[①]（刚刚从英国返回，联合国教科文组织的中国代表），我们讨论了即将问世的张伯苓一书，之后我们决定将书命名为《五十年之新中国》，副标题为：纪念南开的张伯苓，我认为在书中我叙述的最多，这颇让我高兴。”[②]这里证明克伯屈在纪念文集中占据重要位置。张伯苓1917年在美求学时曾从克伯屈问学，且张伯苓自称1929年在美“最助我的便是克伯屈博士”，足见两人当时关系密切。但自从张伯苓回国后，两人似乎已联系不多，故到了1946年，克伯屈对张伯苓已显得有些陌生。其1946年6月5日的日记中言，在为张伯苓举办的贺寿宴会上“张伯苓在发言中特别提到我，好像在弥补对我的忽视”。9月4日的日记又言，在午餐中“有些忽略了张伯苓，但可能他也不会感到尴尬，因为他的英语比以前差多了。午饭后，讨论帮助南开大学一事，这似乎也是这顿午餐的目的所在。不过事先没有人告诉我”[③]。

最后，《别有中华》并未收录克伯屈的文字，这可能与其对张伯苓事迹、思想已不甚熟悉有关。同样曾受邀约，但并未撰稿的杜威、孟禄等教育家，情况可能也与之类似。事实上，《别有中华》有了司徒雷登、胡适的两篇文章，对张伯苓的介绍已足够清晰；其余各篇介绍、研究中国文字的加入，进一步提升了《别有中华》的学术意义和思想广度。

对此问题，还有一段评述似乎颇可玩味。胡美的《中国医药卫生进步五十年》一文在纽约的英文《中国月报》发表后（收入《别有中华》时改名为《医学今昔》），由司徒美翻译并发表在1947年1月15日的《华北日报》上。译者指出：“张伯苓博士在扬名海外的中国学者中是最杰出的一位。其他的学者或则以从事政治，或则以在外国出版著作进行讲学而得到了外

① 译文作“张伯苓”，误。按克伯屈日记原文为“P. C. Chang”即张彭春，此处据《张伯苓年谱》改。《张伯苓全集 第十卷 附编 张伯苓年谱》，南开大学出版社2015年版，第199页。

② 周洪宇、陈竞蓉编：《中国最需要何种教育原则 克伯屈在华演讲录》，安徽教育出版社2013年版，第187页。

③ 周洪宇、陈竞蓉编：《中国最需要何种教育原则 克伯屈在华演讲录》，安徽教育出版社2013年版，第193、196页。

人的赞赏，而张伯苓博士却既未曾在政府中得到一官半职，也没有在外国下过自我吹嘘式的功夫。他之所以能够得到世界——尤其是美国——学术界一致的推许尊敬，完全是因为他自己以中国人的立场办中国人的教育工作，而有了不可磨灭的成绩之故。在一部分看惯了'学而优则仕'的中国学者的外国人眼中，张博士的不凡的操守与抱负是更能引起十分的钦佩的。"一方面，这当然首先代表了张伯苓的"操守与抱负"；另一方面似乎也可从侧面证明，张伯苓本人并未刻意经营西方影响，张彭春对兄长的称述、宣传，也应起到了相当大的作用。

所谓"五十年之新中国"

我们可以从《别有中华》一书的书脊找到"公能"二字，这正是张伯苓毕生思想的凝聚，也是他晚年特别亟亟宣讲疾呼的理念。《张彭春年谱》称"为兄伯苓编辑《公能》一书""中文名《公能》"。[①] 兄弟二人对此应该有明确共识。

这部贺寿文集的英文名，初拟为《五十年之新中国》(*Fifty Years of Modern China: Essays in Honor of Chang Poling of Nankai*)，最终定名为《别有中华》。不论用哪一个书名，指向都大同小异。张伯苓及其南开事业，与中国的现代化历程是同步的，且他们旨在创造一个"新中国"——这有别于政治黑暗或风雨板荡的现实中国。稍微熟悉南开校史的研究者，都知道这与1928年《南开大学发展方案》的"南开之创办与中国之革新，同以甲午之败为动机"等文献表达了相同的理念。但如果我们把目光转向张彭春的著述，还可以找到更多的注脚。

张彭春于1936年出版的英文著作《中国在十字路口》(*China at the Crossroads*)[②]，既是向西方世界介绍中国的历史文化与当代情况，同时也饱

---

① 崔国良、崔红：《张彭春论教育与戏剧艺术》，南开大学出版社2004年版，第707、708页。

② London: Evans Brothers LTD. 对《中国在十字路口》的译文，使用了张伯苓研究会提供的程航译稿(未刊)，谨此致谢。

含了他对中国“何去、何从”(Whence and Whither)的深切反思。仅粗略翻阅该书中的参考文献,我们就很容易找到胡适(《中国在十字路口》,第 99、122、159 页)、霍尔康柏(《中国在十字路口》,第 35、99、122、159 页)、费纳克(《中国在十字路口》,第 122 页)等人的专业著作——他们同时也都是《别有中华》的撰稿人,在该书中谈论的议题,也与其学术方向密切相关。就具体议题而言,相呼应之处也为数甚多。比如,《中国在十字路口》第二部分讨论的“外部压力”“转变”“复杂性与发展潜力”等问题,比较清晰地梳理了近代中国面临的“冲击”及其“反应”,介绍了不同时期政府的各类举措,以及中国在农业、工业、经济、交通等领域的状况,这些在《别有中华》中都能找到对应的论述。可以说,《中国在十字路口》是张彭春向西方读者介绍中国的早期尝试,而《别有中华》代表了西方学者对中国问题、中国价值的回应。在张彭春的其他著述中也可以看到这一点。比如,1918 年 2 月 27 日张彭春在南开学校修身班的演讲,题目名为《别道德之旧新》[①],《别有中华》所收《新旧道德哲学》一文就可以看作是其回响——该文作者霍金(William. E. Hocking,1873-1966),恰好也正是张彭春特别看重的学者[②]。

至于《中国在十字路口》的核心思想,该书卷首艾琳·鲍尔(Eileen Power,1889-1940)的序言已经说得非常清楚了:“如果两种文明能够在合二为一的同时,又保留各自文明的长处,那么最有可能的结果是中华文明包容、吸收西方文明。中国现在正在借鉴、吸收现代西方科技文明和工业文明,并对其进行本土化改造以更好地服务自身文明的发展。如果中国的这一尝试成功了,那么西方(对自己的文明不是特别满意)很有可能从中学到很多经验。”[③]无独有偶,《别有中华》所收康德利夫撰写的《南开经济

---

① 崔国良、崔红:《张彭春论教育与戏剧艺术》,南开大学出版社 2004 年版,第 39-41 页。

② 张彭春在博士论文《论中国教育之现代化》附录二《有关现代化发展主要训练课程精选书目》列举了霍金的《人类自然和它的再生》,并用星号强调其价值。崔国良、崔红:《张彭春论教育与戏剧艺术》,南开大学出版社 2004 年版,第 156 页。

③ *China at the Crossroads*, pp. 5-6.

研究所》有着几乎完全相同的表述:“中国有甚多可得于现代化者,而世界有甚多可望于一个自由、独立、强大的中国者。它(世界)不需要另一个美国或者另一个俄国。它需要一个可以保持中国特性、又利用美俄知识的新中国。惟其如此,其他国家才能利用中国的经验中蕴含的智慧,从中受益。”①

办教育者始终关注自己的学校是否“世界一流”。对此,南开先贤素有旗帜鲜明地表达——“务使我南开学校,能与英国之牛津、剑桥,美国之哈佛、雅礼并驾齐驱,东西称盛。”②而张彭春的表述似乎更加雄心勃勃。早在 1916 年,他就提出“南开大学生之低标的应与欧美并驾齐驱”,而优秀的南开学子,自然要“发明新理为世界学问之先导”③。

张伯苓虽以“南开大校长”为世人所熟知,但他在政治、经济、文化、学术、公益各界,都有着丰富的实践和卓越的成就。张彭春就更不必说——“有时致力于教育,有时从事外交,有时也研究戏剧”,但“其实一切活动,都有一贯的中心兴趣,就是现代化,也就是中国怎么才能现代化”④。这段话是 1946 年秋天张彭春在重庆南开中学时演说的节录,也同时可以看作《别有中华》的编纂思想——教育家的事业绝不停留于“教育学”这一领域,其光芒足以照亮整个社会,终能建设现代化的、“公能的中国”。

尾声

《别有中华》刊行于风雨飘摇的 1948 年,随着政治大环境的急剧变动,其书长期以来知者不多,并未发挥应有的文化学术影响。除胡适所撰的《张伯苓:一代师表》多次得到译介外,其他各篇文章很少被提及。在台湾,张源的《张伯苓先生小传》提及过该书的基本情况和主要撰稿人,然不过寥寥数语。大陆学者则到 20 世纪 80 年代中后期才开始了解本书情况,

① 《别有中华》,第 96—97 页。

② 张伯苓:《四十年南开学校之回顾》,《张伯苓全集》第三卷,第 163 页。

③ 崔国良、崔红:《张彭春论教育与戏剧艺术》,南开大学出版社 2004 年版,第 4 页。

④ 崔国良、崔红:《张彭春论教育与戏剧艺术》,南开大学出版社 2004 年版,第 322 页。

并逐渐展开研究。若溯其因缘,则仍然不得不提及张彭春。

在《南开校友通讯》复刊第八期“纪念南开大学创始人张伯苓先生诞辰 110 周年专刊”中,谷源田先生发表的《另一个中国——介绍 1948 年为纪念张伯苓七十诞辰在美国出版的一本书》,是改革开放以来首先介绍本书的文章。该刊“校友捐款名单”中写道“张伯训校友捐赠《另一个中国》(英文本)一册”[①]。张伯训原名张廷勋,美籍华人,南开中学 1929 届校友,与谷源田、杨肖彭、曹禺等人为同学,在学期间积极参加各类活动,在张彭春的指导下参演过滑稽剧《瞎了一只眼》等。他与张彭春关系密切,晚年撰有《缅怀彭春恩师》[②],对《别有中华》应有较多了解,所捐很可能是张彭春的赠书。

今检南开大学图书馆仅藏有一册英文版《别有中华》(索书号:G40-05/T398),扉页有张彭春所题“士彦学友 存念”字样,时间则在 1953 年 4 月 5 日张伯苓诞辰。

承张伯苓研究会高鹏博士查阅、赐告,“士彦”为南开校友武士彦(Shih-Yen Wu,1929-2017),1941—1947 年就读于重庆南开中学。武士彦之父裕华银行总经理武渭清(Frederick Wai-Ching Wu),为孔祥熙麾下的得力干将,也是铭贤学校的校友、校董。铭贤学校(1907—1951)是民国时期在山西颇有声望的私立学校,是美国欧柏林大学(Oberlin College)委托孔祥熙所创——欧柏林大学本就是教会学校,孔氏又长期兼任太原基督教青年会董事长,故铭贤亦具有教会背景。铭贤学校旨在“造就德、智、体三育兼全人才”,包含大、中、小学,办学方式与南开系列学校不乏相似之处,与南开亦渊源甚深[③]。武士彦于 1951 年赴美,就读于欧柏林学院(学士,1954)。

① 《南开校友通讯》复刊第八期,第 55 页。

② 黄殿祺:《话剧在北方奠基人之一——张彭春》,中国戏剧出版社 1995 年版。

③ 张伯苓致铭贤学校校长函,见《张伯苓私档全宗(上卷)》,第 428 页。曾担任铭贤学校代校长的梅贻宝(1900—1997,梅贻琦之弟)即南开中学 1918 届校友。至于张伯苓与孔祥熙的关系,更是久为学界所熟知了。

他从张彭春处获赠此书,可能与这些背景密切相关[①]。武士彦博士毕业(美国西北大学,1961)后,曾任爱荷华大学经济系教授、系主任,并于1988年被南开大学经济学院聘为客座教授,此书盖亦随之捐回国内。用时下流行的话来说,这大概可算是"念念不忘,必有回响"。

余音

据笔者的有限知、见,存世的《别有中华》英文原版,中、美公私收藏至少应有十部以上[②]。但至少还有一部特具纪念意义的有待于继续考察。恳望各界师友概予提供线索。

1948年,本书刚刚出版时,《南开校友(胜利复刊)》第二卷第2期新3号发表了长篇介绍,名曰《公能的中国:中美两国著名学者为伯苓先生编纪念集》(李子英撰),并同时翻译了书中所收司徒雷登、胡适的两篇文章。李子英[③]介绍说:

> 这本书是中学部一九二九班杨肖彭学长今年夏天从美国带回来的。他对这本书极珍贵,因为他得到这本书,是今年四月三日在纽约华美协进会南开校友为校长遥祝寿辰的盛会中,他和校友范士奎学长两人担任做炸酱面的劳役的报酬。并且是日到会的校友们三十多人都在这本书上签名留作纪念。今值母校四十四周年校庆,又逢校长办

---

① 其时,张彭春已退休家居,住在美国新泽西州纳特莱城(Nutley,New Jersey)。因该城距离纽约颇近,车程不过半小时,笔者曾推测这可能是在纽约参加南开校友活动时之赠书,但目前并未发现证据。

② 其中比较珍贵的,如美国国立博物馆(Smithsonian Institution)所藏的是费纳克签名本(高鹏博士赐告)。

③ 李子英(1911—1989),河南商丘人,南开大学1929级经济系校友,曾任《大公报》经济版编辑、南开中学外语教员、北京外贸学院教授等。李子英为天津重要翻译家,1938年首先译介卡耐基的著作进入中国。他与彭雪枫为老乡,关系密切,受其影响倾向革命。后改名李木,1946年前后在天津创办《自由周报》,其所创办的"李木书屋"成为中共地下工作据点之一。1947年跟随张伯苓等发起天津市公能学会。其事迹参杨大辛、张守谦:《天津出版史概略》,《天津文史资料选辑(第42辑)》,第131页。《彭雪枫传》,当代中国出版社2004年版,第247页。《张伯苓全集》第八卷,第154页。

学五十周年纪念，特将这本宝贵的书借来制版，供诸校友共览。

据《张伯苓年谱长编》，本日与会者还有孟治、何廉等人①，其余人物则不详，但就常理推想，本年系张伯苓从教办学五十周年，纪念意义尤高，与华美协进会关系密切的南开校友大概率悉数到场。此书由杨肖彭先生带回天津，究竟归于公藏还是仍在私人手中？笔者曾委托张伯苓研究会多方搜求此书下落，但并无线索，或早已遗失。“借来制版”之具体情况，也有待进一步考察。

是书的签名人物、流传端绪如能得到进一步揭示，不仅能够彰显前贤之辉光，为本书的流传史增一注脚，亦能对不同时期留美南开人的活动情况，及其与天津校友的交流往还，提供新的研究材料，应该有相当的文献价值。

作者简介：

张昊苏　文学博士，南开大学文学院讲师。张伯苓研究会会员。2016年以来，主持翻译《别有中华：张伯苓七十寿诞纪念文集》，发表多篇校史研究文章，对“南开与世界”“公能与公益”等学术课题的研究，及稀见校史文献的搜集有所贡献。参与撰写了文言的《南开大学赋》。

① 《张伯苓年谱长编》（下册），第317页。

教育所期望于未来者则至大
——张彭春教育思想发微

张重宪

张彭春是第一个在中国提出“现代化”概念的中国教育家，是第一个在理论上将教育的“现代性”与中国的“现代化”联系起来的教育家，也是一个坚信教育为推动“国家现代化”和人类社会文明之“舍道莫由”的教育家。

一、教育之“现代化”与“现代性”

张彭春所谓的“现代化”，不是已经泛化了的一个词汇，而是一个与“现代性”互为表里的概念，即“现代化”之内化为“现代性”，“现代性”之外化为“现代化”。“现代性”更多的是指一种态度，“现代化”更多的是指一种程度。

虽然张彭春没有直接使用“现代性”一词，但他在讨论“现代化”问题时，绝少直指“工业化设施”与“现代化设备”等，甚至特意针对“西方化”与“现代化”的关系做了深刻阐释。1927年6月21日，南开中学召开暑期“学校工作改革讨论会”，张彭春发表演讲，题为“‘开辟的经验’的教育”。其中，他为了说明“吾国不但有得此‘现代化’之可能，且有不得不出此之势”而特别指出，“方今世界，进步迅速，一日千里，第其进化之趋向则有一焉，斯即所谓‘西方化’亦即所谓‘现代化’”。然而，他更强调，“故一言以蔽之，兹所谓‘西方化’云云，经‘动’的分析，则知非仅‘西方化’也，实即‘现代化’也”。

这一点，我们还可以张彭春作为中国代表在联合国经社理事会所表达的观点作为证明。

1946 年 6 月 4 日，联合国经社理事会第二届第 7 次会议，张彭春在发言中指出："作为对世界经济和社会调整理念的概括，请允许我引用大约 2500 年前孔子的一段话。它表达了甚至是当今全人类的梦想。这段话如下：'大道之行也，天下为公。选贤与能。讲信修睦。故人不独亲其亲，不独子其子，使老有所终，壮有所用，幼有所长。鳏、寡、孤、独、废、疾者皆有所养，男有分，女有归。货恶其弃于地也，不必藏于己；力恶其不出于身也，不必为己。'"①

张彭春反复强调："请允许我重复这些句子——它们看上去是那样的富有现代含义。"

"现代含义"就是"现代性"。难怪会议主席立刻回应说："谢谢张博士，你为我们指引了大路。"

"现代性"的特征是"以人的价值为本位"。马克思有一个极具"现代性"的论断，那就是："每个人的自由发展是一切人自由发展的条件。"②因此，人和社会始终是"现代性"的核心。

张彭春在 1949 年 3 月 3 日联合国经社理事会第八届第 259 次会议上有一个长篇发言，探讨了应该从哪些方面来考虑欠发达地区经济发展问题。张彭春认为，一些代表团强调了工业设备和资本投资对欠发达区域经济发展的重要性。然而，还应考虑到社会和人的观点。

当时，人们不禁想知道，各种欠发达国家将如何设法使自己处于工业化区域的水平。关于农业、工业、卫生和其他基本活动形式，已经有人做出了某些推测，但张彭春不想再详述这一点。他想知道目前是否只从两个角度看待这个问题，这一事实将阻碍进步和创造性的适应。毫无疑问，在经

① 本文关于张彭春在联合国经济及社会理事会的发言均引自孙平华《世界合作共赢的中国贡献：张彭春在联合国经济及社会理事会的发言》，天津社会科学院出版社 2022 年版。

② 马克思、恩格斯：《共产党宣言》，《马克思恩格斯选集》第 1 卷，人民出版社 1995 年版，第 294 页。

济发展的三大要素中，人的适应是基本的。

张彭春强调了这样一个事实，即人的行动受习惯和传统的指导。每当他发现自己传统的行为方式不再完全符合现实时，他就会感到不满。为了理解这一点，必须准确地了解和分析受到尊重的传统的性质；那些传统和人类不满的原因经常不被理解。正是在这一点上，使用所有的现代技术方法而不知道它们是否能完全满足人类的需求是危险的。

张彭春多次在经社理事会会议上提出人和教育的问题，有些代表建议对这一问题的研究或许应该留给教科文组织，但张彭春坚持他的观点："事实上，现代化和工业化的好处应该由所有人平等分享，这一点至关重要。这主要是一个教育问题——必须让大众意识到既需要要求也需要公平分配技术进步的所有好处。"

联合国经社理事会第十二届第463次会议主要议题是讨论欠发达地区的经济发展、讨论国际重建和发展银行的报告等。张彭春在发言中指出："人们经常提请注意经济发展的资本投资和融资问题。金钱、机器和材料对于经济发展是不可或缺的，但人们决不能忽视它们背后的动力，即人。"他进而提出："通过获得现代科学和技术，欠工业化国家的人民希望改善他们的生活条件，增强他们的独立和尊严感，并摆脱自卑情结。然而，必须仔细研究这一问题，并以不同于传统方式的方式处理工业化教育问题。仅仅建立一些只教授科学和技术科目的专业或工业学校是不够的。所有各级和各领域的所有教育都必须改革。"

张彭春的结论是："但显然，教育的这一方面影响到所有援助领域，因为援助的主要目标是确保当地居民的独立性。因此，当人们在各种实际项目中得到帮助时，他们的重新适应决不能被忽视。"

作为一个教育家，张彭春在全球经济社会"现代化"方面提供的教育观点无疑是深具洞见的，然而，对于教育的"现代性"来说，非教育领域"现代化"的教育阐释不是更具揭示本质的价值吗？

二、教育"现代性"之个性发展

对于"现代化"，历来普遍接受的解释是"科学与民主"，张彭春却有一个自己的极其独特的表述。在1922年美国哥伦比亚大学博士学位论文《从教育入手使中国现代化》中，他疾呼："科学、个性和民主是无可争辩的现代化时代的真正声音。"

这种对个性的强调，自然有中国人本思想的承继，以及西方从文艺复兴以降，人性权利启蒙与个性特权张扬的影响，更是张彭春对教育本质的深刻认识使然。

在张彭春的教育学博士论文中有"现代化教育中课程结构之建议标准"一章，其中有多条标准与个性相关。例如，"学校活动应有助于提高个人活力和倡导发挥个人活力的要求"；再如，"在与一种'封闭空间'式的长期闭塞的社会要求一致的环境中，学校活动要助于提高学生个人的活动质量、独立判断(能力)和自主活动(能力)"；又如，"'做事情'的方式要鼓励学生创造自己的方法"，等等。

在张彭春作为联合国人权委员会副主席参与起草的《世界人权宣言》中，个性也得到了充分的体现。

《世界人权宣言》第26条第二款明确宣称："教育的目的在于充分发展人的个性。"第29条第一款进一步提出："人人对社会负有义务，因为只有在社会中他的个性才可能得到自由和充分的发展。"

笔者认为，张彭春不仅将中国儒家的思想智慧融进《世界人权宣言》，这个关于教育的思想同样来自张彭春。因为，早在1923年8月，张彭春在中国教育改进社第二届年会讨论中等学校训育标准问题时，就辩证地提出了与之完全一致的思想："为个人造互助的社会，为社会造独创的个人。"

不仅如此，张彭春很早就从教育哲学的角度认识到：一个充分的个性和普遍的社会性会完整地体现在个体中。事实上，张彭春说："自私自利从来不是独立自主的。"①

相应地，张彭春还提出了"现代力"的概念。1929年9月8日，张彭春在南开中学全校集会上讲《南开教育的一个新方向》，重复强调了他稍早

① 张彭春：《从教育入手使中国现代化》，《张彭春论教育与戏剧艺术》崔国良、崔红编，南开大学出版社2003年版。

时一个演讲中的观点，他说："现代教育之目的，在养成每一国民之现代力。"在张彭春独特的语境里，个性与"现代性"是互文的，"现代力"与创造力是互文的——"现代性"产生"现代力"，个性产生创造力。

具体说来，创造力作为一种"现代力"，它的形成是个性摈弃奴隶性的结果。1942 年 3 月，张彭春在对巴格达大学学生的演讲中说："我为什么要用这么长的演讲来讲述现代科学精神的形成？我之所以花这么多时间，是想说明我的观点，那就是我们必须通过比较的方法去理解现代文化的成果。如果像奴隶般地学习，我们就永远也不会有创造性。这个道理对于社会、政治和经济领域的实践和制度的建立都是同样适用的。"

1946 年 5 月 31 日，张彭春在联合国经社理事会第二届第 6 次会议审议人权委员会的报告时发表讲话时强调了一个观点和一个动机。其观点是："关于个人的重要性，特别是关于教育制度的重要性，不仅是一种抽象的理论，而且是一种政治的技术性的具体形式。"其动机是："正如我们一再指出的那样，其动机是人的自由或尊重人的尊严，特别是人的个人尊严。"张彭春说："毕竟，最重要的是要有这种动机，否则，创造力就不能起作用，也不会起作用。"

至于张彭春创造性地提出"'开辟的经验'的教育"，台湾师范大学刘蔚之教授予以很高的评价，认为"开辟经验是产生科学与民主这两项现代化精神特征的主要环境"。然而，无论如何评价，我们都不应该忽略张彭春在"科学"与"民主"之间强调的"个性"，因为，张彭春说："'开辟的经验'又可增高个人独创自信力。科学家之所以屡败屡蹶一再试验者，以此故也。"进而，在"自闭塞转为开辟的改变中"，"个性之发展"①，是最为显著的现象。

三、教育对国家"现代化"以及人类文明之根本性作用

张彭春宣称："现代化是教育的直接目标。中国需要男人和女人具有

---

① 张彭春：《略谈近代学术之背景与方向》，《张彭春论教育与戏剧艺术》崔国良、崔红编，南开大学出版社 2003 年版。

创造现代化的能力和才智。这是我们最需要的，因而构成了中国的教育的直接目标。”①

1918 年 2 月 18 日，张彭春在南开学校春季始业式上演说时提出“南开同志三信条”：(一)我们信国家，(二)我们信教育，(三)我们信南开。在这里，教育虽然放在第二位，但请注意，排在第一位的国家有个前提，即“不过当信一可信之国家。如无可信之国家，则当造之创之”。而教育信条中明确指出：“且欲造新民新国，非教育不为功。”所以，推动国家“现代化”，教育的功用实际上是排在第一位的。

2021 年 4 月，在关于严修、张伯苓以及南开教育的“百年变局，启蒙穿越”专题座谈中，有人提出了一个问题：“一百年前先贤们选择教育作为拯救国家的“唯一途径”(张伯苓语)，假设在一百年后的今天，他们还会做同样的选择吗?”笔者当时就觉得，这个问题对严修和张伯苓以及张彭春来说是毋庸置疑的；后来笔者意识到，这个问题的意义在于，今天的我们是否真的理解并相信他们的选择呢？对此，倒是颇值得质疑。

张彭春在题为“‘开辟的经验’的教育”的演讲中说道：“年来时闻有人提倡教育救国之说，众咸以迂缓而不切实际目之，加以种种非议；姑无论其评驳之是非，吾人倘能从根本上细加推寻，详为研索，实不能否认此种主张自身有其重大之意义。方今之世，浊浪滔滔，时衰国危，有志之士莫不各抒其所见，谋所以补救之方：如所谓‘积极革命’，所谓‘振兴实业’，所谓‘整理财政’……比比皆是也。凡此种种，就其本身而言之，固各有其相当之意义，然究系枝枝叶叶之办法，终非根本之计划。欲求其先着眼于深微之处，续致其最迂缓之力，终乃谋国家百年之大计，如教育者殆不多见也！教育救国之说，容或近于迂阔，然其所期望于未来者则至大：其所求者乃永久之建设，非暂时之破坏；其所注意者乃底层之培植，而非表面之虚饰。故无论众议如何，吾人为根本上之解决计，固舍道莫由也。惟是，提倡教育固属刻不容缓，吾人尤须注意如何方可使其得充分致其大用。”

① 张彭春：《从教育入手使中国现代化》，《张彭春论教育与戏剧艺术》崔国良、崔红编，南开大学出版社 2003 年版。

笔者认为,这就是张彭春的回答。

“现代化”不过是人类社会发展的进程概念,在理论思考上,张彭春并未停留在“教育现代性之于中国现代化”,也就是说,他致力于此,并未止力于此,张彭春将教育的功能延展至更为深远的境界。

恰好写在一百年前的那篇博士论文《从教育入手使中国现代化》洋洋数万字,于论据条分缕析、标题鳞次栉比的行文中,张彭春忽然以一种诗意的论调进行宏大的揭示:“在现代世界这口沸腾的大锅里,可以确认无疑的是,中国沿着物质竞争的道路而行必然招致越来越多激烈的争论。但是,如果我们不是悲观主义者或宿命论者,‘人性化’这个现代庞然大物的产物——即大社会——必然由有“人文主义”思想的所有现代人所共享……”

就在张彭春写下这些话的十年后,1933年,于希特勒掌权之前的几个星期,德国一个默默无闻的法兰克福大学法学博士、日后成为鼎鼎大名的现代管理学大师的彼得·德鲁克正在着手撰写他的第一本书《经济人的末日》①。这本书在1939年正式出版后,当时尚未执政的温斯顿·丘吉尔为这本书写下了第一篇热情洋溢的评论,次年,丘吉尔当上英国首相,他下令要每一位英国军官都要放一本《经济人的末日》在背包里。

在这本书中,德鲁克从社会和政治的角度分析,资本主义与社会主义看似水火不容,实则分享了同一种人性观——“经济人”,也就是“人类自由从事经济活动是实现社会目标的方法。似乎只有经济上的满足,才是对社会重要且有意义的事”。

事实上,德鲁克说,资本主义曾经自信地认为能够“自动”实现自由和平等,但经济的自由虽然导致物质富足,却无法实现平等,阶级冲突和社会撕裂不减反增,“这个事实摧毁了20世纪欧洲人对资本主义社会制度的信仰”。作为资本主义的替代品和拯救者,苏联同样没有实现自由平等的理想。苏联的强大吸引力在于它承诺会带来“新的社会秩序”及“建立平等”。德鲁克认为他们“无法奠定真正的自由”。1991年,苏联解体,历史

① [美]彼得·德鲁克:《经济人的末日》,上海译文出版社2022年版。

又一次证明了德鲁克的正确。

但是,在德鲁克做出"经济人社会已经走向末日"以及"非经济社会的诞生具有必然性"的判断后,其对未来的构想究竟如何?在《经济人的末日》中语焉不详。三年后,德鲁克出版了《工业人的未来》,但对未来同样言之渺茫(这或许是他转向管理研究的原因)。而且,且看今日之域中,"工业人"不是早就和"经济人"一样陷入困境了吗?那么,什么才是人类真正的未来呢?

让我们带着这个问题,再一次回顾张彭春的话——"人类大社会必然由有'人文主义'思想的所有现代人所共享"——他说的,难道不是一个"文化人"的社会吗?是的!只有"文化人"社会、只有通过真正"现代性"的教育达到的"文化人"社会才有未来。

张彭春接着写道:"然而,正如教育家(原文为教材编写者)们注意到的一点——必须允许和鼓励中国的青年人深刻体会而不仅仅是效仿现代流行趋势和方法。他必须学习研究'人类'价值,还要感激正在茫茫荒野里大声疾呼反对现代物质扩张的竞争阶段的愚钝与残忍的现代世界的先知和预言家们。"

在"现代世界的先知和预言家们"的行列里,如上我述,应该有丘吉尔,也应该有张伯苓,应该有德鲁克,也应该有张彭春。

(本文系在2022年"中国价值　世界贡献:张彭春先生诞辰130周年"研讨会上的发言基础上整理完成)

作者简介:

张重宪　张伯苓研究会、严修研究会副理事长,五度时空智库研究员,天津日报社高级编辑。曾任张伯苓研究会会刊《张伯苓研究》主编,现任编委。致力于张伯苓体育思想的研究,相关成果有《质疑北洋水师学堂的体育课》《体育:张伯苓的教育评价密码》等。独立承担"南开教育与中华民族传统士人的精神"等课题。

回忆在天津开始的戏剧生活：我的恩师张彭春

曹　禺

20 世纪 20 年代初,我进入天津南开中学读书。那时张彭春先生负责校务,喻传鉴先生是教务主任。张彭春曾先后在美国哥伦比亚大学和耶鲁大学研究教育和戏剧,对戏剧很有兴趣。南开中学每到校庆和欢送毕业同学时,都要演戏庆祝,已成为一种传统。演"新剧"起源于张伯苓先生。他早在 1909 年(宣统元年)时就提倡新剧,目的在于练习演讲,改良社会。南开新剧第一次公演的剧目是张伯苓先生自编、自导、自演的《用非所学》。

我大约在十五岁时就加入了南开新剧团,演过很多戏,几乎都是张彭春导演的。师生合作,参加者有伉鼐如、吕仰平、陆善忱等。我也演过陈大悲的戏,如《爱国贼》。

当时的风气,男女不能同台。我在中学时多半扮演女角色。我演的头一个女主角戏是易卜生写的《国民公敌》。我们排演认真,费时两三个月之久。这个戏写的是正直的医生斯多克芒发现疗养区矿泉中含有传染病菌,他不顾浴场主的威迫利诱,坚持要改建泉水浴场,因而触犯了浴场主和政府官吏的利益。他们便和舆论界勾结起来,宣布斯多克芒为"国民公敌"。那时正是褚玉璞当直隶督办,正当我们准备上演时,一天晚上张伯苓得到通知说,"此戏禁演"。原来这位直隶督办自认是"国民公敌",认为我们在攻击他,于是下令禁演。等他倒台后,此戏才得以演出,很受欢迎。

1928 年 10 月公演了易卜生的名剧《娜拉》,由我扮演娜拉,张平群演娜拉的丈夫海尔茂律师。我们一面上学,一面排演,每次演出都很用心,很努力。当时《娜拉》的演出在天津是一件很大的事,尤其在教育界引起很大的注意。演出后报纸上纷纷刊载评论,受到观众的热烈欢迎。后来我演《新村正》,这是南开新剧团自己写的剧本,故事情节我忘了,记得我还改写过一遍,那时我已上高中,不是男扮女角,而是男女合演了,同台演戏的有伉鼐如。华午晴先生搞的舞台布景。

南开新剧团经常介绍外国戏,有的加以改编,成为中国可能发生的故事,人物也都中国化了,但主题思想不加更改。这样做,是为了适合我们的舞台条件和观众的接受能力。如我改编过17世纪法国伟大喜剧家莫里哀的《吝啬鬼》(即《悭吝人》)。戏名改为《财狂》,由我扮演主角,并请曾在外国学过建筑学、“新月派”文艺团体的林徽音先生负责舞台设计,那是很讲究的,布景是写实主义的,在业余剧团中算是很好的了。

改编本把原来五幕缩为三幕,把原剧的主人阿尔巴贡改为韩伯康,艾利丝改为韩绮丽。《财狂》在南开瑞庭礼堂公演,轰动了华北文艺界,天津《大公报》还出了纪念特刊。我们演《财狂》时,郑振铎、巴金、靳以都由北平来看戏。此外我还导演过英国作家王尔德的《少奶奶的扇子》(原名《温德米尔夫人的扇子》)。

英国人高尔斯华绥的戏《斗争》,是写工人罢工的戏,改编后改名《争强》。这出戏写劳资斗争,最后双方都妥协了。我演资方的董事长,张平群演工人代表。那时我思想落后,高尔斯华绥这个戏是宣扬劳资合作,号召妥协的。

南开新剧团对我的影响很大。我原想学医,两次投考协和医学院,都没考上;后来考入南开大学学政治,但是学不进去。在南开大学和以后在清华大学时,我得到图书馆的许可,可以进入书库,在那里浏览较广,从有关先秦哲学的简单著述,到浅近的有关马克思学说的书,更多的是读中外文学和戏剧书篇。由于南开和清华大学的环境,我得到一些知识。南开新剧团的活动,启发了我对戏剧的兴趣,慢慢有了离开学科学的打算,终于走上从事戏剧的道路。

我很留恋青年时代在天津的这段生活。我从15岁至今天(72岁),一直从事戏剧工作。南开新剧团是我的启蒙老师：不是为着玩，而是借戏讲道理，它告诉我，戏是很严肃的，是为教育人民、教育群众，同时自己也受教育。它使我熟悉舞台，熟悉观众，熟悉应如何写戏才能抓住观众。戏剧有它的内在规律，不同于小说或电影。掌握这套规律的重要途径，就是舞台实践。因此，如何写戏，光看剧本不行，要自己演；光靠写不成，主要在写作时知道在舞台上应如何举手投足。当然剧作家不都是走我这样的道路。张彭春去美国时，给我留下一套英文的易卜生全集，对我影响很大，大部分我都读了，有的太深，不大懂，没读。那时我太年轻，还在中学，英文也不好。易卜生是“近代戏剧之父”，近代戏（也许除去现代各种流派的外国戏）无不受易卜生的影响。他不仅是写实主义的，同时也是象征主义的。他的哲学思想和写戏方法，影响极远。他是一位戏剧大师。

体验生活是近来才有的词，我写《日出》《雷雨》当然也得体验生活。这两个戏的故事情节都是我天天听得见、看得到的亲戚、朋友、社会上的事。有人说《雷雨》的故事是影射周学熙家，那是无稽之谈。周家是个大家庭，和我家有来往，但事件毫无关系，只不过是借用了一下他们住在英租界一幢很大的、古老的房子的形象。写鲁贵的家，取材于老龙头车站（东车站），一道铁道栅栏门以外的地方，过去那个地方很脏。《雷雨》的剧本最后是在清华写完的。

《日出》一剧，事情完全在天津，当然和上海也有关系，如写交际花一类的事。地点也可以说基本是在天津惠中饭店，另外是南市三不管一带的地方，那里有很多妓院。翠喜、小东西是确有其人的。妓女们的心肠都很好，都有一肚子苦水。我不敢独自到那些地方去。当时的天津是暗无天日的地方，动刀杀人，无奇不有，我是由朋友带去的，读书人跑到那里去，很不容易。我接触了许多黑暗社会的人物，慢慢搞熟了，才摸清里边的事。不过很难。《日出》中提到的砸夯，是天津地道的东西，工人是很苦的，那时盖房子、打地基，没有机器，一块大铁饼，分四个方向系绳，由四个人用力举起，然后砸下，一面劳动，一面唱。节奏感很强，唱起来也满有劲。他们唱的都是一段段故事，也有即兴打趣的内容，有领唱。我一看就是两三个小时，写在《日出》里的夯歌，是我自己编的词。

天津的话剧活动并不只是南开中学一家活跃，很多中学都在演戏，如汇文中学、新学书院，还有一个外国的女子学校也在演。黄佐临是新学书院院长，他是很有名的戏剧导演，他的女友丹尼用英文演莎士比亚的《如愿》，由他亲自导演，还请我去看过。

天津的话剧运动在“五四”以前就开始了，周恩来同志就是当年南开编演新剧的积极分子。1915 年南开学校十一周年时，他参加演出新剧《一元钱》，获得很大成功。我比周恩来小 12 岁，在学校时没有见过他的面。后来我听说邓颖超同志也演过戏，我看见过她扮演男角色的照片。那时南开中学男生扮演女角，女中部是女生演男角，男女不能同台。再早的时候，革命党人王钟声，1907 年在上海组织新剧剧团春阳社，上演《黑奴吁天录》，1909 年带领剧团北上，曾在日租界下天仙戏院演出《爱国血》《秋瑾》《徐锡麟》等爱国的、反帝反封建的、反袁世凯的戏。这些戏都是刘木铎编写，由王钟声演出，极受观众欢迎。这是天津最早的话剧运动。后来王钟声被袁世凯的亲信张怀芝杀害。

新剧原是宣扬“文明”的戏，不唱。他们认为京剧内容封建，“不文明”。“文明戏”的内容是革命的、反封建的，“文明戏”是中国的早期话剧，这个名词原无贬意。

天津是革命话剧的发祥地，对戏剧发展很有贡献。当初搞话剧运动资料的同志们不知道北方也贡献了不小的力量。周总理曾经一再对我谈，要把天津和北方其他各地的早期戏剧运动写上去。都怪我太忙了，没有做。现在天津市政协文史资料研究委员会注意到这个问题，是很好的。周总理也和戏剧家凤子谈过：“为什么北方这么重要的戏剧活动一点都不谈呢？”

张伯苓主张搞新剧很不容易。那时有人认为搞新剧是下流的，可张伯苓却认为新剧和教育有关。天津造就了很多人才，天津话剧运动的贡献是值得一提的。

1982 年 3 月

作者简介：

曹　禺(1910.9.24—1996.12.13)　原名万家宝。1922 年入读天津南开中学，并参加南开新剧团，其戏剧才华受张彭春先生亲传启蒙。曾任北京人民艺术剧院院长。中国新文化运动的开拓者之一，中国杰出的现代话剧剧作家，戏剧教育家。1934 年曹禺的话剧处女作《雷雨》问世，在中国现代话剧史上具有极其重大的意义，它被公认为是中国现代话剧成熟的标志，曹禺先生也因此被誉为“东方的莎士比亚”。

附录一：张彭春博士论文

论中国教育之现代化

鉴于国民生活的转变对课程中等教育结构标准的研究

张彭春博士

1923年于哥伦比亚大学师范学院

董菁　董秀桦　译

目　录

序

在对中国正在经历的现代化混乱过程作出关键性解释的时期,本文就其目的和性质而言,都是一个初步尝试。目的是发现转变时期有效教育内容的形式,为此,我们从分析转变时期的性质和方向入手,而不是对中国的旧的和现存的文化加以说明。因此,直接从现代西方思想家的论著,特别是有关现代世界的特点的论述中汲取智慧。

这项探索的主要兴趣是形成一套新的研究方法和重新调整论点的取向。至于这一理论所必然包含的学校程序的有关具体细节,还有待在真正的实验中解决。

我愿表达对负责这项研究工作的哥伦比亚大学师范学院的基尔帕特里克(Kilpatrick)、杜威(Dewey)、门罗(Monroe)和坎德尔(Kandel)教授的感激之情。这主要由于基尔帕特里克教授的明确指导和息息相通的兴趣,将最初的探索冲动,导入了系统研究的轨道。

张彭春

纽约市

1922年5月1日

第一章　绪　论

在中国,现代化教育还是崭新的,但没有坚实的基础。一套国家体制运行的时间已经超过十五年,但是由于在这样的政治环境中没有建立稳定的秩序,尤其是在最近的四五年里,新教育还处在多变的状态。军阀和政客正控制着他们赖以生活的税收和公共财产。为什么应当给学校的钱却非常方便地落到他们私人的钱包里?学校不是生产麻烦制造者——青年煽动者(们)——的地方吗?从他们的观点和为了他们自己的目的来看,他们切断教育经费的理由是正当的。没有稳定的秩序,没有资金,没有明确的实体来执行一项持续的政策——在这种情况下人们会对中国新教育的未来产生疑虑。然而,甚至此时任何一个前来中国临时访问的人都能容易地看到全体国民对教育的狂热和信心。教育已被看作救世主,兴趣(影响)是如此的强烈和广泛,以至于出现了一种(然而)可悲的自发性,每个人都明显地要抓住一种新学说和舶来的教育模式。

但是,从其他国家借鉴来的实践经验,正在开始显示出更好地消化和重新适应的需要。我们目睹了现代学校所教育出来的人,处在社会(面临)失业者当中和令人同情的无用境地。这些人了解学校所讲授的现代学科的一些内容。他们学到了一点点或根本不实用的东西,甚至那些非常幸运地找到工作的人们却并没有把他们在学校学到的东西运用于他们的工作中去。对中学毕业生的批评,黄炎培[①]最近写道:"看一看全国的中学毕业生吧。到处都处于一片混乱状态,他们都抱怨没有办法更进一步发展。如果你要问理由,他们会说,中学的课程原是为学生升入高等科技学院和大学准备的。但是,目前高等教育机构并没有为所有的中学毕业生提供充分的机会,这就使中学毕业生进一步求学成为一个难题。当毕业生进入社会寻找工作的时候,他们发现在学校里四年的学习确实不能满足或适应所面对的社会上各种职业的要求,结果找工作也是困难的。由于有这样两个难题,目前我们有大量的中学毕业生成为流浪和困惑的青年,沦为失业队伍中的一员。"

保罗·门罗博士最近出席在北京召开的一次教育家会议时指出:“中国的中学在整个教育系统中是最重要却又是最薄弱的一环。这种情况需要严肃地考虑,因为中等教育的不足引起很多方面不良的结果。高等教育主要依赖于中学人才的预备。而对那些毕业以后不能进入高等院校学习的学生,中学应提供足够的训练使他们能够在不同的职业领域里成为佼佼者。”②

一般认为中学的课程——同其他各级教育一样——都迫切需要改革。改革努力的方向应该是制定出更为有效的内容,以满足中国教育转变的紧迫需要。这项探索的目的是在这个教育转变时期制定出适合于课程结构的标准。创立一套新课程不是任何个别工作人员的任务,它需要在这个领域里很多工作者的合作努力。此外,无论提出什么理论都应当通过具体实验的详细检验。我们希望这项调查产生的结果,在指导对当前实践的评价,对目前使用着的教科书的分析,以及准备新的和实用的教育内容要点等方面会有一定的价值。但是,为任何一个学校设计一项预定的学习计划绝不是这项研究的目的。

在对政府课程仍然有效和改革的尝试进行分析以后,探索自然地引导我们去确定,如果我们能够去确定的话——中国教育的直接目的。它应该是根据国民生活的巨大转变,确定教育目的的含义,和制定控制课程结构的标准。它将提供有关通过这项程序的方法所产生的该标准的说明,继而为中学的课程结构设计标准的应用方法提供建议。这项计划包括调查、仔细的和评论性的规划以及实验三个步骤。

注:

①《新教育》第 2 期,1919 年 9 月 1 日。

②北京领导人会议上所作的报告,1921 年 12 月 29 日。

第二章　公立中学课程和尝试改革*

公立课程

当1912年确立共和政体的时候，学校的课程经历了一些不可避免的变化[①]。1912年9月28日由教育部颁布中学法令，1913年3月19日发布了有关课程详细科目的规定。这个学习课程的原始架构几乎是从外国学校经验中借鉴来的，其中日本最具影响力。

教育部详细规定了不同科目中的主题和科目本身。课程大纲如下：

课　　程

科目	年	每周小时	大纲概要[②]
道德规范	1	1	个人操行，社会操行
	2	1	对国家的责任，对社会的责任
	3	1	对个人和家庭的责任，对人类的责任
	4	1	道德规范的科学要素，国民道德的特性
中文	1	7	讲解、阅读、写作、书法
	2	（男生）7	同第一年
		（女生）6	语言史
	3	5	同第一年，语法成分
	4	5	同第三年，中国文学史

续表

科目	年	每周小时	大纲概要②
外国语	1	(男生)7	发音、拼写、阅读
		(女生)6	翻译、听写、会话、语法、书法
	2	(男生)8	同第一年
		(女生)6	句子结构
	3	(男生)8	同第一年
		(女生)6	写作
	4	(男生)8	同第一年
		(女生)6	文学史
历史	1	2	中国古代史和中世纪史
	2	2	中国现代史
	3	2	东亚国家史、西方国家史
	4	2	西方国家史
地理	1	2	地理学介绍、中国地理学
	2	2	中国地理学、外国国家地理学
	3	2	外国国家地理学
	4	2	自然地理学、政治地理学
数学	1	(男生)5	算法、代数学
		(女生)4	
	2	(男生)5	代数学、平面几何
		(女生)4	
	3	(男生)5	代数学、平面几何
		(女生)3	
	4	(男生)4	平面和立体几何
		(女生)3	平面三角
自然课	1	3	植物学、动物学
	2	3	动物学
			生理学和卫生学
	3	2	矿物学和地质学

续表

科目	年	每周小时	大纲概要②
物理	3	4	物理——机械、热、声、光、电磁、电
化学	4	4	无机化学和有机化学
公民学和经济学	4	2	公民要素、经济要素
制图	1	1	徒手画图——自然物复制和画图
	2	1	同第一年
	3	1	同第一年、几何制图
	4	(男生)2	同第三年
		(女生)1	艺术制图
手工③	1	1	竹和木工
	2	1	木和泥土
	3	1	泥土、石膏和金属
	4	1	同第三年、职业知识
家政经济和园林	2	(女生)2	家政管理、家庭卫生、洗熨、烹饪
			种植蔬菜、花
	3	(女生)2	保育、家政会计、洗烫、烹饪
			园艺同第二年
	4	(女生)2	同第三年
缝纫	1	(女生)2	裁剪、缝纫、修补
	2	(女生)2	同
	3	(女生)2	同
	4	(女生)2	同
音乐	1	1	唱
	2	1	唱和记谱
	3	1	同第二年
	4	1	唱和器乐

续表

科目	年	每周小时	大纲概要②
体育④	1	(男生)3	普通操练
		(女生)2	军事操练
	2	同	同
	3	同	同
	4	同	同
总小时数	1	(男生)33	
		(女生)32	
	2	(男生)34	
		(女生)33	
	3	(男生)35	
		(女生)34	
	4	(男生)35	
		(女生)34	

这里陈述的课程细则充分地体现了它的特性,使每个人了解到中学课程在其他国家的发展状况。我们总结了几点颇受质疑的设想,如下。

1. 提供一套相同的、没有选择权或选修的课程,假定所有学生的能力大致相同并且需要同样的准备。

2. 承认高等教育和社会上各类职业都需要同样的基础教育。

3. 课程中的主题被设想为一个受过普通教育的人应该具有的知识要素。在这里,它以为用不连贯的、无关联的方式学习各种课程,学生将会不知其然而然地成为受过教育的人。因此,教育被认定为掌握一定的知识部门,并能在脑海中重复学到的全部事实。

4. 教育部决定在教科书里体现的论题要由教育部核准。这是想让学生做到奴隶般地记住科目的内容,以便成功地通过所要求的考试。这种既定的常规做法也许并不是完全不需要或不受欢迎,但可以肯定的是,其所鼓励的是学生采取强迫记忆的学习方法,势必使学生敌视指定科目的,对把这些强制性不合理要求个人化的教师、行政管理人员产生反感。

近年来,如此不连贯和僵化的课程设置招致了越来越多且广泛的批评。1918年10月,教育部在北京召开了一次中学校长会议[5]。除与教育部有联系的那些人外,还有58位来自全国各地的成员。主要议题之一是课程,特别是中学选修课逐步引进的合理性。他们清楚地看到中学毕业生既不能合格地进入高等学府,也没有能力到社会上去谋生。议论颇多,但是作为教育系统的行政管理者,他们中仅有几位有资格提出一些新想法以改革现行体制。此外,作为会议的实力人物,他们仅限于提出个人的考虑和建议。此次讨论效果甚微。

改革的尝试是从更为进步的私立学校开始的,像天津的南开学校于1917年[6]就引进了选修课制度,允许学生在第三和第四年期间从三门课程中选择一门选修课。这些课程是艺术预备课、科学预备课和商务课。虽然普通选修课计划最近已经由教育部批准,但对于南京师范学院[7]附属中学的推荐课程,此计划只是首次引进南开中学而未作进一步讨论。我们应该对南京改革的课程进行分析。

南京改革课程[8]

在由教育部提出和批准的规章里,南京师范学院附中对中学学习目标和组织结构两方面做了修改。所规定的学校的目标比教育部所定的"条款Ⅰ"稍微宽一些且更加明确。教育部指出:"中学的目标是完成普通教育及公民的权利和义务的训练。"南京修正为:"此种学校的目标是完成普通教育和通过在预备期提供的特殊训练或应用知识和技能,为进入高等院校或为社会需要准备人才。"

头两年的课目完全是必修的,而在后两年里是部分必修,部分选修。选修课程被分在预备和职业两部分里。

单元体制是以学分制来考查学生完成课程的情况。每学期每周一小时完成一个单元,两小时实习和做实验。毕业要求完成228个单元。头两年要求每学期30个单元。第三年全年和第四年学生完成36个单元,可以在三年半内毕业。慢一些的学生每学期可以做21个单元,用四年半的时间毕业。但是,正常的毕业是四年。

政府课程

表Ⅰ　必修课目——A.用于头两年

课　目	第一年		第二年	
	第1学期	第2学期	第1学期	第2学期
公民课	1	1	1	1
体育	3	3	2	2
中文	7	7	6	6
英文	7	7	6	6
数学	6	6	6	6
中国历史	3	3	—	—
中国地理	—	—	3	3
生理与卫生	1	1	—	—
自然	—	—	3	3
美术	1	1	—	—
音乐	1	1	1	1
手工	—	—	1	1
职业指导	—	—	1	1
	—	—	—	—
单元总计	30	30	30	30

表Ⅰ　必修课目——B.第三年和第四年

课　目	第三年		第四年	
	第1学期	第2学期	第1学期	第2学期
中文	3	3	3	3
英文	6	6	4	4
数学	2	2	2	2
化学	—	—	4	4

续表

课　目	第三年		第四年	
	第 1 学期	第 2 学期	第 1 学期	第 2 学期
物理	4	4	—	—
体育	2	2	2	2
	—	—	—	—
单元总计	17	17	15	15

虽然提供了很多种课程，但所有课程均分配在预备和职业两部分里。目前，学校只有一个在职业部分的课程，即教师训练。在预备部分里的两项选修课程列表如下。

表Ⅱ　选修课程——1. 技巧预备

课　目	第 1 学期	第 2 学期
中文	5	5
英文	3	3
社会学和经济学	3	3
逻辑要素	2	2
哲学要素	2	2
生物	3	3

表Ⅱ　选修课程——2. 实业预备

课　目	第 1 学期	第 2 学期
高等代数	3	3
实际技巧	3	3
手工劳动	3	3
机械制图	2	2
发动机和马达	2	2
材料试验	3	—
机械工程	—	3

此规定还列出学习各种课目内容里的综合题目。中文和数学课目中

的题目如下所示。

中　文

A. 头两年，一周 7 小时，必修。

1. 阅读：(a) 文学、艺术名著和应用

(b) 现代文学

2. 作文：

第一年，1 月 3 次作文。

1 月 1 次评论和阅读。

第二年，1 月 2 次作文和评论。

3. 语言史：发声的由来，字的意思，等等。

4. 民族语言和发声字母表。

5. 书法。

B. 第三年和第四年，每周 3 小时，必修。

1. 阅读：(a) 文学名著

(b) 现代文学

2. 作文和评论，一月一次。

C. 第三年和第四年普通选修课，一周 3 小时。

1. 阅读：选读名著补充必修课程。

2. 语法和基本修辞学。

D. 第三年和第四年技巧预备选修课，一周 5 小时。

1. 阅读：选读古典艺术文学名著，为了获得对中国文学的专门研究。

2. 文学史：(a) 中国文学史

(b) 西方文学史

数 学

A. 头两年,一周6小时,必修。

1. 算术:第一年第1学期,一周3小时。

增加较深的初级学校算术,强调分数、百分数、比率和平方根。

2. 数学:第一年第1学期,一周3小时。

第2学期,6小时。

课本:布列斯里奇(Breslich)的数学,第Ⅰ章,已翻译。

第二年——课文:布列斯里奇的数学,第Ⅱ章,英文。

B. 第三年和第四年,一周2小时,必修。

1. 立体几何:第三年。

课本:文特沃斯(Wentworth)和史密斯(Smith)的,英文。

2. 平面三角:第四年。

课本:文特沃斯的,英文。

C. 第三年和第四年科学或机械选修课,一周3小时。

1. 高等代数:第三年。

课本:霍克斯(Hawkes)的,英文。

2. 解析几何:第四年。

课本:文特沃斯的,英文。

取得的进步。将教育部颁布的那些呆板的和统一的课程条款与南京课程条款相对比,我们可以清楚地看出,确实取得了明显的进步。它们是沿着以下常规路线进行的。

1. 中学目标更为明确,详细说明了中学在教育上主导地位的两个主要功能,即为进入高等学府做准备和为离开中学后直接应用的职业训练。

2. 学习课程的制定得足够灵活,以适应学生的兴趣和条件,允许在第三年和第四年选修课程,并且给具有不同才能的学生提供不同的发展余地。

3. 学习课目的管理靠引进的单元制得以改进,因此,如果一个学生某一课目不及格,不需要重修同一年的所有课目。

4. 注意调查地方状况和社会需要,以决定在职业课程里选择哪些课目。这里至少是一个开始:把目光从公式化的学习转向同等重要的关注目前社会环境和依需要而进行的变革。

南京课程体现的趋势正鼓励着我们选择新的内容。它们逐渐被教育较发达省份[9]中的更多中学改革者认可。

至关重要的问题还没有触及。在中学里选择恰当而有效的教学内容是一个非常复杂的问题。稍稍深入研究南京课程,我们发现这个问题的重要方面并未完全触及,例如:

1. 其内容仍主要是知识内容;换句话说,仍以教授学生们各种各样不连贯、不相关、公式化的课程为前提[10],照目前国家具体和实际需要所要求的才智和能力想办法才能学到。

2. 对已规定或包括在各种规定学科中的主题,还需要一次彻底的再检讨。例如,学生们在常规教科书里学习所有各种各样的过程和事实是必要的吗? 让我们说,应该学习算术、地理、历史、物理或经济。我们应当如何区别对待这些不同学科里的题目? 如果一个已经规范的中学课目,如数学[11],我们如何决定是否应该从别国完全照搬引入中国的中学里? 考虑到目前过渡的需要,我们在任何学科分支里的论题和事实的选择标准是什么?

为了争取为中国教育获得最经济和最有效的内容,我们需要更明确地分析我们称之为转变时期的需要。这是我们面临的紧急任务。首先,要看一看触及国民生活中包罗一切的和遍及各方面的这场运动的重要性是什么。其次,要确定教育的含义。这个含义可通过细心观察转变时期我们所期望的调节环境的特点来得到。第三,要把这些含义规定为制定课程的标准,用来管理对学校里实施训练形式的选择,以及对所规定的学科内详细主题的选择。

注:

＊见:“在此系统里中学的地位和功能”的讨论,第7章。

①见P. W.郭(Kuo, P. W.):公立教育中的中国系统,第六章,共和制度下的教育重组。

②没有详细大纲,在每个题目下总计有几百个小标题,并且沿用课本编写者的原意。

③女生手工包括刺绣、纺纱、工艺花的制作,等等。

④女生的体育训练包括舞蹈、游戏等等。

⑤“全国中学校长会议的召开”1918年10月,教育部发布。

⑥作者在此时期为代理校长。

⑦根据教育部命令,1921年2月19日。

⑧1921年4月出版的《教育部期刊》。

⑨全国省际教育协会会议,1921年10月在广东召开,为学校体制的改编推荐了一项6-3-3计划。如果最终实施这项计划,初中和高中的课程需要重新设置。但是,这不会改变南京课程下选修课政策的任何范围,也不会影响本章随后对那个课程的评价。

⑩见有关“规范学科的使用和滥用”的讨论,第七章。

⑪外国教科书在南京课程里的使用:布列斯里奇的数学、文特沃斯和史密斯的立体几何、文特沃斯的平面三角和解析几何等。

第三章 转变的意义和教育的目的

中国必须变革。在现代国家的现实影响下,包含令人惊讶的人类的最大部分——大约占地球人口五分之一——的中国将如何转变将是一个很重要的问题。但是,中国必须变革吗？在一个如此奋发和既费时又费力的过程后面迫切要求的是什么？转变真正引进了什么？

与现代国家发生接触,尤其在过去的一个世纪里,不过是在军事、政治、工业和文化方面的多种竞争中经受了失败和耻辱。一切对关注自身利益意向的伤害和对日益逼近危险的忧惧，强烈地驱使年轻的一代去寻找能使中国现代化和强盛的途径。中国还没有实现现代化，只不过因为这是当今世界的风尚。尽管有少数力量有助于增强求变的渴望，诸如享乐和奢侈的蔓延及引进流行样式的声望。

但是，有时我们的外国朋友仍然表露出一丝怀疑，中国的变革之路是否明智，是否犹如跳进了一口过分自信和混乱的热锅里。最近在 1921 年 5 月和 6 月《亚洲杂志》分别刊登了杜威（Dewey）教授和 J. O. P. 伯兰德（J. O. P. Bland）先生的文章，辩论了这个问题，后者主张画一条线好让旧政权制度下的道德和社会体制免受干扰。然而，对于任何一个社会学学者来说都是再清楚不过的事是，在任何文化里，你都无法在经济和机械装置与道德和社会体制之间划出任何线。简单的事实是，当你变革其中之一的时候，另一部分必然迟早受到影响。但是，伯兰德先生们所鼓吹的建议的邪恶之处在于，他们同时鼓吹，外国控制（我们）国家的金融管理，这就有意无意地背叛了他们的动机。为了维持旧的社会和道德体制完整无损，只会使国家没有机会培养出善于处理现代经济问题的强有力的领导者。因为旧体制的骄傲之处在于，所有人都应该知道自己的位置，也不鼓励其力量发展到足以“动摇社会之船的平衡”的地步。为了在现今社会里成为有用之人，甚至作为保守派，每个人都需要具有完全清醒的观点和牢固的开明个性，唯有现代化的社会和道德体制才能造就这样的人物。

中国必须变革，而且要迅速变革直到一个国家达到或多或少调节平衡为止。但是，我们并没有暗示中国的现代变革之路必须走现代化国家已走过的所有变革阶段，即使中国能走这条路。对中国来说，这个过程是再度调整，而不是照搬和重建。已培养出来的现代人才能如理论所言很好地服务社会，但是不应当太盲目或紧追所谓绝对正确的典型。我们的主要任务应是跟上真正行动的现代化运动潮流；如果我们有能力，就不要永远在干旱的岸边捡拾残骸碎片。

现代化是教育的直接目标。中国需要男子和女子生来就在能力和才智上具有现代性。这是我们最需要的，因而构成了中国教育的直接目标。

为了从这个目标得出教育的多种含义,这里适当地引述杜威教授关于目标通常是如何形成的论述是有益的:“粗略地说,形成目标的过程如下。开始是怀有一种愿望,对某些事情目前状态的一种情感反映而且希望与现状有所不同。行为不足以满足周围环境。回到其自身,将自己设计在一个想象的情景里,如能实现,将会得到满足。这个情景经常被称为目标,更经常地被称为理想。但是,它本身是一种想象,可能是一种幻想,一个梦,一座空中楼阁。……为了实现它只有当它根据可利用的具体情况得以实现的时候,它变成一个目标或一种结果,这是从‘手段’①方面来说。继续这样的分析,一个幻想变成为一个目标”,“当了解原因和结果的一些过去的序列被投进未来的时候,或偶然条件被集合一起时,我们努力创造出一个类似的结果。我们不得不退却到没有谋划而已经自然发生了什么的时候,并研究它去看它如何发生,这就是所说的‘因果律’。这种知识与希望的结合创造了一个目的。”②

成为合格的现代化强国是目前中国年轻人的一个非常强烈的“愿望”。它留给教育者的任务是提供“知识”,即如何使现代世界“没有谋划,自然而然地”变成为现代世界。下面的一章将作一个尝试,提出一个假说,即在有活力的环境条件下,使目前的世界趋向现代化。

但是我们从事这项调查的主要兴趣绝不是停留在痛苦而不讨好的历史解释领域。我们的责任是去寻找现代世界如何变成现代的“知识”,使变为现代世界的“希望”成为真正起作用的目标。如果我们能确定——为了实用的目的——使西方世界与生俱来现代化的制约因素或多种因素,然后在我们的学校里提供这些因素的教育替代物,我们就可以希望最经济、最实用地在未来一代的年轻人中诱导和发展现代人的基本力量和能力。我们还希望将自己从极度“渴望”变为现代化国家徒劳追求的消耗和窘迫的圈子中解救出来。

此外,把现代化作为直接目标,我们不仅满足了现存条件的急迫要求,而且为我们自己在保存历史悠久文化的问题上提供了必要的灵活态度。现代化是一个过程。在发展进程中,它要求必然的、不可或缺的多种现代产品。但是,它自己不对现代西方完全损害旧文化标准和系统的任何固定化公式负责。它强调过程胜于产物。旧文化为实现现代化国家提供了基本经验。

现代文化的主要特性。在现代化精神的典型表达当中,普遍认为最重要的是科学方法。凡伯伦(Veblen)教授写道:“在现代基督徒智性生活的特征倾向中,与其他时期和其他地区所流行的事物不同的是,在机械论观念里表示自己的意图。这可能是现代基督徒的一点点声望。但是,事实仍然是,仅在这一点上,现代基督教文化已超过了以往的文明。”[3]严格信奉感性资料,作为最终的权威,持续的探求只是为了作出可证实的概括,对偶然机制的逻辑提炼和在产业上的应用——这些现代科学的成就是太明显了,以至于不需要任何进一步的说明。

很多人已经注意到另一个典型表现——个人的权利和自由的提升。从文艺复兴时期到现在,有一股个人为自己思考权利日益个人化的连续不断的浪潮,认为按照他自己的良心,只服从他参与制定和他所从事的能够分享管理那部分职业的法律。随着民主愿望的增加,在个人能力、可完美性、可教育性以及在创造性智力开发等方面,其信心明显提高。

科学、个性和民主是无可争辩的现代化时代的真正声音。

过去四百年现代欧洲的繁荣昌盛,集中体现为科学发明、工业革命、民族主义和民主主义运动,起初使来自另一种文化的人不知所措。但是在这个现代时期开始之前,欧洲是一种什么状态?在那些日子,她远远领先于某些古老的国家了吗?能作出的唯一确定回答是“不”。那么在过去的四百年里,什么样的制约因素为现代欧洲方向的改变做出了最大的贡献?

不是它的扩张吗?——主要是随着美洲的发现而来的,欧洲人突然和广泛的扩张——它为现代欧洲惊人的大踏步前进创造了条件。它不是主要的动力因素吗?必然引发了科学的方法和态度,争取平等的民主愿望、强有力的和自信的个性。

下一章将对提出这个猜想的理由作更明确地陈述。

注：

①约翰·杜威(John Dewey)人类的自然本性和行为,234 页。

②约翰·杜威,同前,235 页。

③T. 威伯兰(Veblen,T.) 德意志帝国和工业革命,105 页。

第四章　现代进程的主要制约因素

限定的问题。前一章结尾处概要地提出的假设,可能唤起的人们的期望会大大超过本章内容所能满足的程度。必须再次说明的是,沉溺于历史的思考并非本文探索的目的,本文的直接兴趣是试图确定使现代世界成为现代的主要制约因素。这是一个非常实际的问题。它构成了教育计划中必须要走的一步。考虑到中国人也要建设现代化国家的强烈要求和紧迫感,欧洲人民现代化过程的知识是不可或缺的。教育是一种有意识的支配形式。它用某种有效的方法努力缩短这个自然过程。所以,一旦清楚地辨别出这一点,这个自然过程便可以就有关怎样把有意识的支配变得有效提出有价值的建议。

即使只是惊鸿一瞥,涉及的问题已经使不同意见林立。因此,从一开始就有必要指出用下列方法阅读本章。作者会不受拘束地求助于现代作家的引文。注释和选择的参考书目置于本书末尾,是为了那些想对这个假说的有效性做进一步研究的人。若时间允许,作者可能会对这项理论进行探索,但要避免在当前的这种联系下进行理论探讨。

欧洲的扩张。作为引论,看来最好引用威廉姆. R. 西弗尔德(Willam R. Shephed)[①]教授的论文。关于现代历史运动,西弗尔德教授写道:"'文艺复兴''宗教改革''法国革命''工业革命''民族主义和民主制',关于他们形成的特殊时期的那部分内容,我们都已经考查、描记述和评价过了。但是,比他们规模更大的运动和与他们同时期的运动相比之下却被忽略了。它们看起来是产生于欧洲又在欧洲独立发展,并因此把他们的影响传播到世界其他地方。然而,事实上,欧洲冒险事业成果的影响在其边境以外有多远,如果不是全部成果,在地球上遥远部分海上和陆地的冒险又能给这些运动的开始和发展带来多大影响,我们尚不清楚。”②

对这个问题,西弗尔德教授不仅做出了提示性的贡献,也给以后的调查者概述整个领域做了准备。他看到“欧洲扩张的历史……包括殖民主义和大量更多的东西”,它包含“欧洲受惠于世界其他地区,世界其他地方受惠于欧洲,所有这些都应该算在现代时期文明的一般进步之内。”“这个观念分为两个方面:一个可称之为‘向外’运动,另一个可称之为‘向家’运动。前者涉及欧洲思想和制度的传播和它们在与新环境接触过程中所作的修正;后者预示了欧洲自身变化的结果——这些活动对欧洲文明本身的影响,特别是对更为直接参与扩张工作的这些国家的地方生活和思想的影响。”③

为了讨论“向家”运动的效果,他继续分析道:“扩张在精神上和物质上已经取得的一切成果——对事业的热情,渴望冒险、攫取名誉、财富、新的景色和新的家,地球上的新地方对于得到更舒适更幸福的生活是有保障的。”

“总而言之,在和美洲、亚洲、非洲和海岛上的新土地、新人民的接触中,应用的原有的知识,增添新知识,欧洲获得了新的推动力和新的发展。”④

为了本章的主题,没有必要穷尽这些“新的推动力和新的发展”的一切。两个方面被挑选出来已引起人们的特别注意——科学和民主制的兴起。它们是超过瞬时意义的现代文化的典型表现。

扩张和现代科学方法。关于使科学类型的思想成为可能的条件,西弗尔德教授做了如下阐述:

“一种旧秩序的地方观念,依赖传统和权威,让人类的一部分与他们的同胞相离,并用无知和日常事物来保持这种状态——这些在与全球不同的文明发展进程空前广泛地接触前已经被打破了。远古的、圣经的和教父的精神统治被理性和科学世界观的兴起和在这个基点上学习的系统化所推翻。”

“从这些力量所造就的欧洲思想出发,可以说,在三个方面产生影响:

第一,通过它给予的推动力,世俗人生观得以复活,世间万物与人类的关系受到赞赏。第二,通过它引起人们的好奇心和兴趣,这有助于对哲学和科学的探究;第三,通过它增强了信心和想象力,保证在文学和艺术方面的广泛领域表现得更充分。"

"对外部世界还处于模糊认识的时代继之以冒险家、旅行者和调查者们的时代,他们能够根据确凿的证据来证明某种思想的真伪。查证因而成为可能,又由可能变成习惯。通过已提供的报告和已经收集到的证据,细致入微的观察能力也随之得到发展。因此,详细考察广泛分布于世界的某种单体现象或群体现象的特征,直到最后讨论人的起源和人类的命运以及其所居住的宇宙的关系等重要问题,都已经是实际可行的了。"

关于扩张对科学发展的影响,另一个作者⑥是这样说的:在发现时代以前,自然科学和地理学被限制在非常狭窄的范围内。以致它们被亚里士多德、普利尼和托勒密学说的严密控制统治了两千年!自亚里士多德时代以来,自然历史就没有进步;无人胆敢向托勒密的天文系统提出质疑。

"在中世纪,占星术代替了天文学;巫术代替了物理学;炼金术代替化学;因此说,自然科学像一个木乃伊被古代的韧带紧紧地绑住了;当他们从埃及人和希腊人那里接受了之后,就被有学问的人一代一代传了下来。"⑦

为了深入探讨同一个主题,科尔(Kohi)继续写道:"哥伦布那勇敢的跨越海洋的航行已经打破了许多镣铐,摒弃了大量偏见,唤醒了新的、勇敢的思想自由。这个观点在各个方面都得到扩展,人们想探究的精神也大大加强了。一个部门的新观念引发了另一个部门的新观念。

"哥伦布去世的同一年,哥白尼发现了他的宇宙新系统;同年科尔特斯占领可特诺奇提特兰城(今墨西哥城——译者注),路德在威登堡焚毁了罗马教宗的训令。当弗罗歇试图环绕北美洲航行的时候,教宗格雷格里八世改进了历法。"⑧

关于扩张对专门学科的发展,西弗尔德教授⑨通过最近三篇文章分析,足以在这里提供一份各个学科发展的明细表。该明细表包括下列科学:地理学、历史编纂学、考古学、国际法、人类学、比较语言学、比较宗教学、社会学、天文学、海洋学、物理学、化学、地质学、古生物学、生物学,等等。

在现代,科学的发展受扩张因素的制约,可以总结如下:

1. 扩张为类比和对照提供了一个广阔的基础。它增大了收集资料的可能性。(睹博物馆,动物园和植物园和培根在新大西岛中有关所罗门房子的观点变成现实。)

2. 探险和边疆的经验刺激了对客观感性证据的信仰。"哥伦布、科尔特斯、麦哲伦,和其他所有的西班牙、葡萄牙的征服者都是谨慎的自然观察者,在新世界,他们发现很多东西引起他们的注意,如果说,有一些东西与欧洲的那些东西相似,但并没有完全相同的。数量更多的是全然不同的。"[10]自那时起,客观证据的尊严和有效性日益增强。

3. 扩张观点激发了科学的假设。每一个现代科学家都是绝对相信未来的浪漫主义者。他愿意用他的魔力创造一个新的天堂和新的地球。因为现代科学,特别是它的理论基础,是一部魔法。[11]

4. 边疆的存在使对实际性的需求变得迫切,这刺激了以偶然为基础的科学思想中的机械论观念,同时促进了节省人力装置在科学中的发明和使用。

斯特朗分析了机械装置的发展和普及——特别是在盎格鲁-撒克逊人中:机器的增加是必然的。这好像是一则自然发展规律,特别是对盎格鲁-撒克逊人这样的开拓者来说更是真理。在一个新国家,需要完成的工作总是要比工人多。因此,一台节省人力的机器非常珍贵。盎格鲁-撒克逊人世代都走在文明的前沿。因此,依靠训练,盎格鲁-撒克逊的精神自然地要走三角形的斜边,它坚持走捷径。纵然要在山中开隧道,或切断地峡,也在所不惜。它研究时间、距离、材料、动力的经济学。总之,这是节省人力的机器和方法所善于创造的。而且,创造刺激着创造,某个领域里成功应用的原则意味着应用于另一个领域。一项新化学制品的成功研制常常为一台新机器的发明铺平道路。[12]

扩张和现代民主制的兴起。科尔指出了新世界民主制发展的普遍意义，他写道："自哥伦布开始，当他在希斯帕诺拉（hispanola 译音——译者注）建立自己的小镇时，就已经看出阶级平等对建立殖民地是很重要的。这项原则和美洲的殖民地一样古老，当自由州摆脱英国的束缚时，它被大声地宣告出来了。在他们著名的独立宣言中，他们宣称'一切人生来就是自由和平等的'。这句美国成语和宣言对于法国革命如同火上浇油。从那时起，部分来自美国的民主趋势全人类都可以感受到。"⑬

至于扩张对于西欧一些国家民众获得解放的特殊影响，W. G. 萨姆纳（Sumner）教授做出了一项颇具启发性的分析。他写道："对 15 世纪或 16 世纪的阶级变化起巨大作用的影响力，我对其中一项给予更多的特殊关注。喜欢冒险的航海家，在 15 世纪开始勘查地球上的处女地时，很少关心和顾及国内农民和手工艺人的生活；但是，正是他们才是为未来本阶级的命运斗争的人。不过，就我所见，最伟大的但又是最少注意到的发现美洲的意义，在于它为劳动阶级赢得了一个新大陆。如果有富饶的土地，只有很少的人分享，那么所有的人都会是平等的。每一位土地拥有者既是佃农又是劳动者。社会阶级消失了。工资很高。大多数人远离懒惰、愚蠢和堕落的恶习，日子过得很好。……偏远的大陆不仅对到达那里的人们，而且对留在国内的整个劳动阶级都有影响。甚至当他们待在那里的时候，全部可达到的土地供给都给国内的劳动力市场和土地市场带来了压力和影响；它立即使工资上涨，食品价格和地租低廉。这就是提升劳动者和降低土地贵族的地位，代表着民主和平等在两方面起作用。"⑭

萨姆纳教授进一步阐述相同的假说："由于有更多的土地，且有较高的工资，因此没人会为只能换取少量日用品的工资而工作。因为劳动者即使用最浪费、最不经济的方法使用土地，所得到的收入也要超过他们的工资。有更多的土地与有熟练技能、受过教育的劳动者相比，那些没技术的体力劳动者的阶级地位提高了。在拥有大量土地的情况下，对愚蠢、堕落和愚昧的惩罚就很轻微。每一个人都是有很多'人权'的人，为了成为一个对社会有价值的人，他只需要成为这样的人就行了。他不需要经过高级的培训和教育，因为他并不会在一个有严密的组织、高级的训练、激烈的竞争和对成功或失败重大裁决的古老而又拥挤的社会里生活。”[15]

作为一个具体的例子,贝克对早期弗吉尼亚穷乡辟壤民主制兴起的分析如下:“这里没有巨额财产;没有奴隶,也没有‘仆人’。没有自称是豪华建筑的住宅,也没有养成‘绅士’风度和教养的机会或有此爱好的有闲阶级。这里的每个人都是靠他的汗水挣钱养活自己,习惯也是粗俗而原始的,制度简单,人们接壤而居,平等是事实,自由仅仅受到难以抗拒的自然环境的限制。”[16]

关于美洲大陆扩张的意义,贝克写道:“这部横越大陆坚定不移前进的传奇是美洲历史上的伟大史诗……但是它比冒险故事更有深意。确切地说,它揭示了美洲历史的秘密——坚持民主理想在边疆社会简单而原始的条件下的繁荣。”[17]

总结扩张在民主制发展上的影响:

1. 扩张的机遇已经使得社会差别成为没有必要和不能容忍。在边疆发展起来的平等思想不是受奖励和所有权的平等,而是机会的平等和论功行赏的平等思想。[18]

2. 扩张经验促进了个人成长,提高了个人决断的地位。为了能在较原始的边疆生活中成功,人需要发展其主观能动性。贝克写道:“他不得不依靠他的体力和足智多谋来抗衡未开发的大森林或未开垦的草原的顽强抵抗和惯性。这里既没有父权政府可以依靠,也没有既定的社会惯例的指引或制约。每走一步,他都要决定做什么和如何去做,这些决定是他获取最低生活需要,往往是维持生活的成功或失败所依赖的。……在发展个人主动性和自信心方面,边疆为人提供了个性自由的强烈意识。”[19]

此外,由于无限扩张观点,一个生气勃勃的未来在前面招手,并为每一个有理想、有力量、图发展的人提供了乐土,个人意志将会大大提高。因而这成为现代意志崇拜的起源,诸如生活意志、权力意志、信仰意志和决断意志。

3. 因为在扩张中挑战机会增加了,又由于扩张引起的竞争上的危险,群体内部合作的质量提高了。这种合作的现代方面不应当被忽略。与建立已久的社区相比,他们有更多理由热爱这个小群体,恰恰是因为身边有危险,前方有机遇,他们更会为团体合作和进步出谋划策。

这个假设的实际运用。我觉得似乎有必要在最后指出任何历史假设与所有形式的人类思想的假设一样,都是以已经发生的事件为必然的基础。为了不断使科学方法得到提高和以扩张经验为条件的民主的实践和理念得到发展,这并不意味着当扩张停止的时候就可以将科学和民主的可能性排除掉。就这项探索的目的而言,了解什么样的环境才有利于科学与民主的发展就够了。这就可以在中国的学校里设立教育的替代物,以促进和激励科学与民主的态度。进入理论问题的讨论,当扩张近于尾声时,关于民主制度和科学的方法论是否依然继续,以及它们将来朝着什么方向发展,已经超出了本文探索的范围。

然而,这个假设所承认的现代进步的主要控制因素是以实践为目的,并且进一步假设由此产生的学校教育的试验场被推荐到中国的学校,那么受到如此训练的中国人是否会在他们所处的自然环境里寻求扩张的空间呢?这可能仍然是个问题。对于这一点,可以肯定地说,在一定的自然条件下,有这样的方法和理念产生是很有可能的。一旦它们被人类证明和承认,它们就会在最初产生它们的环境里独立存在。此外,在中国,确实存在着适合于扩张的机会,甚至是物质基础,诸如在满洲等广大地域,大量的自然资源还在等待着开发[20],为了给交通和运输的现代化手段以发展的机会,我们就有必要重新建设城市,发掘制造业、采矿业的潜力,等等。

国家正在急切地等待着受过现代化教育的人们。不管怎样,请不要害怕。毕竟社会没有为他们提供足够的挑战机会来锻炼他们扩张的态度、能力、理想。当务之急是建立能够培养出具有这种态度和能力的人的有效教育模式。

注:

①三篇文章刊登在《欧洲的扩张》一书里。1919 年,《政治科学期刊》出版。

②《政治科学期刊》1919年,第47页。

③同上,第51页。

④同上,第211页。

⑤同上,第393页。

⑥J. G. 科尔(J. G. Kohl)《发现美洲的通史》第二部,由R. R. 尼尔(R. R. Noel)翻译,伦敦,查普曼和霍尔,1982年。

⑦ 科尔(Koel),前面引述的文章,第二卷,第267页。

⑧ 同前,第二卷,第273页。

⑨ 施夫尔德(Shepherd),前面引述的文章,第392—412页。

⑩ 科尔(Koel),前面引述的文章,第268页。

⑪ 见T. 威伯兰(Vedlen. T.),现代文明中科学的地位,第1—55页。

⑫ 乔希·斯特龙(Strong,Josiah),在新世界状态下的扩张,第73页。

⑬ 科尔(Koel)同前引用的书,第二卷,第266页。

⑭ 苏莫尔(Sumer,W. G.),地球贫瘠和夺取土地的哲学,第3—41页(1896年)。

⑮ 苏莫尔(Sumner),前面引述的文章,第45页。

⑯ 卡尔·贝克(Becker,Carl)美国在民主方面的经验,第37页。

⑰ 同上,第160页。

⑱ 同上,第172页。

⑲ 贝克,前面引述的文章,第170页。

⑳ 见第六章中标准四下的讨论。

第五章　现代化教育方法的先见经验

沿着时间顺序走过整个现代时期,分析教育方法的现代发展趋势,从培根、洛克、卢梭到目前流行的定量分析方法,汲取现代扩张各个阶段的经验,诸如探索、开拓、边疆社区建设、大规模生产以及相同的内容,肯定不如循着不那么雄心勃勃但更为实践的作法来得明智。在本章有限的篇幅里主要讨论的是,教育方法中的一个特别的倾向,具有典型的现代色彩。它来自美国的经验，特别是与课程结构问题有密切关系——在教育领域里直接关系到这项探索的目的。它被极好地总结在约翰·杜威(John Dewey)教授的连续性概念里。

对这个问题的讨论不会过多涉及其本身的思维方法，而是要讨论与现代扩张相关的各个方面，并从中汲取经验。为了教育的现代化，从我们自身需要的角度出发，运用这些有价值的现代经验，将是中国教育家们的任务。

杜威和连续性概念

他在教育思想界的位置。一位教育史学家已经把约翰·杜威教授誉为“作为19世纪的标志，在学校，社会和工业巨大变化方面，美国最重要的解释者”[①]。另一部书认为他的特点是，在“调和旧思想倾向之间冲突”的运动中“比任何人都做得更多”。[②]杜威教授是当今教育界公认的近年来主要的教育思想家。目前，在中国正在进行的知识转型中，我们能够回顾由他对中国的个人访问和他的著作对中国所做的杰出贡献。这引起我们以更大的兴趣去分析他针对中国现代新教育需要的观点。

在他的哲学里的基本观念。当然，杜威教授的哲学，绝不是刻板的东西。它是“思考我们已知的需要和其所强求的作(做)出反应的态度。……它提出了要完成的任务——某些试着去完成的任务。它的价值不在于提供解决办法(只有在行动中才能实现)，而是明确困难所在并提出解决的方法。”[③]

遵循他自己的方法，让我们看看他已经找到的对他的思想最具挑战性的“困难”。从来没有一位思想家像杜威教授这样对思想和行为二元论的所有形式表现出这么多的烦恼。作为证明，下面我们列出几个这样的二元论：[④]

精神和物质，个人和社会，劳动和闲暇，实践和智力活动，文化和职业，经验的和理性的，特殊和普遍，行和知，智力和情感，动机和效果，精神和肉体，责任和利益，智力和性格。相对于思想的二元论形式，杜威教授提出的连续性观念即他哲学的中心要点。他的连续性观念本质上是一些非常重要和深深扎根于美国环境力量中的观念。他并非故意地和人为地采用协调方法作为正式的技术,而是在广阔的、没有障碍的环境中采取的习惯性生活和思想模式。因为近三百年来美国生活给他提供了现实的基础——社会已经准备好了接受他清晰明确地表达美国经验的中心意义。以下段落清楚地说明了对这种适当环境的需要,以便使连续性的感觉成为现实:"当我们发现成功展示我们的活力却被周围不相适宜的环境(自然的和社会的)阻挠的时候,最容易摆脱这种困境的办法是在空中筑起城堡,让他们成为陷入思想痛苦的真正成功的替代品。"⑤根据这项分析,不相宜的周围环境(自然的和社会的)要为把思想分裂为二元论负主要责任。杜威教授继续写道,这种分裂"会比特殊的个人经验更容易发生。社会境况可能会是这样的,将明晰表达的那类思想扔回到人们原先的思想和愿望中去,而不提供这些思想和愿望能够用来改造环境的手段"⑥。结果是,"在基督教时代最早的几个世纪里,斯多葛学派哲学家有影响的道德学系统、寺院的和大众基督教以及当时其他宗教运动,在这样的条件下形成了"⑦。

为了避免二元论带来的麻烦,正常的环境必须是这样的,有可能使愿望和思想的配置成为一种"符合公开和明显的行为的有机因素"⑧。二元论的危害"必然导致人们,不论何时,不论长幼,在他们关心和要求他们反思的状态下,无论何时不能从事日益增多地累积的事业"⑨。这是指用一种渐进的方法,使这种广阔的环境为思想和行动有益的统一提供了挑战性的难题,也为发挥个人的努力,准备了充分的空间。

他的教育理想。其他现代哲学家都不能像杜威教授那样清楚地陈述哲学思想与教育努力的固有统一。他写道:"如果我们愿意把教育想象成形成基本倾向的智力上和情感上,用于自然和人类的过程,哲学甚至可以定义为教育的一般理论。"⑩而且,他把教育设想成"把哲学上的差异变得具体并经受检验的试验室"⑪。

在芝加哥大学里,他在实验第一阶段所面临的问题,由他本人陈述如下:"显而易见的事实是,我们的社会生活已经历一次彻底的、根本的变革。如果我们要让教育具有任何生活的意义,它必须通过一次平等的、完全的变革。”[12]“首先,是思维方式的革新,而这个波及甚至控制其他所有领域的变革是工业上的变革——科学的运用就是能够在广大、廉价的天平上运用自然的力量创造伟大的发明;就是作为生产目标的世界大市场的成长,就是能够建设若干个为这个市场服务的加工基地;也能够在其所有组成部分之间提供廉价、快速的联系和流通、分配方式。”[13]

19世纪末叶,当工业上的变化发生在美国人的生活中时,杜威教授看到能够让男人和女人们成功适应新环境的基本力量是我们可以刻画为边疆社区建设生活方式的自然产品,这在美国已经持续了三百年。他还看到了使年轻一代成功地处理人生中重大问题的最有效的方法是在学校里为他们提供拓荒时代美国人生活所依靠的环境力量的模拟练习,并能养成进取的精神、敏锐的思维能力和努力合作的态度。

因此,对他来说,理想的学校是一个特殊的边疆地区家庭。[14]在随后的引文中,可以看到这样一个边疆家庭的生活模式是怎样提高到具有高度重要性的教育位置上来的。“今天,在这里,我们中的一些人需要回溯一代、两代或至多三代,发现某一个时期家庭是一切工业职业典型形式执行和聚集的中心。穿的衣服多数在家里制作,家庭成员通常都熟悉剪取、梳理羊毛并将它们纺成毛线,在织布机上编织。不是按开关靠电灯照明,整个照明程序是一个艰苦漫长的过程:从杀死动物、费力剥取油脂、做成灯芯到浸渍成蜡烛。面粉、木材、食品、建筑材料、家庭器具,甚至金属器皿、钉子、铰链、锤子等都是由附近的邻居们在作坊里制作的。这些作坊经常开放供人们参观,并成为邻里聚会的中心。整个工业过程立足于展示,从农场原材料的生产到精加工的商品被真正推出使用。不仅仅是这些,实际上每个家庭成员在工作中都有自己的任务。孩子们随着身体越来越强壮,能力渐渐增强,逐渐掌握若干工作过程的奥秘。这是一件个人直接关心的事情,包括实际参与。”

我们不能疏忽训练要素和在这种生活中的个性培养:养成有条理性和培训勤奋的习惯,培养责任心,和有义务去做事情。有些事情确实需要经常去做,也确实需要每个家庭成员坚定地做份内的事,并且要和其他成员合作。在工作过程中人的个性也得到了培养并经受住了考验。此外,我们也不能忽视教育目的是从亲人和好友那里获得第一手的生存知识,了解他们处理问题的实际过程以及他们需要的社会常识和运用规则。所有这些都需要连续地训练:对观察力、独创性、建设性想象力、逻辑的思维方式和通过真正接触社会现状而获得的现实感。家庭式的纺纱、织布、锯木厂、磨粉厂、零售酒的商店和铁匠铺的教育的实施在连续地运作中。[15]

学校本身应该是一个社区,教育可以看作是在这个社区里用充分的机会发展智力和个性的生活实践,并不是为与学校环境的实际需要和问题无关的人为的和符合礼仪的生活方式做准备。

依此推论,它自然遵循这样的原则,即"学校课程的主题应当以从社会生活原始、无意识的统一体中逐渐分化出来为标志"[16],"学校课程主题相互关系的真正中心 不是科学、不是文学、不是历史、不是地理,而是孩子自己的社会活动"[17],教育的主要基础是儿童的工作能力,这种工作能力是沿着作为那些使文明得以存在的同一普遍建设路线取得的。[18]最后,"教育必须理解为一种经验的连续重建;教育的过程和目的是完全相同的事情"[19]。换句话说,学校真正的意义在于它像一个边疆社区,每个成员按照职责分配活动,解决问题,经历这样的教育过程,它不仅可以很好地为学习者提供足够的知识,也可以使他们适应学校以外的世界。

教育现代化中的边境社会形成经验。在现代教育的实践过程中,我们需要在学校里为这个阶段的变革经验提供教育的替代品。我们要给青年人提供充分的甚至不断增加的机会训练他们的注意力和专心做事的能力。他们必须依靠符合环境的物质要求的有效行动与他们的生活努力合为一体。这主要来自哲学的连续性,即强调在标准Ⅱ和标准Ⅲ的规定下,为了使教育中的课程结构适合于现代化,我们已经勾画出了要强调的具体要点。例如:

1. 学校活动推进了"开放式的"(或民主的)社会接触了吗?

2. 学校活动与生活努力通过活动统一了吗?

这些将在下一章里讨论。

注：

①E. P. 库伯雷(Cubberley,E. P.),教育史,第780页。

②P. 门罗(Monroe,P),教育史,755页。

③约翰·杜威(John Dewey),民主和教育,381页。

④这些是从他的写作中随意举出的令人困扰的二元论的例子。显然它们绝不是相互排斥的。

⑤杜威(Dewey),前面引用的章节,第405页。

⑥同前。

⑦同前。

⑧同前,第407页。

⑨同前,第408页。

⑩杜威(Dewey),前面引用的章节,第383页。

⑪同前,第384页。

⑫约翰·杜威(John Dewey),在学校和社会中,第26页。

⑬同前,第5页。

⑭约翰·杜威(John Dewey),前面引用的章节,第35页

⑮同前,第6—7页。

⑯约翰·杜威(John Dewey),我的教育学信条,第10页。

⑰同前,第11页。

⑱同前。

⑲同前,第13页。

第六章　现代化教育中课程结构之建议标准

关于课程制定的全部讨论自然地分成三个部分:(1)目标或教育的目的或多种目的;(2)标准或原则,指导课程内容的选择及安排;(3)当它在学校使用时,准备详细内容的技巧。

在本项探索的前几章里,我们已经努力指出在转变过程中中国教育的直接目的是现代化教育——向已经阐明的教育成果学习并非初衷,而是对一个过程的亲身经历,即我们希望能培养出积极的、有现代思想观念的,能

够顺应在中国的现代化发展趋势中创造新方法、解决新问题的人才以及在西方国家的现代化进程中，我们要分析起主要调节作用的社会环境和已经进行的现代扩张的详尽过程。现代文化的特征是在其影响中应运而生的。

本章的目的是提出肯定的、标准的建议，以对在现代化进程中构成对有效内容的指导。以下是探索的论文，它并非自然生成的，而是我们从现代扩张不同方面的特征分析获得的标准。如此获得的标准应当作为衡量尺度来使用，以测量是否符合某一个学校的活动，或其中某项细节是否值得和有效。当我们阅读以下章节时，它们将帮助我们评估目前的习惯作法，并提出新的建议。采用问答的形式陈述是为了便于运用。

所谓“学校活动”是指课堂学习、野外远足、学生组织工作，或是学生们在学校里开展的各类活动。

推荐标准

标准Ⅰ　学校活动鼓励(个人和社会)对客观环境接触的扩大吗?

1. 学校是否能提供机会以培养对探索的渴望，远离人群和熟悉的环境或去附近或远一些的地方旅行以获得各种感性知识和扩大对社会的了解?

2. 学校活动有助于提高个人活力和倡导发挥个人活力的要求吗?

3. 学校活动鼓励进行比较，提出假设或是采取对事实进一步研究而后再核实的习惯——一般来说，这是些注意判断的、准备适应新情况的习惯吗?

4. 在个人和社会关系的延伸中，学校活动有助于提高自主职业所需的组织技能和知识吗?

标准Ⅱ　学校活动鼓励“开放空间”(或民主)的社会行为吗?

1. 学校活动是否在所有参与者机会均等的基础上使其通力合作，以促进他们的理想、技能和知识方面的提高呢?

2. 在与一种“封闭空间”式的长期闭塞的社会要求一致的环境中，学校活动是否提高了学生个人的活动质量、独立判断(能力)和自主活动(能力)?

标准Ⅲ　学校行为通过活动统一了生活成果了吗？

1. 学校活动以“做事情”为中心，也就是说在这种环境中形成些许物质变化还是达到其他某种客观目标？

2. 如此“做事情”的结果使学生直接应用的要求得到满足了吗？

3. 这种“做事情”的方式鼓励学生创建自己的方法吗？

4. 为“做事情”而形成的组织鼓励通力合作，协调个人才能完成适当的工作？

标准Ⅳ　学校活动有助于提升在科学生产和组织方面所要求的能力吗？

1. 学校活动有助于学生在实业、政治、社会和文化行业里发展行政能力与组织领导能力吗？

2. 学校活动对培养科学态度、控制全局和解决问题的技巧如何？

3. 学校能否提供在真正的职场上训练的机会，以便从中获得具体的工作经验，并指导学生如何在生活和职业中做出选择？

4. 学校活动能否为学生提供即将从事的事业基本和必要的工具，诸如某些语言特点、某些社会礼节、某些定量方法中的程序和某些成立组织的知识原则，等等？

标准Ⅴ　为了使现代生活和组织的目标与过程“人性化”，学校活动宣传其理想和风尚了吗？

1. 学校活动保留并使人们重新适应在旧文化中人文主义的理想和习惯了吗？

2. 学校活动是否允许和鼓励在现代文学创作和加工方面为“人类”价值所做的研究？

标准的说明

标准Ⅰ　学校活动鼓励（个人和社会）对客观环境接触的扩大吗？

1. 学校是否能提供机会以培养对探索的渴望，从远离人群和熟悉的环境或去附近或远一些的地方旅行以获得各种感性知识和扩大对社会的了解？

对中国青年一切可能的建议是帮助他们认识到对获得新式的见解和

能力的期望。这种期望看起来似乎处在过分强调矛盾和无能为力的危险之中，在充满着堕落、败坏道德的人类社会里，绝不会只有顺从和安逸。在当今时代，应该唤起他们对宇宙无限空间和令人心动的自然奇观的热爱。被这种反响激活了的年轻人——来自客观自然环境关系的自由延伸，会萌生如此令人刮目相看的处事哲学和目标，我们不可能保证用其他方法也能达到现代变革的目的。一切新式的东西都应当是来自探索者和发现者的观点。如此才能让年轻人认识到缔造一个新的文明社会的万分紧迫之感。这才是现代精神的真正号召。

长期定居某地并一直生活在大量密集的人群之中，可以在很大程度上说明中国人的保守主义。来自海外的杜威教授[1]是一位颇有洞察力的观察者。他写道："无可争辩，中国人思想的许多特点是一种特殊的长期以来一直存在的人口密集的产物。"接着他写道"我怀疑如果不给盎格鲁-撒克逊人以来回走动的机会，在同伴的严密监视下生活了几个世纪，他们会发展或继续保持创造性吗？"由于缺乏清新的有开放余地的社会环境，"创新、实验自然受到阻碍，不是来自智力的缺陷，而是因为智力太敏捷，意识到可能导致的错误，麻烦也会随之而来"。

学校首要的和合理的功能之一是提供机会，借此推倒和摧毁禁锢学生们智力、身体和社会生活的狱墙。不经过这个初步过程，再多的完全依赖他人获得的现代化产物也不能造就出一个中国的现代青年，这是我们的信条。

至于何种形式的短途和长途旅行能够在中国得到最好的应用，都要求对中国和其他地区所有的设计方案做一次详细的调查，或者根据直接的需要重新设计。那些熟悉英美童子军运动技巧和某些近期的成功人士可能怀疑该项运动也许不能向我们提供精神和工作方法上的有益建议。因此我们应该专心研读以下几段内容去分析在过去几年里童子军运动是怎样传播到中国的，以及正确理解这项运动可能给我们提供什么建议，不仅为了课余活动，也为常规授课计划提供建议。

虽然 1919 年教育部把童子军运动作为由国家组织并且经官方承认的

运动正式开展起来,但目前它仍然是一株外来的非本土的植物,它的根并没有深深地扎在中国的土地上。一些学校非常集中的地方,诸如上海、天津、广东等,已经按照规定的章程组织了童子军,但是其形式已经被约束住,我们不能说这种精神得到了充分的赏识。我们担心,且再次建议强调效仿某些公式化的新成果是错误的,也不要对经历重要的现代进程过分依赖。以下几个例子将清楚地表明这一点。

童子军法:每个童子军许下诺言或进行宣誓以竭力执行。英、美译本在体裁上有些不同,中国版本是在美译本的基础上做了某些修改。该法的主题概要如下:

英国	美国	中国[②]
1. 童子军是被信任。	1. 童子军是值得信任的。	1. 诚实。
2. 童子军是忠诚的。	2. 童子军是忠诚的。	2. 忠诚。
3. 童子军的职责是成为有用和乐于助人之人。	3. 童子军是乐于助人的。	3. 乐于助人。
4. 童子军是所有人的朋友并把其他童子军成员视为兄弟,无论他属于哪个社会阶级。	4. 童子军是友好的。	4. 博爱。
5. 童子军是有礼貌的。	5. 童子军是有礼貌的。	5. 有礼节。
6. 童子军是动物的朋友。	6. 童子军是仁慈的。	6. 热爱世间万物。
7. 童子军服从命令。	7. 童子军是服从的。	7. 服从。
8. 童子军不惧困难并服从指挥。	8. 童子军是愉快的。	8. 愉快。
9. 童子军是勤俭的。	9. 童子军是勤俭的。	9. 勤俭。
10. 童子军在思想、语言和行为上是纯洁的。	10. 童子军是勇敢的。	10. 勇气。
	11. 童子军是纯洁的。	11. 纯洁。
	12. 童子军是谦恭的。	12. 公共美德。

值得一提的是,美国版本中的所有法律是"标准化的",而中国版本完全是"形式化的"。每组显示出各自国家的特色!在中国已经有太多形式上的道德标准约束着年轻人。借用童子军运动的这一部分,名义上强调服

从法令，似乎是在错误的时刻强调错误的东西。童子军运动的真正贡献和精神在其创始人——巴登-鲍威尔的话中揭示："童子军活动具有我们边疆殖民者的优点，诸如足智多谋、忍耐力、勇气、值得信任，加上中世纪骑士精神。"他又说，"为了使这个主题吸引男孩子们，满足他们的冒险精神，我希望他们把住在边疆地区的人们、骑士、冒险家的英雄经历作为他们的理想。"[3]在这里我们看出这种理想是使这些孩子循着那些"与生活在大自然中和所有事都要亲力亲为的人"的脚步走。因此计划中的全部山林生活技能、露营术、首次援助、跟踪、"徒步旅行"和其他内容都是由边疆开拓者和探险者的理想和习惯决定的。

由此联想到，户外生活方式可能被要求有中国童子军运动的翻译者不适当地夸大了。对于在美国运动中的"第二等要求"，一个童子军必须包括其他事项在内，"用25分钟循路而行半英里；或者在城镇里如果能在每一分钟内恰当地描述从商店的一扇窗户观察到四个观察点的情况"。但是，童子军指挥者手册警告"当环境完全不适于做循路而行试验的时候，窗口观察试验才被用来作为替代"[4]。因为它赏识"敏锐的眼力和快速的观察，专心致志以及对循路而行和与此相关的活动所做出必要的推论"[5]。中国的权威人士说："实践来自于观察和记忆，他应保证三种情况之一：(1)窗口试验(同上)，(2)一分钟观察以后，记住16到24件东西，(3)访问一个工厂或一个感兴趣的历史遗迹并写出详细报告。"我们此时可以看出在上述三种情况下边境开拓者的所有机敏特质都被忽略了。

此外，对美国运动中的"第一等"要求之一是"独自(或带着另一位童子军)到一个至少7英里远的地方旅行并返回，步行或划船，并写一篇这次旅行和观察到的事物的满意说明"。要特别详细说明，"这次旅行不是沿着城市街道和公路走。路线应是沿着乡村小路，至少作为徒步旅行的一部分应当穿过乡村的田地和树林"。中国的权威人士说："独自或与一个朋友旅行，步行或划船20里(大约7英里)以上；如果骑马，则为40里，报告旅行的情况。"距离被缩短，那只是次要因素。最重要的区别是划船和骑马，并不要求掌握像穿过田地和森林、独自一人徒步行走那么丰富的经验。

童子军作为一项运动,特别是它的形式化,有时有些情绪化以及愚蠢地追求细节——对中国人来说,愚蠢是指没有文化——除非有较大的变更,不会在中国有更大的意义,我们能从该运动的精神和技术方面获得对年轻人中学时期青春教育的一些方法,以扩大他们在物质需求上和社会交际上的目的。总结起来有以下几点建议。

(1)短途旅行的种类和功能。短程旅行可由以下活动组成:(a)自然研究,包括观察、标本收集、记笔记、比较和科学规律的归纳;(b)冒险和探险,运用接触新环境的惊奇感作为对有创造力的行动、自我控制以及机智和敏捷相互配合练习的促进;(c)参观工业和教育机构,诸如工厂、博物馆、学校、商务机构、码头、船厂等。

(2)以信赖训练责任。当孩子们相信"事关荣誉"时,他们会成为严守纪律的人。

(3)组织中的小队,即号称"童子军小队"体制。把大组织化整为零的威力使领导者与成员之间不会失去私人交往。在这样的小分队合作中,男孩子们学习领导,也学习选择谁作随从。它建议使用训练"品德"的方法——已由该运动的发起者认可,并成为该运动的最大贡献。

(4)完成明确确定的团体目标中的"个人体制"。一个男孩在三个月内圆满地通过全部规则要求而成为一个"一等"童子军。而对另一个男孩来说,根据他自身的能力,则可能要用一年或更长的时间。由于允许个人自由进步,大多数平庸之才不会成为有特别才干的人。

上述建议中的一些方法可能会适合新式中学。

2. 学校活动有助于提高个人活力和倡导发挥个人活力的要求吗?

忽视身体素质的提高是中国学者们所公认的。但是,在最近一些年,我们看出新一代年轻人已经敏锐地感到对强壮体魄的要求。体育运动正从海外引入国内,传统的锻炼形式如拳术、箭术、练剑运动等也正在复兴并得到大众的接受。学校运动会,地方、省际和国家运动会鼓励年轻运动员尽其所能地提高身体素质。自1913年起每隔两年在一个远东国家举行的远东奥林匹克运动会就是一种鼓舞。

1913 年在马尼拉	1919 年在马尼拉
1915 年在上海	1921 年在上海
1917 年在东京	

相对于强调个人进步，某些学校在推广团体活动方面起了表率作用。然而，这种活动仍然需要大力促进和系统指导。总的看来，身体耐力方面强调的还不够，而且如今学校设置的学习计划仍把学生们除睡眠以外的大部分时间限制在课桌上。特别是在中学开始的二到三年里，更加要重视体能训练，不只是为少数人而是为了大多数人。像这样的训练是通过学生们能参加不带任何感情色彩或个人意识的室外运动和训练获得最佳效果的。

3. 在校活动鼓励进行比较，提出假设或是采取对事实进一步研究而后再核实的习惯——一般来说，这是些注意判断的、准备适应新情况的习惯吗？

查理 · W. 艾利特博士（Dr. Charles W. Eliot），考虑到美国中等教育变化的需要，指出："遗憾地是学校……不操练孩子们进行正确的看和听，熟练而快速地接触，以他们的辨别力引出正确的推断。"⑥对于中国的学校我们应该感到更深的遗憾，因为感知训练和信赖客观证据已被完全忽略了。因此，思考习惯倾向于允许含糊和错误，没有方向、没有比较和没有现代世界称作科学的以实验为结果的质量测试。

至于以短途旅行和利用其他机会加深社会关系，应采取如记笔记、作比较、提出假设、寻找证据佐以论证，以及在实践中具体运用来检验这些确定的训练。若能自觉地重视这些习惯，会有助于形成现今迫切需要的思维模式。学校应当给学生提供各方面具体的支持；能够努力合作的有利的体制；耳、眼和手的广泛运用技能；以及指导他在对一个问题的重要内容的判断力方面，在选择相关事实方面，在构成成功的假设方面，在检查通过客观使用的全部结论方面进行思想训练。这才是发挥其功能和理想的现代化学校。

4. 在个人和社会关系的延伸中，学校活动有助于提高自主职业所需的组织技能和知识吗？

在新环境的接触中,不制定规则势必迎合曾经改变这种环境的境况。其次,冒险家和探索者们不能承担制定规则的工作,并且不希望他们的领导者经常出现。他们的情况自然地迫使他们必然存在,而迫切需要在他们之中建立不依赖于制定任何规则和不依靠任何明智的领导者的组织。事实上,通过这种迫切需要的接触,自然产生的领导者正在被发现和造就。在长期定居的社会里,男人们通过社会常常利用有利条件和有价值的创造来获得超前的领导能力。这种价值和这样的优势常常是不公平的,并且当社会正在经历一场激烈的转变的时候,他们常常是绊脚石。在目前的形势下,需要一种具有新品质的领导阶层——诸如探索和符合新形势的要求及创新的品质。如果学校能提供适用自由式新经验的机会,符合必要条件的领导者必将出现。在人类关系和组织上一种重新调整的新关系最终将被具体化。

在标准Ⅱ里会进一步探讨学生自发组织的目的和技巧吗?

标准Ⅱ　学校活动鼓励“开放空间”(或民主)的社会行为吗?

1. 学校活动是否在所有参与者机会均等的基础上使其通力合作,以促进他们的理想、技能和知识方面的提高呢?

使所有参与者在机会均等的基础上努力合作是所有民主社会的一种理想。拥有这种理想,它就有可能发掘出每个人的最大潜力。在民主机器的运转中,会存在暂时混乱或者反抗的情况——两种情况之一都可能产生令人气恼的低效率——但是,最终具备这样一个基础的社会会有更强大的潜力面对未来的急迫情况和更大的挑战机遇。

至少在学校里——如果不可能为整个社会——在机会均等的基础上,应该是有组织的努力合作。这样而且只有这样才能使学生的不同才能经过可能的训练渐渐地显露出来,在社会环境的真实回报里经受检验。

我们称这样的社会行为为“开放空间”是因为它预示在每个人面前都有与我们相关的挑战机会存在,所以,他们都能感到他们的利益是由这些机会攫取的,而这些机会只留给他们很少的精力和时间获得对社会的识别力和诸如对互相嫉妒和互相拆台这样的社会恶习可能存在或发生的趋势的认识。为了使学校能成功地实践平等参与的思想，学校必须提供“充分的和多样的”机会以至于学生都会感受到一个既有利于自己也有利于别人的“开放空间”——既有助于他们将来获得成功的希望，也为了得到他人的宽容以及为达到另一个目标而相互帮助。

这样，学校不能也不应当仅仅专注于传统学习的基础。它必须为学生提供一次又一次的机会，和一个又一个的活动去审视他们的能力。这是现今最遵纪守法的社会及最有风纪的学校获取民心的秘诀。为了阐明我们的论点，让我们以一个学校里的学生活动为例，看一看他们是如何合作以获得那个学校的民心支持。我参照被称作天津南开学校课余活动委员会的组织。这个委员会是由学校所有活动组织的代表组成的，如下所示（各种）组织（每个班两名代表）：自修和学习团体，社会活动团体，支持贫民学校的团体，信奉宗教协会，学校出版物，鼓乐队，合唱团，中国民乐协会，体育联合会。

每个组织在该委员会里有两名代表。该委员会在课堂学习以外的规定时间开会讨论学校的事情。他们作为一个严谨的团体坐在一起，并且把行政权利授权给一个九人董事会。只要在学校能开展各项活动，他们如何组织并不重要。学生们会习惯议会的程序，选择和追随领导者，并根据规则做出决定。此外，他们常常注意以新方式表现他们的活动，因此，无论何时有新方式出现，如在学校里对某个学习主题感兴趣；或是在学校的外面，如照顾饥荒灾民或对关于国家出版物所表示的公开意见给予支持等，他们都给予关注。那些特别感兴趣的人还立刻会用规定的方法沿着既定程序而行，以寻求整个学校的民心支持。

学生活动是逐渐被国家中等教育机构允许并鼓励的。尤其是自1919年学生们爆发了在以往学生运动中伟大的爱国主义运动——著名的五四运动以来，学生自治已经得到愈来愈多的关注。确实，许多学校里的民心所向还远非令人满意，但是，事实似乎表明其责任在于教师和管理当局未提供更多的机会和活动给学生来锻炼自己。此外，没有比在学校里积极参加活动更好的方法来培养公民责任了。

2. 在与一种“封闭空间”式的长期闭塞的社会要求一致的环境中，学校活动是否提高了学生个人的活动质量、独立判断(能力)和自主活动(能力)?

学校应当是努力合作、个人责任和自由方面的先锋社团。这是一个共同关注的问题——需要培养合作的能力，特别是在领导者中间。在“封闭空间”式的社会竞争中，其缺点已暴露无疑。但是，正是强调社会秩序和控制的时候，应该引起对独立自主个性发展的重视。在中国目前的转型期，为了在现代社会里给予个性发展以足够的重视，应该给勒得太紧的社会传统束缚松松绑。

有依赖倾向的人经常有的缺点是太渴望要求获得大众的承认或立即成功。尤其是在这种转型期，最为有效的方法是依靠那些能保持独立的人。

然而，桑代克(Thorndike)教授[⑦]警告我们，“有效的独立性、主动性和创造性不是否定依赖、模仿和固有的习惯，而是在一个新的、较高的水平上继续组织”。通过他的科学洞察力，对个性的一些积极的优点提出了一个新的解释。他写道:“如果我们用依靠事实来替代自恃，用理性的方法来替代自我指导，以周密的准备和能力去思考和实验来替代主动性，将传统、习俗和缺少伴侣置之不顾，通过有准备的思索或实验得出它的公平结论来替代独立性;以及如果我们将一种轻视希望与失败、忽略个人利益的非个性的客观习惯加到拥有这些积极优点的人们身上，并且仅仅是珍爱毫无粉饰的生活事实和为了共同的利益而努力控制他们，到最后还不能对我们所考虑的教育问题的所有论点有所澄清吗?”

这意味深长且明智的见地应该足够缓解那些早已准备好却不能识别真正的独立自主和目光短浅的自私自利人们的胆小害怕的心理。事实上自私自利从来不是独立自主的。

那些有责任指导学校团体生活的人应该审慎地注意关于合作努力的要求会变得立即强烈，以至于要给学生强加上机械式的一致和防止聚众生事的规则。

标准Ⅲ　学校行为通过活动统一了生活成果了吗？

1. 学校活动以“做事情”为中心，也就是说在这种环境中形成些许物质变化还是达到其他某种客观目标？

传统的、长期不变的团体常常有忽视活动的倾向，即在一定的客观环境中忽略物质变化的效果。过去，对于中国学生，令人伤心的是忽视了他们通过在具体事情上引起一些客观的、值得重视的变化，而使他们的生活努力的成果一致。在中国的社会生活和公共机构运作的变革中——“做”事情——作为解决问题的最有效的手段应被重视起来。

近年来，学生们已经受到所谓的文学革命的影响，他们正在获得现代世界批评思想家们的工具。他们为改变思想等级的观点已做了许多准备。但是，抨击的方法是文学性的，即依靠象征性的控制。新文体的作家们发现还是习惯那些旧文体。新运动借用了现代逻辑的工具并改变了小团体的思想技巧。已完成的变革应被年轻一代的教育家们认可和强化。但是，在思想技巧方面，尚有一个比变革更有必要和更基础的问题。新一代人必须有一个良好的身体条件。他们应该学会运用他们的思维、判断力和肌体去变革他们的世界。他们必须成为实干家而不是理论上的空谈家。只有这样，年轻人才能成为这条真正的、充满希望的、走向现代之路的铺路人。为了收到效果，应包含三个因素：被期待的目标或努力的目的，实现目的的方法和把目标变成现实的媒介。

2. 如此“做事情”的结果使学生直接应用的要求得到满足了吗？

至于目的，我们相信它会为实施者提出直接有效的要求。他们必须认识到有需要和愿望为此做些事情。这些需要可能是关于学校团体、邻里关系、个人的职业价值或国民的民族价值。围绕这些要求组织的活动可以包括诸如制造教学用具、作赈济饥荒灾民的工作、参加一个发电厂的劳动、调查一个城市或省份的情况，并对其社会改造提出具体的措施。学校应当给学生提供充分的课题和事由，以及一种教育环境。通过这样的实践，学生不仅可以适应未来的社会需要，还会有很大的发展空间。

3. 这种"做事情"的方式鼓励学生创建自己的方法吗?

至于做事情的方式,应当由实施者们在符合环境的特别要求的前提下设计出方法。毫无疑问这个程序将慢慢加以检验并且常常在一个学生不成熟的实践阶段里被混淆了。但如果不允许学生们发挥自己的实验的自由度,他们就不会养成遇事深思熟虑的习惯和辨别能力。已知的处事方法是我们通过实践得到的并在遇到标准化问题时才发现其可用性,但绝不能忽视它。面对所遇到的问题,在迫使学生们提出解决问题的独创性方案前不能展示给他们。在他们经历了那个过程以后,他们会特别欣赏有比他们更强的人提出更有效的方法。

4. 为"做事情"而形成的组织鼓励通力合作,协调个人才能完成适当的工作?

一个目标的实现要在社会环境下完成,即不能忽视身边的合作伙伴。由于现代化变得愈发复杂,每个人都不得不学会把他们置于社会的正确和合理的位置上,学校无可置疑地要承担起训练这类合适人才的责任。学校要鼓励每个学生寻找他最能胜任的工作,同时,还应当知道他在给该团体活动提供最好服务的确切位置。为了达到这样一种理想的调整,需要许多人试验,学校应当保证提供自由试验的机会。同时,学校还要明智地引导青年人走上有成效的和努力完善的道路。

标准Ⅳ 校活动有助于提升在科学生产和组织方面所要求的能力吗?

开发中国的资源。依靠现代工业工具开发中国的自然资源,众所周知是迫切需要的。目前中国或许具有为现代国家所知的最大的未开发的自然资源领域。中国的自然资源开发是必然的,而且肯定是未来三十年中最重要的事件。对于我们而言,至关重要的问题是谁要去开发。因此,在转变过程中培养人才成为教育的首要任务——培养那些能够管理和组织以及把这种最直接和有效的财富扩张形式的科学方法延续下去的人才。

工业革命是开拓环境以缓冲已经处在过分拥挤状态的最有效的手段。因此杜威教授写道:"一篇现代工业方法的介绍仅是一篇会深深地影响环境的文章。利用现在未开发的能量和资源将产生与拓展环境相同的效果。

依托中国未开发资源的采矿业、修筑铁路、制造业将会因为有风险引起‘麻烦’而给未利用的能源提供一条新的出路。现代制造业和商业的非个人和间接的影响会使我们养成减少出现和‘面对’的重要性而提高事实的客观结果的重要性的习惯。”[8]

门罗博士最近在北京给教育家一些严肃的警告:“如果中国不能培养出能应用现代科学成果和方法发掘她的资源的人才,发展的大权就会落在外国人手中——而中国就不能独立。”[9]

此外,失业的问题变得愈来愈严重。最近《教育和职业》[10]上的一篇文章指出,大量的无差别的寻求办公室工作的人是形成政治圈中引诱腐败的一个无可质辩的因素;在工业化和商业化世界里,那些正在找工作的人远远多于那些常常凭借不公正手段得到的位置——为的是竭力维持基本的生存。为了解决这个失业的问题,社会必须提供在新公司里使用大量人员的机会。劝告和忠言无济于事。改革这种状况和社会环境是绝对必要的。

这种改革不仅是工业,还包括社会结构和政治结构。因此,领导者必须接受训练,不仅包括工业领域,还包括社会、政治和文化领域的训练,这就是为什么我们要规定“科学地生产和组织”标准。

为了清楚地了解教育的任务和迫切需要现代化领导者的各个领域,简单地分类如下:

Ⅰ 工业

1. 萃取的(原材料的生产)

a. 农业和林业

b. 矿业

c. 渔业

2. 制造业

d. 工程机加工

e. 管理程序

3. 商业的(为交换原料和加工产品的企业)

f. 运输和交通

g. 进口和出口

h. 零售

Ⅱ　社会

1. 政治组织和秩序(包括在各个领域的政府功能)

2. 为训练新领导者和新民众的教育

3. 新闻业的新领域

4. 社会服务业中的领导者,诸如医药界、社会工作以及同上领域

Ⅲ　文化

根据新的需要和新的品位重新确定文学、哲学和艺术的方向。

现在让我们看一看这些需要是怎样满足标准Ⅳ的要求的。

1. 学校活动有助于学生在实业、政治、社会和文化行业里发展行政能力与组织领导能力吗?

行政管理的形式依照行政上的需要和任务的情况而定。但是,什么才是行政能力的基础呢?一位学者的回答如下:“它的最终来源是活力。能经受相反的压力,做大量的工作,洋溢着平常心,连接着成功活力。”[11]行政能力是一种综合性才能。它以与生俱来的天资为基础。但是,天资只能在合适的环境下及在正确指导下被激发出来。哪些是使之成为可能并促进领导者自身条件表现的重要因素呢?

(1)应是由环境提供的不寻常的激励。它可能以社会承认、权威或更重要的物质形式存在。环境为特别努力的人提供挑战的机会了吗?那些可见的机会甚至会引导人们去尝试看起来不可能的事情吗?多数的幸福依靠少数的成就,真正的领导才能的满足取决于为他们服务的贡献。

(2)容许和鼓励个人强烈的信念。惠尔特·巴吉霍特写道:“一道热情的闪光像是在烧灼思维。处在如此强烈的精神状态中的人类已经改变了整个历史,不论好坏地更换种种信条,……抛弃或挽回职权或年龄。我们应该尽我们之所能地利用这种信念的强烈情绪。对结论从智性上表示赞同,其中没有热情或信仰的干枯思想——往往不知道什么是主见;他们不得不每天一次次地查阅论据,或是参考备忘录以了解什么是他们所相信

的。但是,强烈的信念为他们自己做了一个记忆装置,要是他们能保持已有的大量真实论据的话,他们便可以提供智力的准备、行为的信心、坚韧的性格,没有它们则一事无成。”[12]

我们生活的社会——在我们的讨论里是指学校——应当允许和鼓励表达及树立强烈的信心。

(3)还应当有一种对成功的普遍信心,换句话说,是面对未来的一种希望。自然,做领导的人应当是团体的带头人,他更能得到最好的发展,并且在对未来充满信心的形势中成为创造最大价值奉献的人。一种热情洋溢的、自信的、凡事朝前看的氛围能激发出各个领域所需的领导者的不同才能。所以,学校应尽力构建这样一种氛围。

我们已经指出有助于激发行政管理才能的几个重要因素。在学校里,应鼓励学生参与组织和管理工作。这样,有领导才能的人自然而然地就从工作中脱颖而出了。我们已经讨论了在标准Ⅱ下的这个阶段的问题。

2. 学校活动对培养科学态度\控制全局及解决问题的技巧如何?

在科学态度中最重要的因素是头脑里基本问题的解决。杜威教授在“我们怎么想”[13]中的分析在这一点上值得参考。学校和在那里开展的所有活动是为培养解决问题的态度和训练技巧提供机会。为了解决问题,不断提供的机会是在科学知识的发展中最基本的条件。这是在培养分析问题、比较各种可能的解决办法、精确地检验依据问题所联想到的假设、归纳结论和知道哪里是他们能最佳发挥能力的地方。解决问题的能力是区别行政管理者、组织者和有创造力的思考者与所有行业习惯于机械式的、受常规束缚的工人的分水岭。

3. 学校能否提供在真正的职场上训练的机会,以便从中获得具体的工作经验,并指导学生如何在生活和职业中做出选择?

1921 年 10 月一篇刊登在《教育和职业》上的文章回答了为什么现代化学校培养的学生在当今中国常常不受商业和产业界的欢迎。这些理由很有教育性,现总结如下:

他们不喜欢担负次要的职责。

他们的理论模糊不清,实践经验也不充分。

他们懒散,依靠小聪明,不能自觉地遵守规章。

他们抱怨生活状态。

他们轻易地转换职业。

他们不能很好地与同事合作。

他们有强壮的身体却不能忍受艰难困苦。

他们轻易地沾染上奢侈铺张的恶习,如吸烟、穿着奢华,等等。

从根本上看,事实上引起这些抱怨的主要原因是学校不能给学生提供更多的机会以至于学生没有与真正的职业环境进行具体接触的经验。鲍比特陈述的原则是:"在工作的氛围中如果没有实际工作,纵然参与者的工作热情很高,他们还是不会完全地投入到工作的角色中去。他们的表现可能有值得表扬的幅度,却缺乏深度。"而且,"每个人也不能只凭目测来衡量自己应尽的责任;特别衡量产出的价值和人事关系程度。对于一个男孩子在一个农场或一个商店工作一个季节与仅仅懒散地逗留在这个地方无所事事所产生的价值相比是无法衡量的"。⑭

这个基本的事实已经引出沃尔特·罗森(Welter Rathenau)——德国的经济学家和政治家——提出他称之为"劳动相互交换"的建议。他自信地写道:"这是一条完成德国使命,通向德国文化之路。它不再是某个阶级的文化而是全体国民的文化,通过相互交换劳动打破阶级限制。……由于过度疲劳不再压制手工劳动者,脑力劳动者也不再被其他社会阶级孤立。"⑮

中国的学者已经习惯不与物质交换相接触。在引领潮流的新教育中,应适当着重对职场上真正的弄潮儿的具体知识的传授。无论在农场、工厂、矿山或办公室里工作,劳动者都应明确一种责任感。雇佣现代学校学生的老板们指出,如果没有这种训练,缺陷将无法弥补。

4. 学校能否为学生提供即将从事的事业基本和必要的工具,诸如某些语言特点、某些社会礼节、某些定量方法中的程序和某些成立组织的知识原则,等等?

提出的命题是显而易见的事实,只有通过仔细地调查和分析各种职业的真实情况,才能确定他们每一个人需要的基本和必要的工具。我们只能笼统地说,其数量远远小于今天大多数学生和教师所想的。许多学科和今天所教的部分应用学科,甚至商业会计学这样的学科都不讲数学和自然科学,只是教授那些与真正使用不相关的"死"材料。这些调查应坚持对各种各样的经验进行细致的观察和分析。设置"科学的"课程的人所使用的定量技术应被证明是非常有用的。

标准Ⅴ　为了使现代生活和组织的目标与过程"人性化",学校活动宣传其理想和风尚了吗?

1. 学校活动保留并使人们重新适应在旧文化中人文主义的理想和习惯了吗?

这项命题陈述容易,下定义则很困难。旧文化中的人文主义包括什么内容?哪些观念和习俗将要保留下来?在现代环境下它们将怎样被中国人接受?

在近期的出版物上对这一问题给出了若干回答。学者们正在研究这些提议[16],同时他们也正在被混乱的新闻界饶舌的从业者们争论着。这其中不包括在历史研究中离题太远的课程编写者们。当讨论尚处在白热化阶段时,他们只能遵从在这个领域里工作的可信赖的人们的最佳判断。

在中国的现代化进程中,一个根本的问题是如何保持全民族思想意识上的团结。例如,中国不是一个像日本那么紧密团结的国家。不论是出自在广阔地域里用现代方式联系的需要,还是出自健康的连续不断的再调整的需要,旧文化的核心内容必然顽固地保持着。学校在这方面负有重大的责任。但是,必须强调的是,书本知识——仅仅是对古典名著的回忆和对珍贵文学作品的摘选——都不是有效的方法。无论什么值得存留的思想、戒律和社会习俗都必须在学校的实践中被赋予实质。他们必须由学生赋予"生命"。学校环境应当提供足够的机会以鼓励所要求的实践并引导学生储存民族经验。旧文化真正的和充满活力的复兴必须以新环境中的旧真理的再体现为基础。

坚持旧的观念和做法来抵抗所有的变革是很容易的。新的模式抛弃这些旧的东西也并不困难。事实上,常常可以看到那些紧紧遵循传统的人以无理性的方式转变成为新文化的狂热崇拜者。如果不聪明,就要不断地开放和准备至少应适应智力的需要。改变旧的观念和做法以适应新的需要是调节者的任务,因而也是教育者的任务。调节的态度与求索的态度紧密相关。如果学校鼓励求索的态度,当然首当其冲的便是探求旧的习俗和至今依然使用的法则。这是一个对现代教育目前探索的观点的确认,正如我们在这些章节中了解和分析的,与其说是阻碍了旧文化传统有真正生命力部分的保护工作,倒不如说是争论;与其说是强调现代主义的结果倒不如说是强调现代化的过程。在此过程中,可以做到最大限度地保护旧文化,甚至用一种有效的方法完成对旧文化的改良。

2. 学校活动是否允许和鼓励在现代文学创作和加工方面为“人类”价值所做的研究?

在标准Ⅳ中,由于强调中国物质的发展和扩张的需要,读者可能会怀疑作者是否有意打破现代世界的平衡。中国会成为另一个物欲横流的现代国家吗?

物欲横流的社会的症结并没有逃脱抨击。中国一定要扩大物质发展,如果不这样做,具有侵略性的现代国家就会以中国的资源为代价,在中国“扩张”。中国是否能阻止这个态势,仍然是个问题。有扩张心理的资本家急切地要把中国变成投机商的天堂。当中国人那种占有和自我保护的本能如此强烈地起作用的时候,这就成了不可避免的趋势和诱惑。在现代世界这口沸腾的大锅里,可以确认无疑的是,中国沿着物质竞争的道路而行必然招致越来越多激烈的争论。但是,如果我们不是悲观主义者或宿命论者,“人性化”这个现代庞然大物的产物,即大社会——必然由有“人文主义”思想的所有现代人所共享——特别是,责任似乎应落在最先“扩张”的国家身上。

然而，正如教材编写者们注意到的一点——必须允许和鼓励中国的青年人深刻体会而不仅仅是效仿现代流行趋势和方法。他必须学习研究“人类”价值，还要感激正在茫茫荒野里大声疾呼反对现代物质扩张的竞争阶段的愚钝与残忍的现代世界的先知和预言家们。

注：

① 约翰·杜威(John Dewey)“什么使中国倒退”，《亚洲杂志》，1920年5月。

② 摘自“有关童子军文化”，江苏省教育协会出版，1920年。

③《童子军指挥手册》，第478页，美国的童子军，1920年。

④ 同上，第165页。

⑤ 同上，第92页。

⑥ 查理.W.艾略特(Eliot,C.W.)“美国中等教育需要的变化”，第9页。

⑦ 托伦戴克(Thorndike, E.L.)《师范学院资料汇编》中“教育的创始和起源”，第405—416页，1916年11月。

⑧ 约翰·杜威(John Dewey)“什么使中国倒退”，《亚洲杂志》，1920年5月。

⑨ 在“北京先驱报”上的采访报道，1921年12月28日。

⑩ 第三卷，第5号，1921年10月。

⑪ E.B.高文(Gowin E.B.)“行政官”，第14页。

⑫ 巴吉霍特·维尔特(Bagehot Walter)，“宗教和超自然论”第二章，第326页和第338页。

⑬ 杜威，“我们怎么想”，第6章。

⑭ 鲍比特(Bobbitt,F.)，“课程”，第104页和第106页。

⑮ 罗森·沃尔特(Rathenau Walter)，“新社会”，第127页。

⑯ 在胡适所著《中国哲学大纲》第一卷中，“目睹中国人观念的老式学校的再分类的尝试”和由梁启超公开出版的历史著作《论述中国文化的历史》。

第七章　在课程结构规划中的初步考虑

该规划分三个步骤。人类在教育方面的努力如同在其他领域一样，为了改变组织的惯常模式，其动机自然来自由认为组织形式有缺陷而导致的结果不满。近几年，在中国学校的体制里，不满意已是如此的尖锐且人数众多，一些组织形式的改变是绝对必要的。这是一项真正的专门课程。

然而，不满意可能是以其含糊的感觉为基础；可能完全是所标榜的缺陷，也许正是因为那些令人不满意的情况和已经考虑了的原因成了完全不同的因素。因此，当决定彻底纠正这些缺陷以前，必须进行细致的调查研究；这样作为结果出现的不满也就会消失。在进行这样的调查研究时，必须使用某些基准或标准。这里有一个在如此急迫之时使用的标准的建议。

制定课程系统计划中的第一步是在中国现有的学校里调查和评价当前的学校活动。这样的调查应该涵盖三个领域：(1)由教育部指定的官方条例规定的学习课程；(2)在现行教科书里具体的学习题目和详细内容；(3)他们在各个学校实际开展的学校活动。第三个领域是最重要的，因为这种调查将是从各类学校里获得的真实状态的展现——官方条例在字面和实际意义上执行到什么程度，为教师指导学习所用教科书的内容范围和由于学生努力而未能完成学业标准的限度有多大。在这三个领域中的调查将是困难的，因为它直接涉及包括在学校里进行调查时人们的反映。

调查将具体地显示出需要修改的不足之处，但并不是最后的修改。第二步应该朝着建成一所满意的新学校的方向做细致而苛刻的计划。在中国这种中等教育的现况下，这一步应当考虑以下一些至关重要的内容：(1)在教育系统内中学的地位和作用；(2)水平等级的有利条件和不利条件；(3)“逻辑上”阐明了学科的适用和滥用。

在调查和计划之后，第三步应当是检验。为了使学校能够发挥最好的功能，应当鼓励一些学校去试一试满意的新形式。通过检验，会发现无论结果如何，将会被整个教育系统在运作时采纳。在下一章里提出的建议内容，可作为检验合理性的基本说明。

在调查、计划和检验全部三项步骤中，都需要付出极大的艰苦努力。如果认为在目前时期国家的福利事业十分重要，那么这种工作应当要求予以关注和鼓励教育者们参与。目前的调查是不足地、非常有限地接近这项工作的方向。但是,我们还是希望它会对这项通过重大的努力得来的初步讨论产生作用。

标准的应用。在该计划的所有三个步骤里,前面章节讨论时建议的标准应当进行检验。从应用的角度出发,五个建议的标准自然分成以下三部分。

a. 关于做什么,即学校活动在特点方面已明确,为一般了解提供满意的内容。标准Ⅰ和Ⅳ主要达到了这一点。

b. 关于怎样做,即在学校里进行活动的方法。换句话说,根据标准Ⅰ和Ⅳ来衡量,怎样的内容会被学校团体中的学生认为是"活"的。标准Ⅱ和Ⅲ更多地达到了这一点。

c. 关于为什么做,即在学校里进行活动的意义。这种意义,一方面应在学生中反复灌输人文主义的观点,这将抵消扩张的物质方式和存在的产业形式;另一方面,保持和重新适应在中国的经验里已经发展的民族特有的标准,标准Ⅴ即属于此。

这些划分不是严格地相互排他的,但是当我们在调查、计划或检验中运用该标准的时候,他们集中服务于在学校活动中的一些特殊阶段。可是,当用为什么和怎么样表达的时候,我们建议,紧紧地沿着做什么和怎样去做,明确不考虑为什么的路子来讨论。

对当前实践的调查和评价

1. 官方条例中规定的学校学科

在标准Ⅱ中,我们已经讨论了教育部规定的中学课程的一些条款。通过对许多人明显的却没有事实根据的设想的追溯,我们已经看到他们对遇到今天教育中如此急迫的要求是怎样地漫不经心。

官方课程的内容是这样一成不变,简直不能期待由标准Ⅰ和Ⅳ所要求的任何一致的结果。科目是独立的,每个科目由它本身构成一个"合理"的整体,至于学生们的活动在学校里或未来生活中应用与否则是微不足道和不受重视的。

官方课程的许多令人不满意的方面仍在继续开展的活动中采用并表

现出来。一方面,它没有规定训练努力合作是以平等参与的机会为基础的明确的合作方法;另一方面,它也没有规定为一种有效的领导才能的发展提供机会的明确的合作方法。它更没有明确规定强调通过活动使生活一致化。官方指示提出了唯有书本学习是绝对重要的概念。

2. 学校教科书及其内容

对学校教科书的内容确定了一个最大范围,也确定了学校活动的方法。这是一个特别真实的环境,对于被要求按规定课文中的死板内容重复教学的教师和学生们来说,置身于新的学科内容的环境中,是特别正确的。在这个领域中的研究应包括:(1)当今学校里什么课本正被广泛地使用;(2)作为规定的官方标准中适合于中学课程的课文列出的各类主题的篇幅;(3)主题处理的顺序;(4)就学生而言,对科目内容和编排顺序的心理反映。当这样的研究得到定量方法支持而谨慎地进行的时候,其结果应能证明是最有启发性的。它应该不但对那些在该课程中分科学习的效果完全信任的学生们所用,而且对那些在学校活动过程中与学生希望发现点什么相联系的,有意把课本只当成参考书使用的学生们所用。教科书的重要性不应被夸大。在教育改革的基本阶段,凡是能被人们信任的,研究应沿着这条路线抓紧进行。

3. 真正的实践是在学校里的活动

关于进入这个领域的方法,有两个相互关联又互不依存的信息渠道:(1)以受过训练的观察员们的经验为根据的判断;(2)依据定量数据。我们根据所调查的具体问题来判断,它们应当互相补充和调节自身。个人的判断是重要的,因为它能关注到在广泛比较和富有同情心的见识的基础上的大多数因素。定量数据提供了非个人的记录,客观,方便、系统的、放在行政官员手边作为应急准备的材料。有点令人遗憾的是无论人为的还是定量的方法,应该在进行调查的任何领域里采用唯一的权威。

在两种方法中,判断和指导的标准是不可缺少的。尤其是在定量方法中,调查者应当始终如一地保持他在调查中所进行的活动的客观性。尽管操作制作精良、纯粹无意义、疏忽了人的客观性的定量工具会使艰巨的尝试废弃,而成为讽刺者的把柄。[①]

在新内容方向上的规划

1. 教育系统中中学的地位和功能

中学在战略上的重要性。列为第二等的学校是按照学习的课程分类的。它们是:(1)有普通课程的中学;(2)有教师训练课程的师范学校;(3)"A"类职业学校,包括农业、工业和商业课程。根据1916年学校统计,学校的数量和学生的人数如下:

	学校数量	学生人数
中学	444	69, 770
师范学校	211	27, 975
"A"类职业学校	96	10, 541
	学校数量	学生人数
无类别的	359	18, 159
总计	1, 110	126, 445

在进行统计的时候,它是以政府体制的七年初级学校和四年二等学校为依据的。省级教育协会的国民会议,于1921年10月在广东召开,再次推荐改为6-3-3计划,即六年小学、三年初级中学和三年高级中学。该计划未被官方采纳,至今仍处在实验阶段。如果采纳,中学的学生数量将稍有提高。

1918年10月由在北京的教育部召集的中学校长国民会议公开演讲中,教育部长说:"我们国家的初级教育期与其他国家相比是很短的,职业学校以及初级的和高级中学由于地方上资金的缺乏,其发展还很受限制。鉴于这些原因,如果我们希望既要达到完成普通教育的结果也能使来自受过普通教育的人适应社会上的职业(需要),我们除了依靠中学别无他法。从目前教育状态判断,改革中学里现行的内容是国家教育问题的关键。"[②]

中学,特别是那些在大的教育集中地区的中学是国家的有志青年们聚集的地方。在那些学校里未来一代的领导者将产生或消失。在诸如北京、南京、天津、上海、广东等集中地区的中学比其周边地区拥有比例很大的外来学生,有时接近学校学生总数的十分之八。这些(学生)几乎来自(全国)所有的省份及学校所在的当地省份地区。举例来说,如天津的南开学校,在 1920 年至 1921 年,1131 名学生总数中,410 名来自天津所在的直隶省,721 名来自其他 19 省。相对而言,在大的教育中心地区里的其他中学可能有较小比例的学生来自外省。不过很显然,中国的中学不像美国的高级中学,即它们不是就近学校,而大多数是寄宿学校。因此,由于在一起生活,紧密接触,对他们的教育影响是非常显著的。

领导才能教育。在中国的古代,教育被分为两类:(1)普通教育;(2)领导才能教育。当该体制达到它的高水准的时候,所有贵族和平民的孩子都去上适合于八岁孩子普通教育的初等学校。在那里,他们接受操行的简单礼节教育和"六艺"的入门,即,礼、乐、箭术、驾车、写和算。贵族的孩子和平民家庭的有前途的孩子在 15 岁时被接受进入高等学府学习。在那里,他们在发掘个人能力方面,在学习知识方法方面,在管理个人行为方面和在各种社会领域里领导才能的艺术方面得到训练。[3]

领导才能训练的旧形式在后来的朝代里变得愈来愈书本化了。它逐渐地被限制在学业成绩和政府事务的范围。今天的学生试图尽其所能地冲破在政治和文化领域传统空间里限制他们活动的束缚。就习惯而言,人们仍然把初中和高中的学生看作国家公正的和可靠的领导者。

根据在校的中学生与国家总人口的比例来判断——粗略地,低于三千分之一——在该体制里的中学的作用显然是为准备和训练领导才能(人才)的。就领导才能而言,不仅注定适用于传统领域中,而且适用于现代手工业和商业活动中。

现在的体制为培训领导者给学生架起了一个从中学到大学和专职机构的梯子,并且在中学和高等教育之间划的线是非常清楚的。没有客观证据(说明)为什么要紧紧追随这样一个机械式的模式。不能确立中学—大学—专业培训的模式,对许多青年人来说是浪费时间和努力吗?甚至在美国——一个坚定地建立现代化学校体制的国家——有一种普遍的感觉,即"十分仔细研究我们四年高级中学和四年大学课程的教育体制显示出不可原谅的浪费时间。为了实施专心和真正的培训将压缩(时间),而不仅仅是消耗时间。”④耶鲁的安吉尔校长写信给准备讨论的法学学生:“应得的报酬应当给予现在正在进行成功地努力,特别是在中西部,减少一到两年时间按要求完成大学和高级中学课程(的人)。我们有很好的理由相信在所进行的培训中是能够做到改进胜于退化的。”⑤

各种领域对领导才能提出了某些直接的和具体的要求。这些要求能被客观地发现以决定中国青年人将需要哪种培训(方式)以适合这些明确而又具体的要求。长期的、固定的、传统的形式主义对青年人是十分不利的,但是,强制青年人接受一种舶来的形式主义似乎也是一个不可原谅的错误。

不可否认需要现代能力的人,特别是正被努力带入与外国竞争紧密相连的各种领域中。这个时期教育者所面临的重要问题是有多少人能被训练成具有熟练的和扎实的手艺、灵活的和有创造性的头脑以及坚定的、大胆的和合作的精神。未来的领导者们必须具备某些综合的能力,他们还必须在他们将要生活、工作的专门领域里进行所需要的特别训练。领导才能教育必须以直接有用为目的。必须根据不同的人才和职业需要进行多样化训练。它可以在一个机构或多个机构里进行。培训两或三年后即可结束,或至多可能用八或十年。也许要求将他们自己单独封闭起来远离人群进行训练,或可能要求停止协力调节。对于所有这些各种各样的表达和形式,唯一一个简单的事实是已经阐述的,即领导才能教育应当在质量、数量和种类方面进行协调,在创建今天的社会环境的时候,愈接近直接要求愈好。在几乎所有的所谓中等学校里,在目前时期为训练领导者应当具备其主要功能,没有理由急迫地划出中学和高等学府之间的界限。第二时期的概念是一个简单的模糊的“普通教育”时期,是一个既不适合当前的需要也不符合中国历史经验的一个借鉴来的概念。在这个概念下,中学已经产生和正在产生懂得从学校学习一点点知识的各科毕业生,然而在生产性工作的任何特别领域里却不能适应的人。因此,在这个切实的和苛求的计划里,为了一项新内容,首先,它似乎规定现今中学的所谓地位和功能应该被明确认可。无论我们是否批准它,公众和学生自己都把中学看作赋予领导才能教育的地方。因此,教育者们就不能再以一种含糊的方式盲目追求完善中学功能的概念,以一种神秘的方式,诸如“普通教育”的东西(来诠释)。一个全新安排的中学应该对求学的学生在领导才能训练上明白地认可他们的责任,这也是国家要求领导者接受培训的目的。

在认真考虑之后,我们会发现在各种领域里的领导才能教育完全有可能需要一段初步调整和指导的时间,让我们说,三或四年。在发挥学校这种可以培训领导才能能力的初期应当包括:(1)训练在所有领域里所需要的领导才能的品质,如坚定的品质、同心协力运做的品质,判断力,思维能力、人类的知识和针对国家现实问题的历史和政治背景;(2)在对个体学生分析的基础上,应该对学生在开始生活、工作所需要的在才能方面的具体经验进行指导。

如果认为在领导才能教育方面是一个令人满意的时期,我们就不应该像初级或高级中学时期被它自我隔离,但是,我们应当在个体学生要求进一步培训的这个时期的过程中密切协调所进行的训练。在这三或四年期间,应指导学生寻找特别适合他们的职业方向、这种职业将要求多长时间的训练,以及什么时候他们应该明智地结束学校训练。

高等教育的实验应在领导才能训练的早期阶段开始。调查应由所列举的领导能力在各种领域中的具体要求形成,例如,在第Ⅵ章中的标准Ⅳ之下。在此调查的基础上,一些客观事实能得到公认以确定高等教育真正的目的。没有这样的调查,所有沿着这条路线努力的尝试不是盲目摹仿就是纯粹猜想,尽管有好的目的。

2. 水平分级的有利条件和不利条件

西方世界现代化学校体制中的学生出于教学和管理的目的,按经济利益被水平分级。但是,由于分级体制已经机械化——其本身表现在忽视个人才能和在课堂学习从一个阶段到另一个阶段呆板而僵硬的提升上。当我们承认一些分级的体制可能是一个必需的措施的时候,学生们被大量地安排(分组),特别是在领导才能教育中我们一定会看到训练期间个人的最大价值的体现。

在西方国家的现代化学校中,已经提出多种对策来消除水平分类上过分机械式的影响,如下所示:

(1)对相当慢和相当出众的孩子要(安排)额外特殊班。

(2)根据进步的速度不同和毕业的年限不同平行分组。个体学生在课程学习的任何时候可以从一个组转移到另一个组。这样的分组还能照顾在一个阶段进步很快而在另一个阶段进步慢一些的那些人。

(3)在教室里安排一位辅助教师照顾较迟钝的学生。这是为了使所有的分组得以满意完成,通常要与学生提出的各种要求相结合。

(4)越来越多地使用考量学生进步的选修体制,不是根据达到一致的等级,而是依据在教学单元里的成绩。

我们已发现所有这些尝试,在任何地方,对减轻学校里机械式分组方法的不良影响是有效的。但仍引起一些赞成凑合和不彻底修改标准的人不满意。他们不仅包括那些正在做教育实验的人,而且包括一些在今天美国教育里有更多先进的实际经验的管理者们[⑥]。不论是固有的价值上还是考虑这个改革者团体的最终努力,我们能有把握地说分组体制自1850年左右被使用以来一直是一个没有处理好的问题。近年来所有的矛头,特别是在高等学府里,都瞄准了学校中越来越多个体形式分组的方向上。

当这种分组体制目前正在西方持续着的时候,一些疑问可能会完全保留在我们的头脑里,即水平分组的机械方法是否符合中国学校环境的需要,特别是在领导才能的教育上。在中国的教育里传统的实践仍是个体结构,每个学生的成长取决于他自身的能力。这样的实践应当遭到批评,因为就学校中的学生而言,为共同努力,根本没有个人空间可言。但是,个体差别的重要性已在中国经验里得到适当认可。

当应该给大量学生分组的委员们的技巧给予适当关注的时候——这并非一个必需把传统体制考虑进去的新因素——在针对领导才能教育的一项新内容的计划里,在进步的比例方面,重点应该放在个人的变化上。一些计划应依靠合作行为和在学校具有适当地位的个人自由两者来做出。

在中国的中学里，目前的趋势是越来越有利于选修课程和学科。在正确方向上是完全超前的。但我们必须记住，要正确地理解选修体制和“个体体制”之间的差别。在选修体制中，个体学生有选择课程和学科的自由。但是，在专注于那个课程或那个学科的团体内部，分组的发展仍然为大多数级差所限制。例如，当一名学生确定学习学科 A 的时候，他不得不参加教授学科 A 的班。通常从管理的角度看，有一个要求和一个必需的要求，即在提出它以前，学生们必须选择规定的学科。当他参加学习学科 A 这个班以后，他不得不以那个班上大多数学生的相同速度前进。当正确管理“个体体制”的时候，学生应有自由选择任何一门他了解并感兴趣的学科。当然，他选择的那个学科无论在学校里或离开学校以后，都是真正有用的——对此所做的正确判断应该得到教师和管理者的完全同意——要求他们必须等待一定数量的、对相同学科十分感兴趣的学生。即使还有同时对那个学科感兴趣的其他人，他的进步速度根据这个班规定的标准不必减慢或加快。的确，个体体制在行政管理和教学中是存在异议的，正像在大多数分组体制中存在异议一样。但是，它的有效性在中国的传统经验和最近的美国实验这两方面都得到足够的具体的验证。这在中国领导才能教育的重新组织方面是值得谨慎考虑的。

3. 简述学习的益处和弊端

杜威教授写道：“有一种强烈的诱惑去设想现在的学科内容会以它完美的形式提供一条通向学习的捷径。设想不成熟可以节省时间和精力；在进行探索停顿下来的地方开始，可以防止不必要的错误发生，还有什么比这些更自然的想法吗？其结果已经大量写入教育史。学生使用根据专家指示将学科内容组织成专题的课本开始他们的科学学习。技能的概念，按照他们的定义在开始介绍。规律在很早阶段就被引入了，在最好的情况下，只是略微指出规律是如何得到的。学生学习一门‘科学’，而不是学习作为科学方法的处理熟悉材料的普通经验。高年级学生的学习方式支配着大学教学，大学的方法被转移到中学，直到所有学校。这样的删繁就简，是为了使学科内容学习起来更容易。”⑦

"合理的要求",基尔帕特里克教授写道:"正在接受适宜成年人的智力组合,将它切成块,让孩子一次一块地学习。"[8]心理上未能产生预期效果的学科内容一概与任何有意义的活动隔离,这些有意义的活动是近些年来被可以投入全部兴趣的学生渐渐认可的活动。[9]在"合理"要求的地方,其"心理上的"要求已经被提出,是"经验的要求,发现的要求和随之产生的学习的要求"[10]。从学习者的经验开始,循科学处理的正确方式发展。"显然,包括时间的各种浪费,比靠上司的理解和所必需的利益保护补偿更多。至少他懂得了学生们要学习什么。接下来,与来自普通感性认识的素材所选择的问题相联系,靠科学的方法,人类在已经得到完整知识的时候,获得独立自主的能力去处理其知识范围之内的素材,也避免了精神上的混乱。仅仅象征性地把知识分子的价值附着在学习内容上是知识分子厌恶的。"[11]

有一个更深一层的原因,为什么分散的、不协调的、"逻辑上"安排的学科被认为用处很小呢?当今世界里所阐明的大量日新月异的知识是不可能完全包罗在学校的课程内的。学校不必渴望教百科全书式的知识。它不得不寻求一些有效的方法和在体制上的认同,以使学生们在离开学校的时候,能以这些基本能力走向成熟,去满足外部世界的要求。

在一个变化万端的世界里,对学生而言,那个如此卓越的、重要的体制,应当建立在全神贯注的客观活动之中。我们已经在第 VI 章中的标准Ⅲ下指出过。"逻辑上"明确地阐述学科内容的方法作为一种工具,在学校内外两方面正确使用以发挥其至关重要的作用。当明确表达的人类的知识被限制在一个封闭的空间里的时候,无疑它失去了以前所具有的全部不可思议的价值。

在今天中国的学校里,给予特别关注的旧习惯仍然存在于系统表达的知识中。教师和学生仍然倾向于紧紧依靠规定的学科和仓促准备、机械安排的教科书。当他们长期阅读形成传统学校主要内容的、标准的经典书籍的时候,他们以始终如一的崇拜之情学习这个学科和课本。尊重旧的经典书籍是正确的,而今天记住它们则是多余的;但是尊重和熟记现代教科书则是徒劳而可笑的。公式化的学科内容值得合理的考虑,但是,不会允许去做费力不讨好的工作。

简要总结,其重要建议是:(1)不应认为书本知识是足够的;(2)所阐述的作为工具的学科内容有它正确的方面;(3)所期待的结果应该始终是能成功地完成一些坚持开展的、计划之内的活动。当学生参与学校里活动的时候,如果他们取得这种看法,他们可能不会过高或过低地估计其正确意义和实际使用所学到的知识。

注:

①见 W. C. 巴格利(Bagley W. C.)“教育决定论,或民主政治与智商”,学校和社会,1922 年 4 月 8 日。

②全国中学校长会议的会议录,1918 年 10 月。

③见朱熹(Chu His)“大学(Ta Hsuch)”介绍,或“大学”,“四书”之一。

④社论《新共和国》,1922 年 3 月 29 日,第 139 页。

⑤同上,第 139 页。

⑥见由休伯伦坦登特 · 沃斯伯恩(Superintendent Washburn)撰写关于“个体体制在伊利诺伊州温尼卡”(winnetka)的文章,初等学校杂志,1921 年。以及杜威 · 依维林(Dewey Evelyn),道尔顿实验室计划。

⑦约翰 · 杜威(John Dewey)民主和教育,第 257 页。

⑧基尔帕特里克(Kilpatrick ,W. H.)“心理和逻辑” 在教育方法杂志里,1922 年 3 月,第 281 页。

⑨见基尔帕特里克“计划方法”,师范大学报告,1919 年。

⑩基尔帕特里克“心理和逻辑”,前引文中,第 280 页。

⑪ 约翰 · 杜威前引书,第 258 页。

第八章　对以实验为基础的教育领导早期阶段的内容建议

现在本章讨论的要素是用包括对领导才能有意识教育的可能性在内的最有效的方法,为以现代化为目的设计的学校活动提供经验。

它就像一出精心制作的戏剧脚本初稿一样。此时该剧的主要情节和事件只是个梗概，但是，该剧的具体内容不能不依靠参加演出的演员们以及演出所在剧院的舞台条件。这出教育剧和在“舞台上”所演出的剧之间的重大不同在于这样一个重要事实——演员既有临场发挥的完全自由，又有他们按照自己的不同经验采取各种表演方式的完全自由，只要不忘记演戏的根本目的(就行)。

该剧本的主题。一句话，该剧的主题是现代化。剧中的主要乐章是在一个既具挑战性的环境又有成功机遇的崭新的和扩张的团体中的经验。

剧本的目的是为使在其中经受锻炼的演员们获得两样东西：(1)提高全面质量和领导才能的能力；(2)以他们号称能决定他们的生活领域为目的去体验初级阶段的职业。

剧中的演员。演员主要是学生和教师。

当学生们开始学习的时候，可能是14或15岁[①]。表演可能持续三年或更多年，这根据个人情况而定。他们来自各种各样的社会背景，并且具备一定的初等教育基础。他们中的大部分人，即使不是全部，都是住在学校的宿舍里，这种情况同今天我们的大多数中学一样。

教师有他们自己表演的内容，而且是非常重要的内容。在演出中他们的经验和在各种自然环境中，他们表演的技巧知识，使他们既是非常有价值的导演又是表演中的合作者。

而且，有一个最重要的鉴戒。不能过分强调领导才能训练的早期阶段。对于这个年龄段的孩子来说，依靠实例学习是最为神秘有力的。只有值得被进一步培养的人才有可能在领导才能训练的早期阶段获得教育的机会。这样的崇高理想始终存在于中国教育职业的传统里。但是，目前在所谓的现代化学校里，却存在为了高等教育特权而非常令人沮丧的偏离标准方向的情况。因为使人误入歧途的惯例把现代教育的内容分成孤立学习的学科，教育商人的有害现象已经进入我们中间。那些在学校里教书的教师们接受分给他们的用于购物的工资，却失去了关注系统地进行人才培养的责任感了。由于这些人把教学看作买卖，他们就到很多地方教书；他们卖的愈多，他们的生意就愈好，收入就愈丰厚。这种把教育内容支解，拼入无关联的、少量假定的知识里去的不良习惯，在一定程度上使受到感染的教师在一项我们打算进行到底的试验中，自然地处于尴尬的境地。在中国，教师的传统荣誉正在被亵渎，似乎只有依靠古代理想精神的救助，我们才能期望为我们的学校提供做这项艰苦工作的有价值的人。

剧本的三部分。该剧本可以被大致分成三部分。它们是：第一部分，探索和初创；第二部分，新团体的组合；第三部分，科学产出和组织。

这样划分只是为了演出时相对强调该剧中重要章节之目的。全部三个章节的开始，例如，将在第一年里被介绍，主要强调的是关于探索和初创。

第一部分将用大约一年，第二部分也是如此。第三部分将用一年或更长的时间，这要根据个体学生们的天赋和条件而定。

在这些部分内容的处理上，要按以下顺序进行：

1. 为那个部分的主要情节做提示。仅就提示的价值而言，不需要完全照搬。事实上，就这部剧的演员来说，其重点之一是当他们在演戏时去创造情节。

2. 本部分里需要的工具、道具和表演技巧。

3. 全体演员的精神应该从本部分的表演中产生结果。

在教育术语中，其顺序将是：(1)学校计划或活动；(2)被称作规划性学科，为了在决意进行的实践中使用和把这些经验总结起来，以便将来在相似而更广泛的环境中使用；(3)当介绍社会组织和表达社会理想的时候，学校的“状况”或氛围。

适合于产出的机会。在讨论处理这三部分的细节之前，直接提问，今日中国转变之混乱能不能说正受到广泛地关注？当试验的时候，像这样一项计划被彻底实施的实际机会是什么？坦白地面对这个问题是必要的，否则整个建议的内容会被看作一种纯粹的幻想、一个空中楼阁。为使它能发挥作用，一些实质性工作概括说明如下：

1. 渴望真正地有能力而且愿意的领导者，和对领导才能教育的现时安排不满意。这是普遍的感觉，但是至今只有极少的有创造性的解决建议。

2. 使学生本身认识到实行机械式教育仅依靠记忆和书本知识做起来难而又难。

3. 在对舶来的外国的惯例感到满意之前，开始尝试思考深层次的一些小问题。

为克服道路上的障碍和宣传新计划，可能采纳三项措施：

1. 受教育的公众要求得到几分效果好的教育。

2. 考虑到学生们渴望去做所有有益的事情，给他们示范一种训练的新形式是可取的，并强调他们必须通过新的学科。

3. 培训新教师，为了完成新的计划，使其彻底了解所要求的知识、技能和态度。

前两项措施要求注意利用国民会议和受欢迎可信赖的学者的著述，以及从事于教育研究和改革的私人组织做适当的宣传。第三项措施必须经由为中学培训教师的师范学院和通过设置教育课程的大学来实现。

但是，最有效的宣传是依靠经过试验的具体结果。这样能继续与一些师范学院、一些大学或一些在教育研究方面感兴趣的组织保持联系。

如果这个提议可以在中国的一个或多个地方的实际试验中得以考虑，如果这种试验的结果被证实是富有成效和可以信赖的，那么实际管理者的任务将是设计出与之相适应的管理机构，为的是在绝大多数学校里使这项计划得以有效地实现。

我们已经简要地说明如何使建议的计划能转入实行的总的大纲。当然，开始的动力必须依靠个人的努力。

第一部分　探索和初创

1. 计划②

探索团体里学生们偶然发生的经历：调查周边地区的自然概貌，将调查结果画成平面图和立体图；探索团体所在地附近的一条河流的源头；在一些山区访问感兴趣的事物，如果交通方便，可游览海滨。观察周围地区的动物、植物群，为学校的陈列馆收集标本。观察团体中人们的主要工作和这个地区周围人们的生活。

关心他们个人在开拓环境中的需要:知道食品从何处来,为他们自己准备某些样式的食品;了解他们是怎样受保护的;了解他们穿什么和他们衣服的材料从哪里来,编织和缝制一些他们自己穿戴的物品;照料他们自己的身体,讲究卫生习惯,使他们的身体强壮、动作敏捷;懂得如何在任何新的和不熟悉的环境中找到出路;有三或四个星期露营生活的实际经验。

2. 规划学科

与第一部分活动有关的、被作为工具使用的已设置的学科被列举之前,于此声明,在期望做一些事情的过程中学生们会发现他们自己需要某些信息或工具,于是他们去请教老师或从书本上找到所需要的知识或工具。得到以后,他们会运用这个知识和工具直接进行他们的活动。完成这项活动以后,他们也许意识到或促使去了解某个学科的分支或某个已知的工具足以值得就它本身进行一次认真的调查。就这个目的而言,由于使用了这个已阐明的知识或已知的工具去解决将来的困难,而这些困难又恰恰将会得到满意的解决。以下按照大纲设置的学科常常被认为是折中的,绝不是最终定论。

(1)语言

中文:训练用口语和写作文的方式表述实际看到和体验到的事情;练习书法以使报告字迹清晰、条理顺畅;学习基本的语法规则以使报告在结构上没有疏漏;撰写和编辑一份以报道学校活动为主的校报;绝不使用团体成员和周围地区里的民众使用的口头语。

英语:阅读现代先驱者的故事;若可能的话,用英语口语与团体的其他成员谈话;了解来自所在地的食品、住宅和衣服所使用的材料的名称;给在国内或国外的外国公司写信定购这样的材料;在写作、练习书法过程中学习简单的语法结构以使信件易读,格式正确。

(2)数学

练习算术,以计算与自身相关要求供应的食品、住宅和衣服;为个人使用和为学校团体学习记简单的账目;练习测量,为测量和制图,学习几何和三角原理;为给一些建筑物的基础和结构画图,在设计中学习几何制图;在写报告的过程中学习简单又实用的制图和制表的方法。

(3)自然科学

了解周围地区的植物和动物，学习分类法，以便使学校博物馆里已收集的资料有条理。为了辨识方向和懂得季节变换的规律，要学习天文学和地理学的简单常识；了解地球的构造和与之相关的如探索河流及其源头，游览一些山区或海洋；对自然环境中的重要因素调查时，要锻炼使自己视野开阔；为准备撰写报告，在观察所收集资料时学习使用编目系统；学习与事物、住宅、衣服和身体锻炼等问题有关的普通物理、化学和生物常识。

(4)社会科学

学习团体所在地和其他地区(包括国家)的历史，正确评价、澄清历史事实的过程和根据这些事实写出可靠的结论；了解与自身相关的食品、住宅和服装的工业史；了解中国文化发展的早期历史；了解现代国家的历史、探索和开创的起源；了解扩张国家的政府政策——领土、市场和外国人的占领，探讨这些政策如何影响了中国；了解与基本必要生活相关的经济因素；了解真实的状况——周围民众如何生活，包括贫困、失业，财富的产生和分配，社会组织中传统的社会习惯。

(5)职业技能

搭建一座房屋或它的一部分，在搭建过程中使用普通工具；织布；种植适合制成食物的农作物，包括对土壤的照料；对团体所在地和周围地区流行职业的观察和分类；学习一些外国产品是怎样取自中国却在他们国家的本土上加工的。

(6)游戏和娱乐

在一种开拓的环境下了解强壮身体的实际要求，为了强壮身体和对合作精神的培养，学习游戏和运动；上演现代西方以开拓经历而改编为戏剧的一些片段。

3. 学校氛围

(1) 社会组织

锻炼个人主见和在小集体里的领导才能;学习人类的知识和组织(工作)的简单技能。

(2) 社会理想

要求每一个人去做由团体分配给自己的工作,以满足团体的要求和达到熟练的标准;在共同生活中严格执行互相谦让的行为规范;训练在一定时期独立自主做事情的本领;对于即将在社会中生活的人要培养其责任意识;在陶冶个人情操和在评价民族的人文主义的传统方面,通过生活学习古代箴言的意义。

上演。为了试验,经历体验的第一组男生有40至50人。教师的数量或多或少均可,但是为了活动,要求大量有专业知识的人,而不能仅靠两三个人来替代。除应提供必要的时间外,在安排学生的时候,还应当准备好具备所需信息和方法的有知识的老师。

学校的体育设备不要求精心制作。我们准许全部或大多数学生住在学校的宿舍里。除了为讨论做事情的方式、方法而举办会议的会议室外——这些房间不需要像有标准黑板、课桌和椅子的正式教室一样——应当有一个宽敞的房间用来保存参考书。在这个房间里应该备有方便查阅的、由学生支配的参考资料。

第二部分　新社团的组合

1. 计划

(1) 针对团体中的小部分成员,坚持明确的管理责任。在学生中,根据他们的自身条件分配责任;在逐步完善的过程中,负责一个团体的新的职责,诸如街道的规划和清洁,污水系统的铺设,市场的分布状态和布置以及商店的便利程度,等等;学习管理通信联络的代理处,如电话、电报、邮局,公共汽车、汽车的执照以及类似的事务;懂得如何操作复杂的机器。

(2) 团体生活的研究阶段,研究对地方、对省和对国家的管辖;访问地方政府、省府和国家政府管理部门。

(3)对少数幸运的成员履行团体的职责。

2. 设置的学科

(1)语言

中文　训练用口语和写作表达调查的事情、制订的计划和活动的结果；阅读有关地方、省和国家政府管理的文件，学习写作类似的文件；练习做公开讲演，告诉公众当前重要的问题和提倡光明磊落的行为；在团体的报纸上写文章，学习编辑类似的文章；学习必要的语法规则和修辞学，为了使习作在文体上能够正确并有说服力。

英语　阅读描写现代化城市里生活状态的文章，阅读遍及世界大城市的旅行游记；为阅读英语的人写有关团体改革的说明；就大家普遍关注的问题和在地方自治政府中解决问题的意见写信给在外国的孩子们进行交流；学习必要的语法规则和修辞学，写作条理清晰的文章。

(2)数学

学习与城市街道、城市排水管道、城市照明、城市电话以及相同业务的计划和与建筑有关的数学符号及其功能；练习记团体的账目，包括作预算、簿记和查账；在宣传材料和报告中使用曲线和图表。

(3)自然科学

学习在团体生活的不同阶段使用科学的、与公共卫生有关的生物因素，与建筑计划有关的物理和化学因素；开始逐步在实验室里工作并把科学作为合理的整体来研究。

(4)社会科学

学习涉及地方、省和国家政府中的各个部门的功能，研究有意义的政治制度的历史，特别是关于团体政体(的历史)；练习在政治制度的管理中对劳动的分配，如经理主管人员的派遣，立法机关的审议，大众金融的管理；实行议会程序和在进行必要的改革中提倡唤起公众兴趣的民主方式；弄清楚与团体的生产行业相关的经济情况和规律；了解政治的和经济的制度和历史，探索中国和西方现代化国家自身发展的必由之路。

(5)职业技能

计划和实施一些必要的工作,以便更好地满足社会生活的需要。如城市排水管道,街道清洁,城市公园,树木种植,公共市场,等等;学习使用必要的机器,以代替不能靠手工劳动去做的工作。

(6)游戏和娱乐

为锻炼强健的体魄和发展合作精神,继续开展游戏和体育活动;学习规定的游戏和适合团体里的人们娱乐的形式;在团体所在地的某个区域监督孩子们比赛;为团体组织喜庆活动。

3. 学校氛围

(1)社会组织

在学校外,学生们学习承担为大众服务的责任;根据每个人不同的能力练习分配工作和承担不同的职责;学习怎样挑选公务员和绝对服从领导。

(2)社会理想

培养公共责任感及相关理念;学习尊重大多数民众的权利和意志,为了团体的福利事业培养与团体中全体成员的合作精神;研究在传统社会制度下的理想和习惯,区分那些使他们自身适应和不适应现代化环境的因素。

上演。对于第二部分上演的总的情况大体与第一部分相同,只是知识和技能的更广泛的舞台应当在学生们的布置下来搭建,有关个体的区别在这个舞台上会表现得越来越明显。

学生们可选择在城市的某地和附近的村庄来进行实践并发挥职责。在任何情况下,正确的安排必须是预先与当地的职权(部门)联系。指派给学生的职责必须明确而详尽,并且绝不能超出他们的能力。

第三部分　科学产出和组织

1. 计划

(1)调查和分析团体所在地或附近一些城市的生产行业。

(2)在工业、学校、商业事务所、农场和类似的2个或3个组织中去做实际的工作。

2. 设置的学科

(1) 语言

中文　学习必要的在不同行业里所需要的(语言)形式,包括写作、新闻业、政治管理等;阅读文学作品以解决在产业和社会关系中遇到的问题和情况;使用口头和书面形式表达与公众有关的问题。

英语　涉猎现代科学奇迹,探讨外国的组织机构;为想进入商界的人撰写英文;为那些对社会组织感兴趣的人提出见解;为对科学感兴趣的人书写陈述事实和试验结果的文章;为那些在语言和文学方面同样感兴趣的人的美学欣赏著述。

(2) 数学

根据个人兴趣和能力,学习与在生产行业中不同种类的实际工作所需要的相关的数学工具。

(3) 自然科学

学习针对实际需要的应用科学,更多地关注与科学研究有关的实验室工作。

(4) 社会科学

研究社会和产业状况,各种现代化行业的发展历史;探索在中国的行业实践的历史;研究在政治实践和社会理想中行业关系的变化。

(5) 职业技能

在需要领导才能的各种行业里努力获得在两个或更多领域中实际工作的真正经验。只有直接参与实践过程而得出的理论,才能使年轻人找到他们赖以生存的职业。

(6) 游戏和娱乐

当他们体验到真正从事生产的紧张生活的时候,他们才能越发认识到身体活力的重要;在他们实习期间,从他们能接触到的学校、工厂、办事处或农场里的工人那里学习休息和娱乐的方式。

3. 学校氛围

当在头两年里逐步地发展上述的社团组织和理想的时候，立刻会发现一个更广阔的领域和进行有效实习的机会。虽然在他们的兴趣和经验方面显示出更多不同，但学校小组依然保存着紧密团结的精神。为了交流经验并为取得对经验的认同来不断拓展视野，某些活动应该在学校内进行。

上演。在不同的事务所和商店里实习，自然要求预先由民众给予关照并安排。再次被派遣的学生应体会出与相同岗位的工人负同等的责任。根据个人情况，实习期可短可长。但是某些教师应当在工作时把每天至少一次去探访学生作为他们的职责，了解工作是如何进行的以及学生实际上获得了多少有价值的、有意义的经验；当然，还应当认真记录以保留下这些个案。

结语

半实习、半学习管理的形式可能最终需要一两年或更长时间。学校应当负责地确定为每一个学生安排最好的预备方式，他应当——或中止进一步的学校教育——或被建议转到更高一级的培训机构。在领导才能教育的早期阶段的这种训练是至关重要的，因此值得立即引起注意并在试验中努力做到。至于如何进一步培训，我们应该委托更高机构的管理者们去调查领导才能在各个领域里的不同要求并决定每个人最有效的训练方法。今后，当盲目的抄袭或茫然的猜测阻碍了前进的时候，我们希望与这项调查一起产生的这些初步建议，会闪现一缕希望的微光。我们可以循着对具体需求的分析和树立对特殊目标的决心以及对社会环境所倡导的主张不断前进。

注：

① 他们总是在这个年纪离开家到教育中心接受教育。他们已经有成熟的心智以通过在此略述的正规的训练。在年龄上他们已经符合成为高中学生的标准了。

② 这些仅是建议。

附一　举例说明衡量计划中几方面的尝试

1. 印第安纳，因特雷根(Interlaken)学校

印第安纳，因特雷根男生学校的座右铭是“教会孩子们生活”。

这项实验的主要思想是废除含有旧风尚沉积的和注满师生关系的教科书以及提供一种要做有意义事情的氛围。这里的学校建筑物已经由男孩子建起来，画图、开挖基础和铺设、建筑物的木工和油漆都由学生来完成。男孩还管理电灯和加热设备以及包括牛奶场、猪圈、养鸡场的600英亩的农场，还有农作物的收割与销售。每个孩子轮流打扫房间、走廊和教室。

学校的男孩子还为附近村庄出版周报。所有的孩子根据他们各自不同的才能参与到这项计划中来。

他们做这些事情，并非是要获得直接的职业价值，而是要使用工具，要遭遇不同的困难，要到外面去工作和锻炼，要学习如何供养自己；他们要做这些事情，是为了增长技能，培养主动性、独立性和强身健体。大多数孩子正准备考大学，但是，这项户外的手工劳动并不意味着他们会比城市中高等科的孩子们花费更长的时间。

(摘自杜威《明天的学校》，第87—89页。)

2. 道尔顿(Dalton)计划

该计划保留了按等级分组的办法，但是，学生学习是以他们的速度来进行的。在一些科目上快一些，在其他科目上相对就慢一些，但是仍然属于他们那个组。随着四年级的开始，孩子被指派到适合自己科目的，有专门设备和参考资料，及一位特别指导教师的“科目实验室”。每个月初安排他这个月的工作，他可以计算好时间以便很好地完成。指令主要是单独性的，当然还包括该组的工作。

[摘自杜威《道尔顿(Dalton)实验室计划》(Dutton，纽约1921年)。]

3. 温尼卡(Winnetka)

只要在各自学科里工作的学生完成本学科的分内工作,他就会被提升。决定每一组最终的具体得分并记下以后,学生可以根据所了解的具体事实、养成的习惯和表现出的技能来判断他的进步。

完成检验性测试以表示进步,为的是在个体体制下每个学生必须达到百分之百的效率,测试确切地表示了他有待于完成(的工作)。

所提供的实习材料供学生自己使用,该材料与实验中表现的薄弱环节相一致,以使每个学生能纠正其每天的工作。

上述所规定的足以胜任的社会工作抵消了个体工作。

[摘自沃师伯恩(C. W. Washburne),《初级学校杂志》21,第 52—68 页。]

4. 旧金山

这个体制完全依靠个性教育。教授新理论的过程是依靠一项弹性计划。完全相同的训练和每个学生的工作都或多或少地要求他要学习原理。提高是依靠科目而不是靠分级,当一个学生适应之后,无论什么时候都可以获得提升。如果他某一科的进步远远落在其他同学后面,为了提高该科成绩,他可以从其他科目的学习中找出时间来弥补这科的不足。

自我教育的新闻简报是写给使用相关课本内容的孩子们的。他们总是直接写给孩子们,并且通俗易懂。

更多的个性工作抵消可能的威胁,每天分组时专注于“口头表达”——说明、讨论和戏剧性。

[摘自富瑞德瑞克 · 伯克(Frederic Burk)专论 C,旧金山州立师范学校,1915 年。]

5. 费茨伯格(Fitchburg)计划的合作实业教育

“实习课程是要四年的时间,相当于正式的高等学校课程。第一年全部在学校里度过,剩下的三年学生每周在商店和学校之间轮流。……学生是两人(一组),在第一周里,当其他学生回学校休息的时候,第一周留在学校的那些学生第二周在商店；那些在第一周在商店的学生第二周回到学校。这样轮流一直持续全年。……三个夏季工作在商店里，开始的时候在第一年的七月左右。第一个夏季有两个月的考验期，而且他是否适应其所选择的某一种商业工作，那得由每一个应考者自行决定。”学生接受为他们的实际工作所付的报酬，并且要为每个热爱工作的孩子在假期期间连续工作提供报酬。

(美国教育署报告，1913 年，50 号。)

6. 贝弗莉(Beverly)实业学校计划

该计划和费茨伯格学校的商店轮流计划非常相像。所不同的是当学生们在工厂里的时候，学校保持对他们完全的控制，而当学生们在商店的时候，是分在不同的部门，同一个人是在商店和学校两地的单独的部门受训。

[摘自李维特(Leavitt)《实业教育的榜样》(纽约 1912 年)，第 209 页。]

7. 加里(Gary)印第安纳

学校的计划是这样安排的，即在学校每天上午和每天下午的一段时间，一半的学生有 90 分钟上正规的课程——英语、历史和数学，接着有 90 分钟上专业课程——手工训练、自然科学，图画、音乐、游戏和体育。为了保证学生们有兴趣，可以以相反的顺序，即正规课程在 90 分钟专业课程之后这样安排。这样在一天内正规和专业两种课程的工作由专门教师连续进行。关于部门计划，在每个组里，离要求很远。

一个学生，如果出于他的最大的兴趣而这样做，可以拿出富裕的正规课程(的时间)学习一部分专业课程，反之亦然。这样，一个在英语方面吃力的学生在上专业课程期间，可以依靠其他正规英语班来弥补不足。在正规课程授课时，如果值得做的话，或学生有兴趣上的要求，可以拿出更多时间用于手工训练，一天最多可以上三个小时。

[W. A. 瓦特(W. A. Wirt) 引自李维特《产业教育的榜样》，第 92 页。]

8. 纽约“分组体制”或“大学校计划”

由于城市学校里学生数量太大，有可能每一个年级里有三个或更多的班，学校根据能力将学生分组。在一个班里有聪明的学生，也有愚钝的学生，其他更多的是中等生。分组体制已经按两个方法设计出来，即“不变的分组体制”和“变化的分组体制”。在不变分组方法的运作中，该班的学生人数在一定的时期保持相对稳定，提升仅在正常的和标准的时间间隔内去进行。不许在该计划的全部课程上划分优劣。超前的那部分学生可以通过学习那些能提高他们学习水平的课程上升到一个较高的级别，但在其他课程上就不会得到很好的训练了。在变化分组方法中，根据教师最佳设想，按照林林总总的课程分成相应的组，任何时候都可能发生提升的事情。变化分组的目的是，当愚钝的慢生正在变得聪明，升到标准级别的时候，鼓励聪明的学生更细心和认真地学习。另一方面，不变分组方法的初衷是给聪明的学生提供尽可能快的发展机会。

（国家社团针对教育研究，第 19 期年刊，第Ⅱ部分，第 16 页，1920 年。）

9. 巴达维亚（Batavia）体制

在巴达维亚（Batavia）体制下，一半的时间用来做正常答疑，而另一半时间用于个人答疑。

在年级配置上，每间教室有两个年级和两位教师，一位专门负责讲课，另一位负责个别学生的督导工作。“当一个年级的（学生）在自习的时候，班级教师为另一个年级的（学生）授课，常常发现，做个别督导的老师桌旁总有一位学生。……个别督导老师的工作就是发现（学生）弱点。”

在高等学校里执行同样的原则。教师在固定时间上课，隔一天安排答疑和个别辅导。在固定的答疑时间，她注意学生“在学习中谁没有表现出完全领会课程内容。……第二天全班集合的时候，即安排下一步的学习。学生们立刻投入到每个人的课业中去了。教师本人坐在她的桌子旁，把对前一天功课讨论表示有疑问，或对学习的某个部分感到苦恼的学生叫到跟前来。”无论什么时候想着为学生解决这些困难都是必要的。然后，另一个学生过来……“在相同班级下一次答疑的时候，继续同样的工作。两门功课，一门安排在固定答疑结束时，一门在个别辅导开始的时候公布。”在这样的学习课堂上，一位专职的个别指导教师遵循这样的工作方法，对由于生病而延误或有其他特殊困难的学生，要比在课堂上上课的教师所给予的更多时间和这些学生一起学习。

［教育工作，I:6—11（1906 年）。］

10. 建议关心有天分的孩子的教育

(1) 在学生的挑选上，身体条件应当是一个重要因素。

(2) 教有天分的孩子的老师必须具有大量的综合知识。

(3) 教师必须具有活力、热心和能激发学生的个性特点。

(4) 教师不应当做多余的解释和无意义的（反复）练习；重点应当放在学生的自我发展上。注意应当给教材一个正确的评估。

(5) 教师只需稍稍关注纪律，只要给学生提供足够的活泼的学习内容，就可以使他们保持专心致志的状态。

(6) 假如某个学生表现出自私自利的倾向，教师应该采取社会性制止（办法）。

(7) 学习的课程应允许有广泛的修改余地，为的是适应不同的学生。

上述各点摘自国立学会第 19 期年鉴里的综合概要：关于在有天分的孩子教育中有关教室问题的教育研究。这些材料可以及时地应用在中国关于领导才能的教育中。

（摘自第 19 期年鉴，第Ⅱ部分，第 112—119 页。）

附二　有关现代化发展的主要训练课程的精选书目

注：在每组开头两或三本书前标有（＊）标志的书已被认为是在现代化发展的动态训练课程的研究中有特别价值的书。

扩张和进步

1. 一般事实

＊Shepherd，W. R.（注）《欧洲的扩张》，政治科学季刊，1919 年。

Ⅰ. 欧洲思想和制度对非欧洲国家的介绍和输入，第 43—60 页

Ⅱ. 关于欧洲生活和思想的反应，第 210—225 页

Ⅲ. 关于欧洲生活和思想的反应，第 392—412 页

* Abbott, W. C.《欧洲的扩张》，第Ⅱ卷，Holt，1918 年。

从扩张的观点全面论述自文艺复兴到法国革命的欧洲历史。

* Kohl, J. G.《发现美洲通史》，第Ⅱ卷，Chapman and Hall，伦敦，1862 年。

在第Ⅱ卷第Ⅵ章中，美洲的发现是一个对商业、航海、科学、宗教和政治十分重要的提示。

《剑桥现代史》，第Ⅰ卷和第Ⅲ卷，Macmillan，1902—1912。

Gillespie, J. E.《关于 1700 年英国海外扩张的影响》，哥伦比亚大学，1920 年。

Haddon, A. C.《徘徊的人民》，剑桥大学出版社，1912 年。

对整个大陆上的人民大众运动的主要说明。

Hayes, C. J. H.《现代欧洲的政治和社会历史》，第二卷，Macmillan，1916 年。

Jayne, K. G.《瓦斯科 · 达 · 伽马和他的继承者们》，Methuen，伦敦，1910 年。

第Ⅰ—Ⅳ章论述从航海家亨利（Henry）王子到哥伦布现代扩张的开始。

Mahan, A. T.《海上霸权在历史上的影响》，1660—1783。Brown，1890 年。

28—58 页讨论了撼人心动的海上霸权总的情况；和第 82—83 页关于海上霸权对殖民地的影响。

Muir, R.《欧洲的扩张》，Honghton Mifflin，1917 年。

第Ⅰ章 帝国主义的企图和动机。

第Ⅳ章 革命时代，1763—1825 年。

第Ⅴ章 欧洲和非欧洲世界，1815—1878 年。

Pollard, A. F.《现代历史中的要素》,Putnan,1907 年。

在历史研究中,作家的目标是“刺激想象力”。殖民地扩张的精确分析,第 236—262 页。

Stoddard, L.《种族主义色彩的盛行》,Scribner,1920 年。

它标志着现代欧洲扩张结束的起点。该作家是新闻工作者和非常有种族意识的人。

Taylor, H. O.《16 世纪中的思想和表达》,Macmillan, 1920 年。

这是一篇对混乱的 16 世纪纷繁复杂的社会因素的全面调查。

2. 理论

* Summer, W. G.《土地贫瘠和其他论述》,耶鲁大学出版社,1913 年。

土地贫瘠或掠夺土地的哲学——此标题评论写于 1896 年。人口与土地的比率假说用于阐释历史的变迁,特别是第 41—45 页关于现代殖民化扩张的透彻分析的段落。

* Todd, A. J.《社会进步理论》,Macmillan,1918 年。

进步的预言者的精心而全面的阐述。

Adama, Brooks.《文明和腐朽的法律》,Macmillan,1986 年。

第Ⅴ—Ⅶ章,论述现代化时期。

Adams, H.《在民主信条的退化中,与历史相适应的惯例》,Macmillan,1919 年。

从数学物理引出的推论。

Bury, J. H.《进步的观念》,Macmillan, 1920 年。

Conklin, E. G.《人类进化的方向》,Scribner,1921 年。

第Ⅱ部分第Ⅱ章。人类历史的演变。第Ⅲ章。民主主义的生物学基础。它提出生物学解释。

Gumplowicz, L.《社会学概要》,由 F. W. Moore 翻译。美国政治和社会科学研究院,1899 年。

关于发展周期和进步与创新的理论,第 205—210 页。

Hobhouse, L. T.《社会演变和政治理论》,哥伦比亚大学出版社,

1911 年。

演变和进步的细致区别，在Ⅰ、Ⅱ、Ⅶ章里。

Huntington, E.《文明和风俗》，耶鲁大学出版社，1915 年。

此为国际文明需要修正之基础。但是，作者意识到在社会环境中一个至关重要的因素。

Lowrie, R. H.《文化和人种学》，McMurtrie, 1917 年。

一份大众报告摘要。第Ⅳ章，论述从人类学家的观点看文化的决定性。

Malthus, T. R.《关于人口的评论》。

第Ⅰ章为生存理论斗争的人文科学的开始。

Muller-Lyer, F.《社会发展的历史》，由 Lake 翻译。Allen and Unwin，伦敦，1921 年。

在第Ⅳ章中概述了进步的原因。

Semple, E. C.《地理环境的影响》，Holt，1911 年。

第Ⅲ章“涉及土地的社会和国家”和第Ⅳ章“在他们的地理学意义上民众的动向”是特别适用于扩张理论的。

Vico, G. B. 文章刊登在大英百科全书，第 11 卷中。

一篇关于他的循环法的报道。

Ward, L. F.《动态社会学》，第Ⅱ卷 Appleton，1883 年。

第Ⅱ卷。第Ⅹ和Ⅺ章，关于进步和行动。

科学和产业

1. 科学

* Robinson, J. H.《意识正在形成中》，Harper，1921 年。

一项启蒙研究。第Ⅵ章，关于科学革命和科学知识怎样使生活环境革命化。

* Veblen, T.《科学在现代文明中的位置》，Huebsch，1919 年。

第Ⅰ章和第Ⅱ章，洞察现代科学的幻想家特性。

Bury, J. H.《思想自由的历史》，Holt，1913 年。

一篇清楚的，受欢迎的报导。

Dewey，J.《我们怎么想》，Heath，1910 年。

创造性的智力。Holt，1917 年。

达尔文论哲学的影响。Holt，1910 年。

Lippmann，W.《观望和控制》，Mitchell Kennerley，1914 年。第 269—329 页，对在现代化社会组织里科学态度的要求。

Pearson，K.《科学的文法》，第 3 Ed. A. C. 和 Black，伦敦。

Poincare，H.《科学的基础；科学和假设》，由 G，B，Halsted 翻译，科学出版社，纽约，1913 年。

2. 产业

＊ Veblen，T.《德意志帝国和产业革命》，Macmillan，1915 年。

第Ⅳ章，英国的情形。

第Ⅵ章，在德国的产业革命。

＊Shepherd，W. H.《欧洲的扩张》，第Ⅱ卷，第 210—225 页。

论述怎样的扩张影响及在欧洲进行可能的产业和金融革命。

Day，C.《商业的历史》，Longman&Green，1907 年。

论述现代化扩张对商业、制造业和交通工具的作用。第XV和XXVIII—XXXI章。

Del Mar，A.《钱和文明》，George Bell，伦敦，1886 年。

"靠美国的战利品提供的极大刺激物"从黑暗时代的凝固状态下挽救了欧洲，文艺复兴时期的暂时利益。第IX，X，XI和VIII章。

Merivale，H.《关于殖民和殖民地文化》，Longman&Green，1861 年。

第Ⅱ部分，关于亲缘国家殖民地化的影响；在人口和财富的发展上移民的影响；资本出口的影响；殖民地贸易的影响。

Nicholson，J. S.《帝国的计划》，Macmillan，1909 年。

对帝国主义经济的批判研究，特别参考 Adam Smith 的思想。

Seeley，J. R.《英国的扩张》，Brown，1920 年。

第Ⅴ篇演讲，新世界对旧世界的影响。第Ⅶ篇演讲，扩张的阶段。

Strong,J.《扩张,在新世界状态下》,Baker &Taylor,1900 年。

在适于耕种的公共土地用完以后,美国对外国市场的需要的分析。

个人和民主

1. 个人

* Hocking,W. E.《人类自然和它的再生》,耶鲁大学出版社,1918 年。

第Ⅳ和Ⅴ章:现代解放者卢梭、尼米、弗罗依德的批评报道。还有第Ⅺ章“在它的现代化观点里的意志的讨论”。

* Dewey, J. 和 Tufts, J. H.《道德规范》,Holt,1908 年。

第Ⅰ部分,第Ⅷ章,现代利己主义发展的开始。

Fite,W.《利己主义》,Longman&Green,1911 年。

个体的演变,第 135—169 页。利己主义的形式原则,第 170—182 页。自然权利的理论,第 231—259 页。利己主义和社会主义,第 274—291 页。

Hobhouse,L. T.《进化中的道德》,Holt,1906 年。

第Ⅱ部分,第Ⅶ章,关于责任的对立面和现代伦理中的利益。

Laski,H. J.《从洛克到本瑟姆政治思想在英国》,Holt,1920 年。

关于 Adam Smith 和利己主义,第 308—312 页。

Le Bon,G.《革命的心理学》,由 B. Miall 翻译,Putnam,1913 年。

第Ⅰ部分,第Ⅱ册书,第Ⅰ章:在革命时期中的个体变异。

Mill,J. S.《特权》,Longman,1913 年。

19 世纪中叶的传统解释。

Nietzsche,F.《超越利益和邪恶》。

意志即力量。

Wallas,G.《我们的社会遗产》,耶鲁大学出版社,1921 年。

在第Ⅶ章中,关于特权,他批评米尔的概念,和提倡伯里克利的多边和经济的概念。

2. 民主

* Becker,C.《美国一项民主实验》,Macmillan,1920 年。

通过对未知领域和民主之间关系的章节的重复说明。

* Dewey, J.《民主和教育》, Macmillan, 1916 年。

民主的解释被认为是“生活交往、连接传诵经验的初步方式”,所衡量的价值是“它的所有成员分享利益的程度,以及与其他团体相互一致的成熟和自由度”。第Ⅶ章。

Bagehot, W.《物理学与政治》, Appleton, 1887 年。

在第Ⅱ章和第Ⅲ章中,关于矛盾和国家产物的用途,他阐明在扩张之前和扩张期间需要团体内部的黏合性。

Bryce, J.《现代化民主》,第 2 卷。Macmillan, 1920 年。

一个标准纲领。第Ⅰ部分,第Ⅳ和第Ⅴ章论述民主的历史演变和理论基础。

Fisher, H. A. L.《欧洲的共和传统》, Putnam, 1911 年。

新教徒精神和法国共和的升起,在第Ⅲ章和Ⅳ章里。

Giddings, F. H.《民主和帝国》, Macmillan, 1900 年。

提出了一个难题,试图靠想象回到原始状态和用一种朦胧的“民族特有的、有同样想法的东西”去解决它。它忽视了环境和扩张的重要性。

Kropotkin, P.《相互援助》。

Lippmann, W.《公众的主张》, Harcourt, Brace, 1922 年。

第Ⅳ部分:民主的偶像。一个有辨识能力的分析。

Martin, E. D.《群众的行为》, Harper, 1920 年。

一门观察民众行为、普遍应用的较新的心理学。

Russell, B.《为什么人类要争斗》, Century, 1917 年。通向自由之路的建议。Holt, 1919 年。

Wallas, G.《我们的社会传统》,耶鲁大学出版社, 1921 年。

第Ⅸ章:我们相信世界合作是生存的需要,但是它只能由理性的策划和理性的行为来构筑。

作者简介:

张彭春(1892. 4. 22—1957. 7. 19),字仲述,天津人,著名爱国教育家张伯苓的胞弟。教育家、戏剧活动家和外交家，是中国现代话剧的主要创始人之一，被誉为“中国现代话剧的奠基人”，将中国的京剧推介到国外。张彭春是南开学校第一届毕业生，早年留学美国克拉克大学和哥伦比亚大学，并在美国和英国多所学校任教。回国后参与创办了南开大学和清华大学。在其外交生涯中，张彭春首倡召开世界卫生大会，参与起草《世界人权宣言》，将中国智慧、儒家思想融入其中。

译者简介：

董　菁　天津农学院学生心理健康教育中心专职心理咨询师、教师，职称：讲师。

董秀桦　南开大学出版社编辑（已退休），高级译审。

附录二:

《中国在十字路口:中国形势透视》(摘录)

张彭春著

一九三六年六月

艾琳·鲍尔教授作序

程航　译

序言

艾琳·鲍尔

在伊丽莎白时代,传教士通常将中间人称作"树皮和树之间的恶作剧商人",站在作者和读者之间的书本序作者也会获得同样的贬义头衔。尽管如此,能够受到张彭春教授的邀请为本书作序,我仍然感到非常荣幸,我也真诚希望此书能得到广泛发行。

当今世界局势十分复杂,每一位世界公民都有义务对其进行了解,因为我们每一个人距离政治其实并不遥远。最近中国东北地区发生的种种事件似乎就是阿比西尼亚事件的进一步发酵(译者注:20 世纪 30 年代,意大利意图寻求海外殖民地,扩张领土,发动侵略战争成功侵占了埃塞俄比亚)。在了解国际局势时,中国问题是我们不可忽视的一大方面,因为中国在国际政治中显然占有重要地位,(中国)地处日本和沙俄之间,也一直为两国所觊觎。此外,中国在其他方面的地位也十分显著,例如,单单中国的人口数量就占世界人口总数的五分之一。在所有的东方文明中,与西方文明联系最为密切的是中华文明,因此二者之间的互相借鉴和互相学习应该是很容易达成的;如果两种文明能够在合二为一的同时,又保留各自文明的长处,那么最有可能的结果是中华文明包容、吸收西方文明。中国现在正在借鉴、吸收现代西方科技文明和工业文明,并对其进行本土化改造以更好地服务自身文明的发展。如果中国的这一尝试成功了,那么西方(对自己的文明不是特别满意)很有可能从中学到很多经验。

但是普通人发现他们很难理解中国正在发生的种种事件,这是因为他们的头脑中满是陈词滥调,而这些与事实毫无关联。例如,他们认为中华文明在过去的两千年内一直处于静止不变的状态,毫无变化。他们吝啬花费时间对中国的历史、中国过去与现在的关系以及中国问题的本质特征进行深入研究。因此,他们需要一位精通中西方的向导为他们解疑答惑,而再没有比张彭春博士更合适的人选了。作为一名学者、剧作家和教育家,张彭春教授在中国享有很高的声誉。他熟悉中西方基本概况,对于当今世界形势的判断也十分到位;他知道我们想要了解什么、有哪些误解会影响我们的判断以及有哪些关于中国的事实需要向西方世界澄清,此书就是张教授给出的答案。《中国在十字路口:中国形势透视》一书对现代中国进行了简要介绍,极具启发性,我认为要想理解当今中国和世界,再也没有比这本书更合适的了。如果有人想要了解这个伟大民族的过去、现在和未来,我都推荐他们读一读此书。

前言

张彭春

中国发生的种种事件正受到媒体的高度关注，与中国有关的出版物也日益增多。事实上，整个世界对中国的兴趣越来越大，对中国的国际地位以及面临的挑战性问题的认识也越来越深刻。

然而，当今世界关于中国的普遍看法十分混乱。

其中一个常见论调认为，中国文明虽然历史悠久，但是始终处于静止状态，毫无进步。类似表述屡见不鲜，如“古老的中国一直没有变化”“过去的两千年里中华文化丝毫没有进步”等。然而，这种论调无法准确回答以下问题：“文化本身能否历经岁月沧桑而保持静止不变？”“19 世纪前的时间里，世界其他地区的文明又发生了怎样快速的变化？”“中国各类文化在两千年前就已经趋于完备了吗？”

另一种常见论调则隐身于这样的表述中：“中国相比其他国家很长时间处于自我封闭状态”“中国隐居了大概三千年”等。但是，如果情况果真如此，罗马帝国又是如何听闻并得到中国丝绸呢？中国发明的造纸术和印刷术又是如何传向欧洲？欧洲探险家们为何致力于寻找通向中国的海上航线？18 世纪的欧洲又为何会受中国事物和中国思想的影响呢？

另外，人们经常听说如今的中国是一片混乱。但是当今世界对中国的基本情况和真实情况又了解多少呢？中国幅员辽阔，领土面积已居亚洲前列，甚至比欧洲还要大些，人口总数也占世界总人口五分之一，那么中国政府有能力、有经验维护其有序统治吗？造就中国复杂局势的外部因素又有哪些？为实现政治和经济变革，中国政府正在采取哪些措施？

除这一连串的问题之外，还有一个问题需要补充：其他国家对中国是否一直秉持着这样落后的观点？

很明显，要想回答以上问题，即使是粗浅的回答，也要对中国的文化成就、历史发展、中国与外部世界的联系以及中国之现在、中国之未来加以了解。换句话说，我们需要从一个新的角度切入来了解中国，不为当前形势的任何一方面所惑，也不为过去发展的任何一个阶段所限。

要找到一个全新的切入视角，首先可能需要对中国的历史发展进行简单梳理。然而，中国历史悠久，底蕴深厚，如今面临的各项问题也十分复杂；《中国在十字路口：中国形势透视》一书显然对中国的历史发展和当前面临的问题进行了过分简化，内容上一定会有所疏漏，以此书来应对这场"冒险之旅"极有可能远远不够，相信见多识广的读者朋友们也十分清楚这一点。

此书的初稿原本是为了满足一些中学对中国概况相关学习材料的需求，后来由太平洋关系研究所在檀香山限量发行了修订版本，并为一些美国学校所采纳，本书内容也因此有所更改。

感谢海伦·普拉特小姐，她协助起草了本书初稿；感谢格特鲁德·博尔顿小姐，她为本书绘制了草图。

1936年6月于伦敦

目录

第二部分　中国的现在与未来如何?

第三章　外部压力

第一节　中国的"对外开放"

第二节　压力渐长

第三节　中国政府尝试政治变革

第四节　制约政治变革的因素

小　结

第四章　转变

第一节　政治方面

第二节　农业与工业方面

1. 农业

2. 工业方面

第三节　教育与新知识方面

1. 教育方面

2. 新知识方面

小　结

第五章　复杂性与发展潜力

第一节　中国正处于转型期

第二节　中国文化能否在现代化的今天仍为世界作出贡献

附录:中国地理概况

(四)19世纪前的中国与欧洲世界(第一部分第一章节选)

人们常说东方文明是“精神文明”,西方文明是“物质文明”,然而中国文明仍然以各种物质产品著称,这些物质产品为人们提供了舒适和精致的生活。自罗马帝国时代起,欧洲人就对中国的物质产品心生羡慕和向往。人们常常认为19世纪以前中国与欧洲一直处于隔绝状态,恰恰相反,直至现代时期中国的物质产品还一直为欧洲所追逐。

在本章中笔者将对以下内容加以探讨:早期闻名欧洲的中国产品、马可·波罗眼中的中国,以及更重要的,中国对18世纪的欧洲产生的影响。

小结

大量的中国产品——丝绸、瓷器、茶叶、漆器、墙纸等在不同时期远销欧洲,直至18世纪末,欧洲仍然渴望着、追逐着这些中国商品。中国商品的大量传入对欧洲本土的制造业产生了刺激作用,欧洲的生活方式、风俗习惯也受到影响发生了改变。作为现代欧洲文明的基本载体,造纸术和印刷术的确是从中国传入欧洲,而且很有可能对当地的技术发明产生了重要影响,尽管当时的欧洲人并没有意识到这一事实。

从马可·波罗时代起,见多识广的欧洲人就在中国身上发现了某种独特的魅力。对于马可·波罗来说,中国是世界上最富有、最繁荣的国家,而对于欧洲知识分子来说,中国的政府组织方式和社会秩序似乎比当时任何一个欧洲国家都要优秀。

以上事实足以证明直到19世纪初,欧洲人从未认为中国文化是一种“落后”的文化。

本章中所提到的中国产品其实在中国也是逐渐出现、逐渐发展起来的。其中,最早问世的是丝绸,造纸术和漆器制作则在公元1世纪和2世纪就已经出现,印刷术在公元10世纪普及开来,瓷器制作于公元14世纪、15世纪臻于完善。这些中国产品并非全都有着几千年的历史,相反,她们和中华文明一样,都是缓慢进步,逐渐发展起来的。接下来的几个世纪里,中国不断出现新的技术发明，思想和艺术领域也都有了新的发展。

事实上，这些对欧洲世界产生影响的中国事物只是中国文化形式中的一小部分，笔者将在下一章中对中国不同历史时期的文化贡献进行简要的回顾。

(五)中国不同历史时期文化贡献简要回顾（第一部分第二章节选）

中国历史之悠久令人印象深刻，但本章的目的并非是要详细讲述这段漫长的历史。我们想知道中国的文化形态是否像我们通常认为的那样，都是在古代发展起来的，因此本章试图对中国不同历史时期的文化贡献作简要概述。但因中国历史之悠久，涉及的朝代之多，只有几个最重要的朝代会在本章中加以展示。

在如此漫长的历史中，中国也经历过混乱和痛苦，这在任何国家的长久发展中都是很常见的，特别是中国这样一个历史悠久的国家。本章对于这些也会有所提及，但笔者关注的重点仍然是中国不同历史时期的文化贡献。

中国历史通常以朝代划分，虽然朝代时有更迭，更准确来说是统治政权的更迭，但中国文化的连续性并没有完全中断。过去的文化成就因为时代的新发展意变得更加丰富，而且获得了新的发展方向。

为了不使内容复杂化，本章并不会提及制约中国历史变迁的种种复杂而有争议的因素，如经济、民族、气候等。

为了更好地回顾中国不同历史时期的文化贡献，本章将从以下八个角度进行研究：

1. 中国有序生活的几个早期传统；

2. 几位教育家和思想家提倡的思想；

3. 帝国及其扩张；

4. 佛教的传入与同化；

5. 政治分裂与文化传播；

6. 学者治政:选官考试;

7. 唐宋时期的文化繁荣;

8. 14 世纪至 19 世纪的文化发展。

小结

经过上文的讨论,我们对中国文明的变化发展、中国历朝代的建立发展以及各朝代为中国文明作出的贡献有了基本的了解。我们可以看出直至 19 世纪初,与中国有所接触的西方人都对中国作出了积极的评价,他们羡慕中国皇室拥有的巨额财富、政府管理的井然有序以及中国的城市之美,他们欣赏中国的公共教育体系、中国的思想文化发展以及中国人民表现出的谦虚礼貌。这些西方人将他们在中国目之所及的事物与欧洲进行了比较,普遍得出了这样的结论:如果说中国文明的发展程度还没有超过欧洲,那么至少已经可以与欧洲并驾齐驱。事实确实如此,18 世纪时中国产品远销欧洲,被争先模仿,中国之影响在欧洲显而易见。然而到了 19 世纪,欧洲对中国的态度发生了根本性变化,这一变化产生的原因及具体表现,笔者将在下一章中加以探讨。

为了回答“中国真的古老甚至落后吗?”这一问题,笔者至此已经对 18 世纪及其之前中国对欧洲物质文明产生的影响以及中国不同历史时期的文化贡献进行了概述。在了解了这些实际情况后,问题的答案就十分明显了:因其历史悠久,中国在某种意义上说确实是古老的;但是中国绝称不上“落后”,因为中国文明并没有消亡于历史长河之中,而是历经变化发展一直延续至今。

19 世纪以来,中国面临的问题与历史上任何时期面临的问题都大不相同,在下一章中,笔者将对“中国的现在与未来如何?”这一问题进行集中讨论。

第二部分(全文从略)

作者简介:

张彭春(1892.4.22—1957.7.19),字仲述,天津人,著名爱国教育家张伯苓的胞弟。著名教育家、戏剧活动家和外交家,是中国现代话剧的主要创始人之一,被誉为“中国现代话剧的奠基人”“世界人权体系的重要设计师”。

张彭春是南开学校第一届毕业生,早年留学美国克拉克大学和哥伦比亚大学,并在美国和英国多所学校任教。回国后曾担任南开中学专门部主任、代理校长,参与创办了南开大学和清华大学。1919 年担任南开大学筹备委员会主任,主持起草了《南开大学计划书》,被张伯苓称为“南开大学的计划人”。

张彭春在南开任教期间,领导开展南开新剧运动,成为中国现代话剧艺术的重要源头之一。他还将一整套西方导演制度引入中国,建立了正规的话剧编导制,对中国现代戏剧的发展作出开创性的贡献。

1946 年在联合国大会第一届会议上被任命为联合国经济及社会理事会常任代表,提出创办“世界卫生组织”的建议案。1947 年在联合国人权委员会第一次会议上,张彭春当选人权委员会副主席和起草委员会副主席,与人权委员会主席罗斯福夫人共同主持起草《世界人权宣言》。作为《世界人权宣言》的主要起草者之一,张彭春把中国儒家思想融入宣言,为世界人权事业发展贡献了中国人的智慧。

后 记

2022年4月22日,由南开大学、哥伦比亚大学、张伯苓研究会共同主办的“中国价值 世界贡献——纪念张彭春先生诞辰130周年研讨会”以线上越洋跨区域、线下齐聚一堂的方式举行。此次史无前例的研讨会所有的发言和提交的论文构成了本书的主要内容,体现了迄今为止关于张彭春研究的最新成果,也可以说是对张彭春先生的重新定位。

为方便读者配合所选论文进行研读,我们选录了张彭春先生1922年在美国哥伦比亚大学师范学院的博士论文《论中国教育之现代化》和1936年写于英国伦敦的《中国在十字路口》一书(摘录)。这一文一书的内容非常有价值,但长期以来在国内的传播不足,这也是我们选录的一个原因。尤其是《论中国教育之现代化》,对我们今天的教育改革仍有许多借鉴和启示意义。这篇论文是由南开大学出版社高级译审董秀桦先生在二十年前翻译的,此次录入之前,又请董菁重新译校审订,在此表示由衷的感谢。

在本书的编辑出版过程中,感谢南开大学校史研究室,南开大学人权研究中心给予的大力支持与资助,感谢南开大学国际交流中心和张伯苓研究会携手参与主编事宜。

特别感谢南开大学原党委书记、天津社科联主席薛进文先生和张伯苓后人张元龙先生,他们在百忙之中阅读了全书的每一篇文章,认真撰写了序言,并提出了高屋建瓴的观点。

为配合出版,作者需要在原基础上将发言扩展成至少三千字的论文,所有的作者都对论文做了不同程度的反复调整。对此,我们致以深深的敬意。

为了突出本书的纪念意义，我们特别选编了南开校友、著名剧作家曹禺先生发表于1982年的回忆文章作为压轴，以寄托我们对张彭春先生和张彭春先生的亲传弟子曹禺先生的怀念。

最后，我们还要感谢南开大学校史丛书的总编辑刘景泉先生和天津社会科学院出版社的韩鹏先生，他们的胸怀和视野决定了《中国价值　世界贡献——张彭春诞辰130周年纪念文辑》的文化品质与历史地位。

编　者

《中国价值　世界贡献——张彭春诞辰 130 周年纪念文辑》推荐阅读

图书

《中国话剧先行者张伯苓张彭春》
作　者:张伯苓教育思想研究会主编
出版社:人民出版社

《张彭春 世界人权体系的重要设计师》
作　者:孙平华著
出版社:社会科学文献出版社

《张彭春论教育与戏剧艺术》
作　者:张彭春著;崔国良、崔红编;董秀桦英文编译
出版社 :南开大学出版社

《话剧在北方奠基人之一--张彭春》
作　者:黄殿祺编
出版社:中国戏剧出版社

《张伯苓与张彭春》
作　者:龙飞,孔延庚著
出版社:南开大学出版社

《张伯苓 张彭春 张锡禄》

作　者:侯杰、秦方著

出版社:河北教育出版社

《国际人权事业的中国贡献 张彭春与<世界人权宣言>》

作　者:化国宇著

出版社:中国政法大学出版社

Peng Chun Chang, 1892-1957

作　者: Ruth H. C. Cheng, Sze Chuh Cheng

出版社: Chinese Theatre Press

P. C. Chang and the Universal Declaration of Human Rights

作　者:Roth, Hans Ingvar

出版社:University of Pennsylvania Press

出版日期:2018.09

Tsang-lang Discourse on poetry

作　者:Yen Yu, translated from the Chinese by Peng Chun Chang; J. E. Spingarn.

出版社:The Laboratory press

出版日期:1929

学位论文

[1]沈碧雯.张彭春与中国早期现代戏剧[D].青岛大学.2021.

[2]林蒙.张彭春人权观初探[D].山东大学.2015.

[3]王芳.中西戏剧交流与相互启发——以梅兰芳、张彭春、布莱希特为中心[D].福建师范大学.2008.

[4]刘慧.《沧浪诗话》在北美汉学界的传播及相关问题研究[D].山西大学.2018.

[5]朱蓉蓉.抗日战争时期的民间外交研究[D].苏州大学.2010.

[6]李楠.张彭春教育思想研究[D].天津师范大学.2022.

[7]钟兆羽.中西文化的思想转化:张彭春教育思想与实践之探究[D].2021.

[8]方晨蕾.教育与中国的现代化——张彭春博士论文中的教育理念及其实践研究[D].北京外国语大学.2021.

[9]陈璐.梅兰芳访美运营研究[D].北京外国语大学.2021.

[10]耿余.论“梅兰芳”作为戏曲审美符号的舞台建构(1915—1935)[D].武汉大学.2017.

[11]化国宇.人权活动家张彭春与《世界人权宣言》[D].中国人民大学.2014.

[12]孙佳琦.南开新剧团研究(1909年—1937年):以张伯苓、张彭春为主导的南开新剧团[D].北京大学.2011.

[13]李小芳.论张彭春对曹禺话剧创作的影响[D].厦门大学.2011.

[14]陈元峰.张彭春与中国戏剧的现代化[D].南开大学.2008.